Die Süddeutsche Zeitung WM-Bibliothek

Die Fußball-Weltmeisterschaften

1958

Schweden

Inhalt

Momentaufnahmen

Heja, Hoppla, Happig Unberechenbares Schweden 6–13

Editorial

Darauf einen Dujardin Brasilien zaubert, in Deutschland regiert der Stammtisch 14–17

Der Weg nach Schweden

Wunder hinter Gittern Trotz Rückschlägen träumt Herberger wieder von Bern 18–23

Papa hat Freude Das deutsche Aufgebot 24–25

Das Turnier im Überblick

Kleine Stadien. Aber viele. Modus und Ergebnisse 26–27

Vorrundengruppe 1

Friedrich, gib her! Deutschland – Argentinien 3:1 28–31

Großartiger Rempler Deutschland – Tschechoslowakei 2:2 32–33

Hart, aber herzlich Deutschland – Nordirland 2:2 34–37

„Ihr zuerst Muchachos!“ Zusammenfassung Gruppe 1 37

Die Katastrophe von Riem

Vom Mut, ein Feigling zu sein Das Unglück von Manchester United 38–41

Vorrundengruppen 2 bis 4

Der Capitán geht voran Zusammenfassung Gruppe 2 42–43

Der sanfte Riese Zusammenfassung Gruppe 3 44–45

Vom Glück verlassen Ungarns Goldene Elf ist zerbrochen 46–47

Pepi und der Lord Zusammenfassung Gruppe 4 48–51

Garrincha und die Senhora Brasilien modernisiert sich 52–53

Die Gastgeber

Singen für Nacka Der Fußball sucht Zuflucht im Friedensland Schweden 54–59

Die WM, die nie stattfand Eine Verschwörungstheorie 59

Viertelfinale

Ich, der Boss Deutschland – Jugoslawien 1:0 60–63

Mit großen Kinderaugen Brasilien – Wales 1:0 64–67

Das Kind im Königsmantel Portät: Der junge Pelé 68–69

Mit Würde und Stil Frankreich – Nordirland 4:0 70–71

Der Pionier Porträt: Raymond Kopa 72–73

George und die Tänzer-Taktik Schweden – Sowjetunion 2:0 74–75

Inhalt

Im deutschen Lager

Das Comeback der Lutsch-Birne Herberger fühlt sich unschlagbar 76 – 83

Halbfinale

Heja und Hass Deutschland – Schweden 1:3 84 – 88

„Es war wie ein Begräbnis“ Porträt: Erich Juskowiak 89

Tränen und Champagner Brasilien – Frankreich 5:2 90 – 93

Spiel um Platz 3

„Unser schöner Pokal“ Deutschland – Frankreich 3:6 94 – 97

„Lieber Gott, bitte nicht zweistellig“ Kwiatkowski als Opfer 97

Finale

Am Ende steht Mitleid Brasilien – Schweden 5:2 98 – 107

Der gute Satan Hintergrund: Schwedens Fußball 108 – 111

Heilige Sehnsucht Mythos Brasilien 112 – 117

Star des Turniers

Der äthiopische Prinz Didí, das brasilianische Gehirn 118 – 121

Die Heynckes-Kolumne

4-2-4 für Romantiker Der Fußball der Brasilianer hat die Menschen verzaubert 122 – 123

Das Interview

„Sepp war der Beste“ Karl-Heinz Schnellinger 124 – 129

Deutschland 1958

Jugendirre und halb stark Willi Winkler über die fünfziger Jahre 130 – 137

Zeitgeist

Unser Haus in der Sonne Thomas Steinfeld über deutsch-schwedische Beziehungen 138 – 143

Als der Himmel verschwand Ein Fußballfotograf erzählt 144 – 151

Statistik

Alle Akteure, Spiele und Tore Die WM 1958 in Zahlen 152 – 159

Bildnachweis 160

Impressum 160

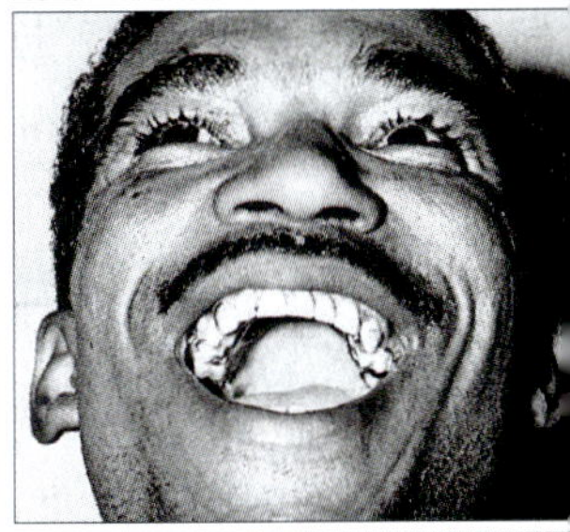

Heja Sverige!

WM-Gastgeber Schweden ist ein neutrales Land, wie vier Jahre zuvor die Schweiz. Das heißt aber nicht, dass Schweden ein langweiliges Land ist. Wenn es sein muss, sorgt ein Einpeitscher für Stimmung im Stadion.

SPORTEN I

Hoppla, Sverige!

Die Deutschen werden sich nach ihrer Halbfinal-Niederlage gegen Schweden über die ausgebufften Italien-Legionäre beklagen. Unberechenbares Schweden. Dies hier ist ein weiterer schwedischer Export, der in Italien Karriere machen wird, 1960 in Fellinis Film La Dolce Vita. Malmö 1958, Anita Ekberg in ihrer Heimatstadt.

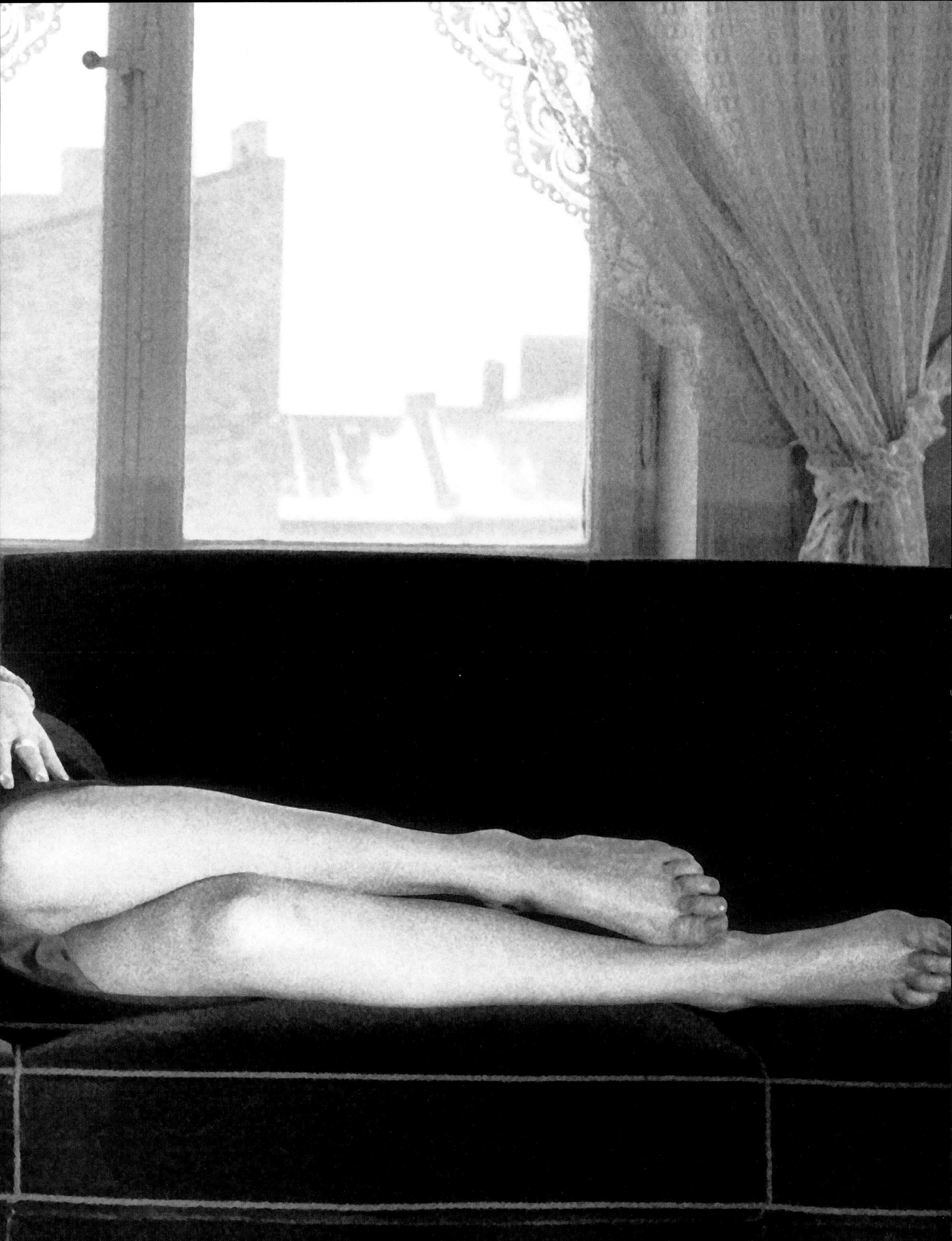

Happig, Schweden!

Erich Juskowiak (3.v.l.), die deutsche Unschuld, wird vom ungarischen Schiedsrichter Zsolt vom Platz gestellt. Ein gnadenlos geführtes Spiel ist damit entschieden, die Deutschen werden 1:3 verlieren, es ist das letzte Länderspiel von Fritz Walter (l.). Weil die Schweden so böse zu den Deutschen sind, kocht in Deutschland die Volksseele. In Gaststätten verschwindet die Schwedenplatte von der Speisekarte.

Schwedens Eroberer

Erst im Finale ist Schweden besiegt. Beifallumtost laufen die Brasilianer nach dem 5:2 gewonnenen Finale mit der schwedischen Flagge eine Ehrenrunde. Pelé, Garrincha und Kollegen haben als bis heute einzige südamerikanische Mannschaft den Titel in Europa gewonnen.

Darauf einen Dujardin

Brasilien verzaubert die Welt, und Herberger siegt erneut – während daheim der Stammtisch regiert. Von Kurt Röttgen

Erinnerungen an die NS-Verbrechen waren im Ausland noch nicht verblasst, als 18 deutsche Spieler und 12 000 Fans zur Fußball-Weltmeisterschaft 1958 nach Schweden fuhren. Die Skandinavier, im Zweiten Weltkrieg neutral wie der vorherige WM-Gastgeber Schweiz, reagierten empfindlich auf jedes Anzeichen teutonischer Großmannssucht. „Halbwildgewordene" schrieben Zeitungen verächtlich über die Gäste, die im Stadion mit ihren Musikinstrumenten lärmten, dass selbst König Gustaf VI. Adolf erschrak. Sepp Herbergers kampfstarker Truppe unterstellten sie „Kriegsfußball" und „Panzermentalität". Dass die Deutschen, ermutigt durch das Wunder von Bern, auf Transparenten mit der Aufschrift „Weltmeister wird in diesem Jahr – die deutsche Elf, das ist doch klar" schon den nächsten Titelgewinn ankündigten, verstärkte die feindselige Haltung in einem Großteil der Bevölkerung.

Dabei musste die Deutschen außerhalb des Fußballplatzes keiner mehr fürchten. 13 Jahre nach der Kapitulation waren sie ganz mit Ludwig Erhards Wirtschaftswunder beschäftigt. Sie verdrängten die Vergangenheit, packten an und kamen voran. Zwischen 1950 und 1959 sank die Arbeitslosenquote von 11 auf 2,6 Prozent, das Einkommen stieg pro Jahr durchschnittlich um fünf Prozent. Auch wenn die meisten Bundesbürger dem greisen Unionskanzler Konrad Adenauer abnahmen, dass Asien gleich hinter der „Soffjetzone" beginne: Die von ihm und Verteidigungsminister Franz Josef Strauß forcierte Ausrüstung der Bundeswehr mit Atomraketen stieß auf mehr als achtzigprozentige Ablehnung.

Unter der Parole „Kampf dem Atomtod" gingen – erstes Signal für Veränderungen in den restriktiven Gründerjahren der Bonner Republik – im April 1958 Hunderttausende auf die Straße. Die Westdeutschen waren kuriert vom

Könige unter sich: Der 17-jährige Pelé wird vom schwedischen Regenten Gustaf VI. Adolf begrüßt (Bild links). Während der junge Brasilianer die Fußballwelt in die Zukunft führt, nehmen die Deutschen noch einmal Zuflucht in der Vergangenheit. Wie 1954 teilen Helmut Rahn (l.) und Fritz Walter das Zimmer. Auf dem Platz schlagen sie sich hervorragend und belegen am Ende Rang vier.

Die Zauberer Pelé, Didi und Garrincha machten diese WM unvergesslich.

Militarismus. Sie genossen nach Einführung der Fünftagewoche ihre Freizeit, erfreuten sich an Statussymbolen wie Musiktruhe, Goggomobil, Italien-Urlaub und tranken am Nierentisch darauf einen Dujardin. James Dean, Bill Haley und Elvis Presley waren Idole einer zunehmend rebellischen Jugend („Halbstarke"); die Braveren schwärmten für Freddy Quinn, Romy Schneider und Uwe Seeler.

Die zeitgemäße Devise „Keine Experimente", mit der Adenauer 1957 die absolute Mehrheit errang, galt auch für Herberger. Der Bundestrainer holte seine beiden wichtigsten Spieler beim 54er Finalsieg über Ungarn, Fritz Walter und Helmut Rahn, zurück in die Nationalelf – den Schützen des Berner Siegestores gewissermaßen aus dem Knast. Weil der leichtlebige „Boss" Rahn sein Auto mit 2,6 Promille in eine Essener Baugrube gelenkt und Polizisten Widerstand geleistet hatte, musste er 14 Tage ins Gefängnis. Die Tugendwächter beim Deutschen Fußball-Bund (DFB) verhängten eine WM-Sperre, doch Herberger erreichte die Begnadigung. Fritz Walter, Jahrgang 1920, schien zu alt für die Nationalmannschaft. Nach etlichen Niederlagen und herben Kritiken hatte der sensible Pfälzer zwei Jahre vor der WM resigniert, der „Chef" überredete ihn zur Rückkehr.

Herberger hatte richtig taktiert. Bis zum Halbfinale gegen Schweden lenkte ein genialer Fritz Walter das deutsche Spiel wie 1954 und Rahn schoss die wichtigsten Tore. Danach war sowieso alles anders. 40 000 Einheimische zeigten im Göteborger Ullevi-Stadion eine, so die Schweizer Zeitung *La Suisse*, „ultrapatriotische Gesinnung", die man bei den Nordländern nicht vermutet hatte. Animiert von Einpeitschern mit Megafonen skandierten sie ihr schrilles „Heja, heja, Sverige", bis Verteidiger Juskowiak die Nerven durchgingen. Er trat gegen Stürmer Hamrin nach und der ungarische Schiedsrichter Zsolt schickte ihn vom Platz. Da Fritz Walter sich nach einer rüden Attacke nur noch humpelnd fortbewegte, gerieten die dezimierten Deutschen zunehmend in Bedrängnis. Durch zwei Tore kurz vor Schluss verloren sie 1:3.

Deutsch-schwedische Partnerschaft im Jahre 1958: Curd Jürgens an der Seite von Ingrid Bergman im Film „Die Herberge zur 6. Glückseligkeit". Sie, eine englische Missionarin, verliebt sich in ihn, einen General.

Deutsch-schwedische Partnerschaft 1976: Silvia heiratet im Juni 1976 ihren Carl Gustaf. Die Verwerfungen nach dem unglückseligen Fußballspiel von 1958 sind damit endgültig vergessen.

Das war zu viel für die Nation, die ihr neues Selbstwertgefühl über den Fußball-Triumph in der Schweiz bezogen hatte. Hurrapatrioten rissen, Auftakt einer Serie von hysterischen Racheakten, noch in derselben Nacht beim Aachener Reitturnier die schwedische Flagge vom Mast. Urlaubern wurde an Tankstellen das Benzin verweigert und auf Parkplätzen der Autoreifen zerstochen. In Restaurants verschwand die „Schwedenplatte" von der Speisekarte, selbst die Liebesdamen auf der Reeperbahn zeigten die nackte kalte Schulter. Vor Sexläden hingen Schilder mit dem Hinweis „Schweden unerwünscht". DFB-Präsident Peco Bauwens schwadronierte von „Volksverhetzung", und beim Kommentar der *Saar-Zeitung* konnte man meinen, Goebbels habe dem Schreiber die Hand geführt. Das offizielle Schweden, tönte er, „hat hämisch genießend zugelassen, dass 40 000 Repräsentanten dieses mittelmäßigen Volkes, das sich nie über nationale oder völkische Durchschnittsleistungen erhoben hat, den Hass über uns auskübelte, der nur aus Minderwertigkeitskomplexen kommt". Erst als 14 Jahre später Kronprinz Carl Gustaf die Olympia-Hostess Silvia Sommerlath freite, kamen sich Schweden und Deutsche wieder näher.

Herbergers Kommentare hoben sich wohltuend ab vom dumpfen Stammtischgedröhne. „Das Spiel hat viel Staub aufgewirbelt, hüben wie drüben: entstellt, übertrieben, unzutreffend", sagte er gelassen. Der Bundestrainer war einer der Gewinner in Schweden. Er hatte der Welt bewiesen, dass der Erfolg vier Jahre zuvor kein Zufall war. Herberger wusste, dass auch seine Elf die Brasilianer im Finale nicht besiegt hätte. Der Stratege Didí, der Zauberer Garrincha, vor allem der mit 17 zum neuen Fußball-König aufgestiegene Pelé – sie spielten, so der brasilianische Soziologe Gilberto Freyre, als wär's ein „dionysischer Tanz". Das machte diese WM so unvergesslich.

Kurt Röttgen, Jahrgang 1944, war Sportchef von Welt *und* Spiegel *und hat von sechs WM-Turnieren berichtet.*

Posieren in diplomatischer Mission: Der deutsche Läufer Horst Eckel (l.) und der sowjetische Stürmer Sergej Salnikow nach der Begegnung am 15. September 1956 in Hannover, die die Gäste 2:1 gewannen.

Wunder hinter Gittern

Nach vier Jahren voller Rückschläge und politischer Missionen träumt Herberger wieder von Bern. Er holt Walter und Rahn zurück.

Von Hans Eiberle

„Hänsken Schäfer hebt 'ne Flanke vors Tor, und da steht der Ottes, der Ottmar Walter. Und der Lorant, was der Ausputzer war und mein Bewacher. Der Ottes steigt hoch, der andere und der Lorant. Alle drei wollen mit'n Kopp ran. Keiner richt'n richtich. Den Lorant streift der Ball anne Stirn vorbei, soeben hatt'n noch berührt. Und ich steh' genau richtich. Der Ball fällt mir vor de Füße, exakt au'm rechten. Un in die Sekunde wußt' ich, wasgetz passieren würde. Die zwei Ungarn, der Lorant und der annere, stürzen sich auf mich zu. So richtich mit Gewalt. Ich lass' se kommen und zieh' dann die Kirsche schnell von rechten au'm linken Fuß. Und da, Mann, ich sehet noch wie heute, hab' ich dat ganze Gelände vor mir. Keine zwanzig Meter vom Tor weg, inne Position von den Halbrechten. Und der Grosics steht akkurat so, dat in seine rechte Ecke Platz is'. Ich zieh' ab mit den linken Fuß, und dat gibt so'n richtigen gefährligen Aufsetzer. Und wat dann passiert is, dat wisst ihr ja."

Versöhnungsspiel: Die deutschen Weltmeister gastieren am 21. August 1955 in Moskau und verlieren 2:3. Wenig später holt Kanzler Adenauer die letzten Kriegsgefangenen heim.

Prost Helmut. So hat Jürgen Leinemann in seiner Herberger-Biografie den Boss reden lassen, so oder so ähnlich hat Rahn am Tresen wieder und wieder das dritte Tor gegen die Ungarn erzählt, mit dem nicht nur er mit dem deutschen Team Weltmeister geworden waren, sondern eine ganze nachkriegsgebeutelte Nation. Aber nicht nur Helmut Rahn feierte, futterte und trank sich mit 87 Kilo ins Schwergewicht. Vergebens mahnte Bundestrainer Sepp Herberger in Briefen an die „lieben Kameraden" körperliche Fitness an mit der legendären Mahnung: „Das nächste Spiel ist immer das schwerste", am 26. September 1954 in Brüssel, vorher Lehrgang in Frankfurt. Weltmeister sein war so schön.

Bei der 0:2-Niederlage gegen Belgien fehlten die verletzten Horst Eckel und Hans Schäfer, Torhüter Toni Turek war außer Form. Das konnte Herberger verschmerzen. Wie ein Keulenschlag traf ihn die schriftliche Krankmeldung von Fritz Walter, der sich auf die Tribüne setzte; zudem wurde bekannt, dass Walter zwei Tage später für Kaiserslautern in Lüttich spielen würde. Herberger war außer sich und verbot es ihm; das Tischtuch war zerschnitten.

Dass es so schnell so weit gekommen war, hatte vor allem mit Fritz Walters Bemühen zu tun, aus seiner

3

Die Weltmeister auf Tour: Oben 1955 vor dem Abflug nach Jugoslawien (1:3), links eine Szene von der 1:3-Niederlage Ende 1954 in Wembley gegen England.

Popularität Kapital zu schlagen. Ein Film („Der große Fritz") war im Gespräch, in dem Walter sich selber spielen sollte; der DFB versagte seine Zustimmung. In Kaiserslautern wollte Fritz Walter einen Gebäudekomplex mit Ladengeschäften und Kino hochziehen lassen. Seine Landsleute im Wirtschaftswunderland hatten kein Problem mit dem Gewinnstreben ihres Idols, denn in Deutschland herrschte eine Art Goldgräberstimmung. Als das Gerücht von einem Angebot aus Italien ruchbar wurde, riefen Medien und Großbetriebe zu Sammelaktionen auf. Herberger verstand die Welt nicht mehr, die nicht die seine war. Er räsonierte über die Zusammenhänge von Charakter und Millionen, vermutete hinter dem Walterschen Erwerbsstreben dessen Frau Italia, eine Französin mit italienischer Mutter. Cherchez la femme!

Dann grassierte die Gelbsucht. Helmut Rahn, die Brüder Walter, Max Morlock, Karl Mai, der Torhüter Heinz Kubsch sowie Herberger erkrankten. Der Ungar Ferenc Puskás bezichtigte die Deutschen des Dopings, der DFB sprach von Vitaminspritzen, die Hintergründe sind nicht geklärt.

Ende 1956 hatte die deutsche Nationalmannschaft seit dem Titel-

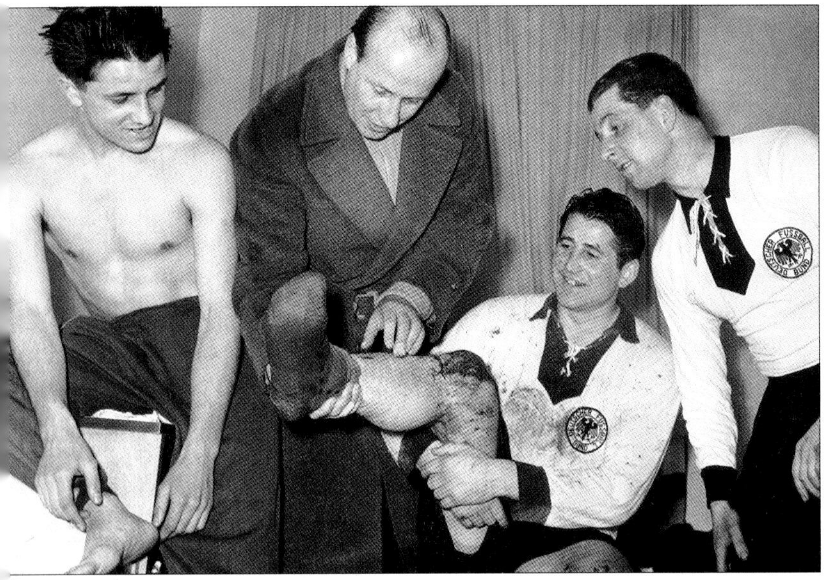

Auf dem Weg nach Schweden. Herberger (l. im Bild oben) und Fritz Walter (2.v.r) sehen zu, wie Ottmar Walter 1955 ein erstes Auto an seiner neuen Tankstelle befüllt. Das Geschäft wird in die Binsen gehen. Anlässlich eines Lehrgangs 1957 präsentiert Helmut Rahn (2.v.r.) eine Wunde. Mit ihm leiden (v.l.) Heinz Vollmar, Co-Trainer Helmut Schön und Willi Schröder. Herberger zeigt, wie es wirklich geht: (v.l.) Klaus Stürmer, Josef Röhrig, Alfred Beck, Kurt Sommerlatt und Jupp Derwall, der spätere Bundestrainer, staunen.

gewinn nur vier von 17 Länderspielen gewonnen. Das Weltmeisterteam gab es nicht mehr. Werner Kohlmeyer soff, Rahn trainierte an den Theken, Walter schmollte. Der Chef stand in der Kritik. „Zerbricht die Nationalelf an Sepp Herberger?", titelte die *Bild*-Zeitung. Bloß dem Kanzler Konrad Adenauer soll die 1:3-Niederlage gegen Frankreich im Herbst 1954 gelegen gekommen sein, denn der konferierte anschließend in Paris wegen der deutschen Wiederbewaffnung. Ein bisschen Demut konnte dem Gesuch um Genehmigung zum Säbelrasseln nur förderlich sein.

Im August 1955 beackerten die deutschen Fußballer erneut ein schwieriges Terrain für die Politik. Im Juli 1954 hatte den Deutschen Fußball-Bund die Einladung zum Länderspiel in Moskau erreicht; 14 Jahre nach Hitler-Deutschlands Überfall auf die Sowjetunion, zwölf Jahre nach Stalingrad. Es bleibt Spekulation, ob die Kreml-Führung sich des Fußballs bediente, um der Diplomatie den Weg zu bereiten. Adenauer flog einige Wochen nach dem Spiel nach Moskau, um die Entlassung der letzten deutschen Kriegsgefangenen zu erwirken, eine Voraussetzung für die Aufnahme diplomatischer Beziehungen. Herberger war sich der politischen Bedeutung des Länderspiels bewusst. Er versuchte, sie seiner Mannschaft zu vermitteln („ihr müsst wissen, dass ihr auf dem Spielfeld und darüber hinaus in jedem Augenblick euer Vaterland repräsentiert"), entwarf einen „taktischen Schlachtplan" mit weiteren Anmerkungen militärisch-fußballstrategischer Art: „Wir machen sie fertig, wir putzen sie weg."

Dem Mannschaftskapitän Fritz Walter, 34, trieb die Erinnerung die Tränen in die Augen. Er war 1945 in ein rumänisches Gefangenenlager unter sowjetischer Kontrolle geraten und nur durch eine glückliche Fügung des Schicksals wieder freigekommen. Vor allem, weil er damals schon Nationalspieler war und die Begeisterung für den Fußball nicht einmal am Stacheldrahtzaun eines Lagers halt machte. Der Kommandant erklärte, als er erfuhr, dass Kaiserslautern französisch besetzt war, Fritz Walter kurzerhand zum Franzosen und schickte ihn nach Hause.

Moskau, 80000 Zuschauer im Dynamo-Stadion. Hitze, 35 Grad, es war der 21. August, Austausch von Blumensträußen, die Gebinde ins Publikum geworfen. Die Mannschaftsaufstellung: Herkenrath, Juskowiak, Posipal, Eckel, Liebrich, Harpers, Rahn, Fritz Walter, Morlock (Schröder), Röhrig, Schäfer. Das Spiel ging 2:3 verloren, Fritz Walter und Hans Schäfer schossen die Tore, aber das Resultat war nicht wichtig.

Herberger und Fritz Walter hatten die Nationalmannschaft in sportlicher und politischer Mission nach Moskau geführt. Alles schien wie früher, doch der Schein trog. Es folgte eine Serie von Länderspielen mit unbefriedigenden Ergebnissen. Dann zog Fritz Walter einen Schlussstrich. Nach dem 1:3 gegen die Schweiz in Frankfurt im November 1956, kurz nach seinem 36. Geburtstag, gab der Kapitän der Nationalmannschaft seinen Rücktritt bekannt. Herberger behauptete: „Wir müssen wieder von vorn anfangen."

Das entsprach nicht der Wahrheit. Am 16. Oktober 1954 hatten die Hamburger Uwe Seeler, 19 Tage vor seinem 18. Geburtstag, und Klaus Stürmer, 19, zum ersten Mal das Nationaltrikot getragen; dem eingewechselten Stürmer gelang das einzige Tor für die deutsche Mannschaft. Auch andere erhielten nach Fritz Walters Rücktritt ihre Chance: Hans Cieslarczyk, Rolf Geiger, Willi Gerdau, Alfred Kelbassa, Willi Köchling, Jakob Miltz, Wolfgang Peters, Erwin Schlebrowski, Gert Siedl, Erwin Waldner, Heinz Wewers. Keiner erkämpfte sich einen Stammplatz. Herberger träumte immer noch von der Berner Elf und war drauf und dran, den eigenen Mythos zu zerstören. Fast sechzig war er jetzt. Zu alt, um die Jungen mitzureißen? Die Presse rüttelte am Denkmal, die Vorwürfe gipfelten in der Frage: Hat die Firma Herberger Bankrott gemacht?

Dass es Sepp Herberger gelang, das Rad der Zeit noch einmal zurückzudrehen, verdankte er einem Zufall. Fritz Walter erwarb in der Sportschule Duisburg-Wedau die Trainerlizenz, DFB-Trainer Dettmar Cramer sah, dass sein Schüler Walter so gut in Form war wie zu seinen besten Zeiten. Er rief Herberger an, der eilte herbei und schloss den verlorenen Sohn in die Arme.

Kein Alkohol, keine Zigaretten

Das war im Sommer 1957. Es dauerte bis zum 18. März 1958, ehe Fritz Walter zum Comeback bereit war. Nach 16-monatiger Pause schlüpfte er am 19. März 1958 wieder ins Nationaltrikot zum Länderspiel gegen Spanien in Frankfurt. Regen, weicher Untergrund: Fritz-Walter-Wetter. Die deutsche Mannschaft gewann 2:0. Fritz Walter stand im 38. Lebensjahr, die jüngeren Mitspieler blickten mit umso mehr Ehrfurcht zum großen Fritz auf. Uwe Seeler war 21 und hätte sein Sohn sein können.

Jetzt fehlte Herberger nur noch der Boss: Helmut Rahn, 28. Den sah der Bundestrainer eine Woche später in Basel in der deutschen B-Mannschaft kicken, und er war beeindruckt. Rahn erklärte seine gute Form mit solidem Lebenswandel: früh raus und früh ins Bett, kein Alkohol, keine Zigaretten. Herberger traute seinen Ohren nicht. Ein Wunder? Eins hinter Gittern, Rahn saß eine Gefängnisstrafe ab, war Freigänger für das Länderspiel.

Die Straftat lag ein Jahr zurück. Rahn hatte im Frühjahr 1957 im Länderspiel gegen Österreich zwei Tore geschossen und gegen die Niederlande und Schottland Hans Schäfer als Mannschaftskapitän vertreten. Reichlich Grund zum Feiern, eine Zechtour endete in einer Baugrube, in die Rahn mit seinem Auto gestürzt war. Der volltrunkene (2,6 Promille) Fußballer widersetzte sich seiner Festnahme, er wurde zu zwei Wochen Gefängnis sowie 300 Mark Buße verurteilt und vom DFB „bis auf weiteres" für Spiele der Nationalmannschaft gesperrt.

Das letzte Vorbereitungsspiel ging in Prag gegen die Tschechoslowakei 2:3 verloren. Die „Hauptschuld", so Herberger, traf Hans Schäfer. Regie sollte an dessen Stelle nun wieder Fritz Walter führen. Die deutsche Mannschaft trat in Prag in dieser Besetzung an: Sawitzki, Erhardt, Juskowiak, Eckel, A. Schmidt (Waldner), Schnellinger, 19, als Debütant, Steffen, Sturm, F. Walter, Schäfer, Cieslarczyk. Sieben aus diesem Team wurden für das erste WM-Spiel gegen Argentinien nominiert.

Am Ende des Wegs von Bern nach Schweden hat die Nationalmannschaft immer noch nur einen wirklichen Star: Sepp Herberger gibt Autogramme.

Papa hat Freude

Sieben Weltmeister sind dabei, vier Ersatzleute bleiben auf Abruf daheim. Herberger hat wieder alles im Griff.

Weil so ein WM-Unternehmen viel Geld kostet, nominierte der DFB nur 18 Spieler für Schweden. Sawitzki, Nuber, Hoffmann und Peters blieben auf Abruf daheim. Vier der elf Helden von Bern durften das Abenteuer Schweden in Angriff nehmen. Horst Eckel, Hans Schäfer, Fritz Walter und Helmut Rahn trugen den Wunder-Geist weiter, zusammen mit Heinrich Kwiatkowski, Bernhard Klodt und Herbert Erhardt, die 1954 ebenfalls im Kader gestanden waren. Rahn verbrachte die letzten Wochen vor dem Turnier mit Walter und dessen Gattin Italia – sie sollten aufpassen, dass der „Boss" solide blieb. DFB-Präsident Peco Bauwens schickte das Team mit den Worten auf die Reise: „Wir haben eine Weltmeisterschaft zu verteidigen. Vater Herberger hofft, dass ihr euch wieder gut schlagen werdet. Vor allem sollt ihr aber Freude haben, Freude, viel Freude." Der Spruch von der Freude, viel Freude, wurde zum geflügelten Wort im Team. Freude hatten sie nicht immer. Papa Herberger hat es trotzdem gefallen. Das Team schlug sich sehr achtbar. Als Stützen erwiesen sich neben den Altvorderen die jungen Szymaniak und Seeler.

Sepp Herberger

* 28.3.1897
† 28.4.1977

Der „Chef", nach wie vor: Am Ende hatte er doch wieder alles richtig gemacht. Vor dem Turnier in Schweden waren seine Führungsqualitäten angezweifelt worden, danach wähnte er sich auf dem Höhepunkt seiner Laufbahn: Der WM-Titel von 1954 war kein Zufall gewesen, Rang vier nach dem unglücklichen Aus im Halbfinale gegen Schweden erschien fast genauso wertvoll wie der Titel vier Jahre zuvor. Es war seine dritte WM nach 1938 und 1954 gewesen, er nahm nun seine vierte in Angriff, 1962 in Chile. Dort sollte er den Preis dafür zahlen, dass der deutsche Fußball inzwischen den Anschluss an die modernen Zeiten verloren hatte.

Fritz Herkenrath

* 9.9.1928
RW Essen

Kampfname: „Der fliegende Schulmeister", trug immer Mütze. Manche Schwäche im Strafraumspiel. Der Pädagoge schlug später eine Universitätslaufbahn ein.
5 Spiele

Heinrich Kwiatkowski

* 16.7.1926
Borussia Dortmund

Der Torwart hatte 1954 nur einen Einsatz: 3:8 gegen Ungarn. 1958 auch nur einen: 3:6 gegen Frankreich. Sein Verhältnis zu Herberger? „Eher lose".
1 Spiel

Günter Sawitzki

* 22.11.1932
VfB Stuttgart

Der Torwart aus Sodingen (nahe Herne), Schlosser, wurde 1958 Pokalsieger mit dem VfB. Kam im Nationalteam nie vorbei an Herkenrath, Fahrian, Tilkowski.
Auf Abruf

Herbert Erhardt

* 6.7.1930
SpVgg Fürth

Der „Ertl", ein echter Athlet, bärenstarker Abwehrchef, endlich Stammkraft, anders als 1954. Wechselte 1962 für 50 000 Mark zum FC Bayern. Arbeitete im zivilen Leben als Sportlehrer.
6 Spiele/0 Tore

Erich Juskowiak

* 7.9.1926
† 1.7.1983
Fortuna Düsseldorf

Der traurige Held. Man nannte den Verteidiger wegen seiner Schusskraft „Hammer". Kam nach dem Platzverweis gegen Schweden nie mehr auf die Beine.
5 Spiele/0 Tore

K.-H. Schnellinger

* 31.3.1939
SG Düren 99

Mit 19 jüngster deutscher WM-Spieler. Trotz des Fiaskos gegen den Franzosen Fontaine (4 Tore) Start einer großen Karriere. Mit Milan gewann Carlo später alle Titel, die es zu gewinnen gab.
2 Spiele/0 Tore

Georg Stollenwerk

* 19.12.1930
1. FC Köln

Abwehrmann aus Düren/Nordeifel, wie Schnellinger, dessen Zimmerpartner 1958. Sein Herz schlug immer für „Kölle“. Später Leiter einer Großhandlung für Papier und Kartonagen.
6 Spiele/0 Tore

Heinz Wewers

* 27.7.1927
RW Essen

Der größte Triumph des Abwehrchefs: Meister 1955. Zählte zu den Reservisten, die Herberger im Spiel um Platz 3 ranließ. Übernahm später die Stadiongaststätte an der Hafenstraße.
1 Spiel/0 Tore

Hermann Nuber

* 10.10.1935
Offenbacher Kickers

„Der eiserne Hermann“: Eine Büste des Abwehrchefs steht vor dem Stadion Bieberer Berg. Spielte sogar noch Bundesliga für die Kickers. Blieb ohne Länderspiel, 1958 nur: Auf Abruf

Horst Eckel

* 8.2.1932
1. FC Kaiserslautern

Der rechte Läufer. War jüngster Weltmeister 1954 und glänzte in Schweden trotz Blessuren. Im Hauptberuf Realschul-Lehrer (Kunst/Sport), herausragend auch im Tennis.
4 Spiele/0 Tore

Alfred „Aki“ Schmidt

* 5.9.1935
Borussia Dortmund

In Schweden der Ersatz für den Fritz. Krönung der Laufbahn: 1966 Europacupsieger mit dem BVB und 1970 deutscher Pokalsieger als Trainer mit Kickers Offenbach.
2 Spiele/0 Tore

Horst Szymaniak

* 29.8.1934
Wuppertaler SV

Kind des Westens mit kurioser Karriere: Weltklasse ’58, Star in Italien (1964 Europacupsieger mit Inter), 1966 Absteiger mit Tasmania Berlin, Busfahrer und Kneipier.
6 Spiele/0 Tore

Fritz Walter

* 31.10.1920
† 17.6.2002
1. FC Kaisersl.

Sollte er noch einmal? Von Herberger ließ sich Walter, fast 38, überreden. Er steigerte sich zu großer Form – bis zu seinem bitteren letzten WM-Spiel gegen Schweden.
5 Spiele/0 Tore

Hans Cieslarczyk

* 3.5.1937
SV Sodingen

Der schnelle Cissy auf Linksaußen: eine Hoffnung, die sich im Nationalteam nie ganz erfüllte. Wechselte nach der WM zu Borussia Dortmund, arbeitete später als Masseur.
2 Spiele/1 Tor

Alfred Kelbassa

* 21.4.1925
† 11.8.1988
Bor. Dortmund

Als Kind herausragender Leichtathlet, später gefürchteter BVB-Stürmer. Bis zu seinem Tod Angestellter des Sportamtes Dortmund.
1 Spiel/0 Tore

Bernhard Klodt

* 26.10.1926
† 23.5.1996
Schalke 04

„Berni“. Wirbler am Flügel, aber zu wenig Egoist. Verlor wie 1954 im Turnier seinen Stammplatz. 1958 immerhin Meister mit Schalke. Später Kneipier.
2 Spiele/0 Tore

Helmut Rahn

* 16.8.1929
† 13.8.2003
RW Essen

40 Länderspiele, 21 Tore. Der „Boss“ war in Schweden noch besser als ’54, und nebenbei die Stimmungskanone, die den Laden zusammenhielt.
6 Spiele/6 Tore

Hans Schäfer

* 19.10.1927
1. FC Köln

„Von allen unseren Linksaußen war Hans Schäfer der zielstrebigste“, sagte Herberger. 1958 wollte Schäfer, Kapitän, im Mittelfeld spielen. Musste Walter weichen.
6 Spiele/3 Tore

Uwe Seeler

* 5.11.1936
Hamburger SV

Mittelstürmer mit Urgewalt. 1961 wollte ihn Inter Mailand verpflichten, da bot ihm der HSV ein Grundstück in Ochsenzoll. Uwe wurde mit seiner Ilka sesshaft und war fortan: „Uns Uwe“.
5 Spiele/2 Tore

Hans Sturm

* 3.9.1935
1. FC Köln

„Hansi“. Im Nationalteam nur drei Einsätze, ansonsten Kölner Original. Im Stadtteil Sülz Betreiber einer Tankstelle und Gardemitglied der Karnevalsgesellschaft „Rote Funken“.
2 Spiele/0 Tore

Rudolf Hoffmann

* 11.2.1935
VfB Stuttgart

Von Aschaffenburg schaffte Rudi den Sprung zum VfB, mit dem er 1958 den DFB-Pokal gewann. Das Länderspiel 1955 gegen Irland sollte sein einziges bleiben.
Auf Abruf

Wolfgang Peters

* 8.1.1929
† 22.9.2003
Borussia Dortmund

Gehörte wie Kwiatkowski und Kelbassa zum BVB-Team, das 1956 und 1957 in gleicher Besetzung Meister wurde. Ein Länderspiel: 1957, 1:0 gegen Schweden.
Auf Abruf

Kleine Stadien. Aber viele.

Im beschaulichen Schweden fehlen Uruguay und Italien.

Nach der WM 1954 in der Schweiz gönnte sich die Fußball-Welt vier Jahre später noch einmal ein Turnier zum Durchatmen. Turnusgemäß wäre ein südamerikanisches Land als Ausrichter an der Reihe gewesen, doch mit allerlei Verfahrenstricks vergab der europäisch dominierte Fußball-Weltverband Fifa die WM ins beschauliche Schweden. Es gab zu jener Zeit zwar nur kleine Fußballstadien in Schweden, aber immerhin: Es gab viele Stadien. So machte das WM-Turnier Station in Orten wie Västeras und Örebro. Von den zwölf Spielstätten fassten nur jene in Stockholm (Rasundastadion) und Göteborg (Ullevi) mehr als 50000 Zuschauer. So war es auf den Zuschauer-Rängen – abgesehen vom turbulenten Halbfinale Schweden gegen Deutschland – zwar keine prickelnde, aber zumindest eine gemütliche WM.

Schweden in Daten

Hauptstadt: Stockholm
Staatsform: parlamentarische Monarchie
Fläche: 449964 km²
Einwohnerzahl: 9013109 (Stand: 31. Januar 2005)
Bevölkerungsdichte: 20 Einwohner pro km²
Bruttoinlandsprodukt/Einwohner: 42392 US-Dollar (2005)
Währung: Schwedische Krone (SEK)
Nationalfeiertag: 6. Juni („Svenska flaggans dag")
Nationalhymne: „Du gamla, Du fria"
Kfz-Kennzeichen: S

Was den Modus betrifft, ist im Vergleich zur WM in der Schweiz ein Fortschritt zu vermelden. Das war aber auch kein Kunststück. 1954 spielten in den Vorrundengruppen die beiden gesetzten Mannschaften nur gegen die beiden ungesetzten. In Schweden spielte nun jeder gegen jeden. Bei Punktgleichheit auf den Rängen zwei und drei musste weiterhin ein Entscheidungsspiel angesetzt werden, um den Viertelfinalisten zu ermitteln; erst bei unentschiedenem Ausgang hätte das Torverhältnis entschieden. Im Nachhinein eine widersinnige Regel, denn mutiges Spiel wurde nicht belohnt. Es scheiterten in den Entscheidungsspielen sowohl Tschechoslowaken als auch Ungarn, die Mannschaften mit dem klar besseren Torverhältnis im Vergleich zu Nordirland und Wales. Auch die Sowjetunion musste in ein Entscheidungsspiel gegen England. Alle drei Mannschaften scheiterten entkräftet im Viertelfinale. Fluch der Entscheidungsspiele, die auch noch vor kümmerlichen Kulissen von ein paar Tausend Zuschauern über die Bühne gingen.

Immerhin war dies die erste WM, die vom Fernsehen auf alle Kontinente übertragen wurde. Dabei fehlten die zweimaligen Weltmeister Italien (1934, 1938) und Uruguay (1930, 1950), zwei der prominentesten unter den 55 Qualifikationsteilnehmern. Die Italiener scheiterten sensationell an Nordirland, obwohl Alcide Ghiggia und Juan Schiaffino, die uruguayischen Weltmeister von 1950, eingebürgert worden waren. Das entscheidende Spiel in Belfast verlor Italien, mit Ghiggia und Schiaffino, 1:2. Uruguay schied durch ein kapitales 0:5 gegen Paraguay aus. Die Chilenen, ebenfalls gescheitert, konnten sich trösten: Als Gastgeber waren sie immerhin schon für das Turnier 1962 qualifiziert.

Finale

Brasilien – Schweden 5 : 2

Spiel um Platz 3

Frankreich – Deutschland 6 : 3

Halbfinale

Deutschland – Schweden 1:3

Brasilien – Frankreich 5 : 2

Viertelfinale

Deutschland – Jugoslawien 1 : 0

Schweden – Sowjetunion 2 : 0

Brasilien – Wales 1 : 0

Frankreich – Nordirland 4 : 0

Vorrunde

Gruppe 1

1. **Deutschland**
2. **Nordirland***
3. Tschechoslowakei
4. Argentinien

Deutschland – Argentinien	3:1
Nordirland – Tschechosl.	1:0
Deutschland – Tschechosl.	2:2
Argentinien – Nordirland	3:1
Deutschland – Nordirland	2:2
Tschechosl. – Argentinien	6:1

* Entscheidungsspiel um Platz 2
Nordirland – Tschechosl. 2:1 n.V.

Gruppe 2

1. **Frankreich**
2. **Jugoslawien**
3. Paraguay
4. Schottland

Schottland – Jugoslawien	1:1
Frankreich – Paraguay	7:3
Paraguay – Schottland	3:2
Jugoslawien – Frankreich	3:2
Frankreich – Schottland	2:1
Paraguay – Jugoslawien	3:3

Gruppe 3

1. **Schweden**
2. **Wales***
3. Ungarn
4. Mexiko

Schweden – Mexiko	3:0
Ungarn – Wales	1:1
Mexiko – Wales	1:1
Schweden – Ungarn	2:1
Schweden – Wales	0:0
Ungarn – Mexiko	4:0

* Entscheidungsspiel um Platz 2
Wales – Ungarn 2:1

Gruppe 4

1. **Brasilien**
2. **Sowjetunion***
3. England
4. Österreich

Brasilien – Österreich	3:0
England – Sowjetunion	2:2
Sowjetunion – Österreich	2:0
Brasilien – England	0:0
Österreich – England	2:2
Brasilien – Sowjetunion	2:0

* Entscheidungsspiel um Platz 2
Sowjetunion – England 1:0

MARA

Friedrich, gib her!

Rahn und Seeler krönen einen imposanten Sieg. Der Gegner findet die Deutschen gewalttätig.

Guten Morgen, Deutschland! Kein Verteidiger weit und breit, auch Mittelläufer Herbert Erhardt kann den argentinischen Rechtsaußen Omar Corbatta (l.) nicht am Schuss hindern. 0:1, drei Minuten sind gespielt.

Sepp Herberger gilt bis heute als einer der ausgebufftesten Trainerfüchse aller Zeiten. Blickt man auf Details seiner Arbeit, so hat er sich wie jeder andere seiner Zunft Fehler geleistet. Dazu zählen seine permanenten Mahnungen an die Spieler, sie sollten so wenig Flüssigkeit wie nur möglich zu sich nehmen – weil nur ein ausgetrockneter Körper leistungsfähig sei. Auch in der schwedischen Sommerhitze mussten sie also nach schweißtreibenden Übungseinheiten im Trainingsquartier Bjärred nahe Malmö durstig bleiben. Mag man diese Anordnung noch dem damaligen Stand der Medizin zuschreiben, so verwirrte er seine Spieler vor dem ersten Spiel in Schweden mit der Anordnung, bei Ecken den Ball flach und scharf vor das Tor zu treten, um damit eine vermeintliche Schwäche in der Formation der Argentinier auszunutzen. Grober Unfug, im Nachhinein.

Sogar den ihm stets ergebenen Fritz Walter brachte Herberger damit vor dem ersten Turnierspiel auf die Palme. Schließlich zählten die Kopfbälle nach Walters hohen, raffiniert geschnittenen Eckbällen und Freistößen zu den deutschen Stärken. Aber Herbergers Anordnung lässt auf die Nervosität im deutschen Lager schließen. Erstens fühlte sich Herberger in der Pflicht zu beweisen, dass der Titelgewinn vier Jahre zuvor kein Zufall gewesen war. Zweitens hatte er gehörigen Respekt vor den Argentiniern, die als Turnierfavoriten nach Schweden gereist waren; bei einem Testspiel der Argentinier in Mailand hatte er sie in Augenschein genommen und war beeindruckt von deren Spiel, das der Hüne Néstor Rossi von der Position des Mittelläufers aus antrieb.

Dass die Deutschen am Ende 3:1 triumphierten, lag nicht an den flachen Ecken – im Gegenteil. Fritz Walter und Kollegen verabschiedeten sich stillschweigend von dieser Taktik. Der Rest des deutschen Spiels aber funktionierte derart reibungslos, dass in der deutschen Presse ein bemerkenswerter Stimmungsumschwung einsetzte. Von Weltklasse

3:1, die Heimat ist beruhigt – wenn bloß der Sackmörder nicht wäre.

war die Rede, der *Kicker* jubelte: „So können wir wieder Weltmeister werden.“ Die verbreitete Skepsis – war Fritz Walter zu alt, Uwe Seeler zu jung, Helmut Rahn fit genug ? – wich bei vielen Beobachtern sogar der Sorge, die Mannschaft sei nun vielleicht zu früh in bester Form und könne dieses Niveau nicht halten.

Herberger hatte, so sah es aus, wieder einmal alles richtig gemacht. Helmut Rahn knüpfte mit zwei Treffern an das Wunder von Bern vier Jahre zuvor an und wirkte stärker denn je. Der junge Uwe Seeler wies mit seinem ersten WM-Treffer und seinem unermüdlichen Einsatz in der Sturmspitze den Weg in die Zukunft. Und Fritz Walter führte das Team gemeinsam mit Kapitän Hans Schäfer, nachdem die Mannschaft früh in Rückstand geraten war.

Diese Elf nimmt das WM-Abenteuer in Angriff (oben, v.l.): Schäfer, Herkenrath, Eckel, Schmidt, Szymaniak, Rahn, Walter, Stollenwerk, Seeler, Erhardt, Juskowiak. Fritz Walter (unten, r.) hält respektvoll Abstand zum argentinischen Hünen Néstor Rossi.

Schon in der dritten Minute zog bei einem Konter über die Seite des aufgerückten Linksverteidigers Erich Juskowiak der Rechtsaußen Omar Corbatta auf und davon. Als Corbatta in den Strafraum zog, rechnete Torwart Fritz Herkenrath mit einer Flanke, doch der Argentinier schoss aufs Tor, und es stand 1:0. Herkenrath, Toni Tureks Nachfolger, hatte nicht direkt gepatzt, aber seine Nervosität war mit Händen zu greifen. Immer wieder verpasste er Flankenbälle der Argentinier. Eine Viertelstunde brauchten die Deutschen, um den Schreck zu verkraften, dann beherrschten sie das Spiel und hielten den Ball vom eigenen Tor fern.

Eine weitere Viertelstunde dauerte es, bis sie die Überlegenheit in ein Tor umgemünzt hatten. „Friedrich, gib her“, rief Helmut Rahn, als sein Freund und Zimmerkollege Walter 20 Meter vor dem Tor den Ball hielt. Friedrich gab ihn her, Freund Helmut nahm die Kugel in vollem Lauf mit und drosch sie in die linke obere Torecke – mit dem linken Fuß, wie vier Jahre zuvor beim 3:2 gegen Ungarn. Die Deutschen setzten nach und gingen noch vor der Pause in Führung. Nach einem missratenen, Richtung Aus trudelnden Schuss von Aki Schmidt grätschte Uwe Seeler den Ball zum 2:1 ins Tor – auf diese Art sollte Seeler in seiner Karriere noch viele Spiele entscheiden.

Auf den Rängen machte sich die große Fangemeinde des Hamburgers bemerkbar. „Uwe, Uwe“ dröhnte es von den Rängen, mit Jubel quittierten die deutschen Anhänger den Halbzeitpfiff. In der Kabine stimmte Herberger seine Männer auf den zu erwartenden Ansturm der Argentinier in Halbzeit zwei ein. Die deutsche Abwehrreihe samt den Abräumern Horst Eckel und Horst Szymaniak im Mittelfeld stoppte die Südamerikaner. Typisch deutsche Härte, würde man heute sagen, den Südamerikanern und auch vielen Beobachtern aber war diese Spielweise fremd.

Vor allem das heute übliche „Sliding Tackling“, das Hineingleiten in den ballführenden Gegner mit fol-

Deutschland – Argentinien	3:1 (2:1)

Malmö, 8. Juni 1958

Deutschland: Herkenrath, Stollenwerk, Juskowiak, Eckel, Erhardt, Szymaniak, Rahn, Walter, Seeler, Schmidt, Schäfer

Argentinien: Carrizo, Dellacha, Vairo, Lombardo, Rossi, Varacka, Corbatta, Prado, Menéndez, Rojas, Cruz

Tore: 0:1 Corbatta (3.), 1:1 Rahn (33.), 2:1 Seeler (40.), 3:1 Rahn (81.)

Zuschauer: 31 156
Schiedsrichter: Leafe (England)

gender Grätsche, sorgte für Aufregung. Ein fußballkulturelles Missverständnis, das auch bei den folgenden Weltmeisterschaften immer wieder für Ärger zwischen Europäern und Südamerikanern sorgte, damals aber auch manche Beobachter irritierte. Schon nach diesem einen Spiel hatten die Deutschen in der schwedischen Presse ihren Ruf als Treter und Knochenbrecher weg. „Die Deutschen haben unser Spiel zerstört", klagte hinterher der argentinische Trainer Guillermo Stábile, „meine Mannschaft wurde durch die gewalttätige Spielweise der Deutschen aus dem Konzept gebracht."

Dabei waren seine Spieler in Halbzeit zwei aggressiv geworden. Hans Schäfer, der auch nach Fritz Walters Rückkehr ins Team Kapitän geblieben war, ging nach einem Schlag an den Kehlkopf zu Boden. Vor allem der von den Deutschen so gefürchtete Néstor Rossi, 1,95 groß und 85 Kilo schwer, legte sich ins Zeug. Er rammte seinen Ellbogen Horst Eckel in den Rücken, so dass der eine schwere Muskelprellung in der Nierengegend davontrug, und er verletzte Fritz Walter mit einer rüden Grätsche an Knie und Oberschenkel – Walter humpelte nur mehr über den Platz und verbrachte die letzten 20 Minuten des Spiels auf der Abstellposition des Rechtsaußen.

Für Walter rückte Helmut Rahn ins Mittelfeld. Von dieser Position aus startete der Essener neun Minuten vor Schluss eines seiner gefürchteten Dribblings. Über die rechte Seite drang er in den Strafraum ein, und wie der Kollege Corbatta zu Spielbeginn wagte er statt einer Flanke aus spitzem Winkel einen Schuss; Torwart Amedeo Carrizo ließ sich verladen. Es stand 3:1, das Spiel war entschieden. Und die Deutschen hatten vorwiegend damit zu tun, den wütenden Attacken der Gegner zu entkommen – und nach dem Schlusspfiff auch den eigenen Anhängern.

Hunderte von deutschen Zuschauern, die täglich auch das Mannschaftsquartier in Bjärred belagerten, stürmten das Spielfeld. Wie schon vier Jahre zuvor in der Schweiz registrierten die Gastgeber den Übermut der deutschen Besucherscharen mit Missbilligung. In Verbindung mit der harten Spielweise der Mannschaft sorgte ihr Verhalten für Skepsis gegenüber den Deutschen. Es hagelte tags darauf vernichtende Kommentare in den schwedischen Zeitungen – im deutschen Teamquartier, wo die Texte übersetzt wurden, machte sich Unverständnis breit. Schließlich hatte die Mannschaft eine grandiose Leistung gezeigt.

Gelindert wurde der Ärger durch Glückwunschtelegramme von Bundeskanzler Konrad Adenauer und anderen Politikern, die bei Bundestrainer Herberger eingingen. So hatten sich binnen vier Jahren die Zeiten geändert. 1954 waren erst nach dem Titelgewinn die Glückwünsche aus Bonn eingetroffen. Sepp Herberger lobte seine Mannschaft in der ihm eigenen, angemessenen Art: „Das habt ihr gut gemacht."

Er ist erst 21, er redet nicht viel im Kreis der Teamkollegen. Aber er spricht mit Taten – und Toren: Kurz vor der Pause grätscht Uwe Seeler (l.) im Zweikampf mit Dellacha den Ball zum 2:1 ins Netz. Sein erstes WM-Tor.

Die Kraft der zwei Kapitäne

Es gab im deutschen Team keine großen Debatten, ob Rückkehrer Fritz Walter nicht doch wieder das Kapitänsamt übernehmen sollte. Fritz Walter, der Sensible, war froh, dass diese Bürde in der Öffentlichkeit nicht auf seinen Schultern lastete. Herberger sagte ihm, ohne die Binde könne er „vollkommen frei und unbelastet" spielen. Innerhalb der Mannschaft fiel es Walter jedoch schwer, sich an die neue Rolle zu gewöhnen. Nach dem 3:1 gegen die Argentinier machte er aus alter Gewohnheit seine Runde in der Kabine und beglückwünschte jeden seiner Teamkollegen – sein Nachfolger Hans Schäfer tat dann genau das Gleiche. Die Rolle des Spielmachers musste Schäfer ohnehin wieder an Walter abgeben. Nach der 2:3-Niederlage in Prag kurz vor der Weltmeisterschaft schrieb Herberger an Schäfer, er habe das Ballhalten übertrieben: „Eine Elf kann keine zwei Spielmacher gebrauchen."

Und doch am Sonntag

Der 8. Juni 1958, für den das erste WM-Spiel der nordirischen Mannschaft angesetzt war, war ein Sonntag. Und das war durchaus ein Problem für die Nordiren. Es hatte Gerüchte gegeben, der nordirische Verband würde die Mannschaft zurückziehen, falls die Spiele seines Teams nicht auf Wochentage gelegt werden – denn auf den Inseln galt aus religiösen Gründen: kein Sport an Sonn- und Feiertagen. Die Kirche willigte letztlich ein, und die Nordiren, der Gruppe 1 mit Deutschland zugelost, kamen an diesem Sonntag zu einem 1:0 gegen die Tschechoslowakei.

Großartiger Rempler

Herberger gerät ins Schwärmen nach einem umstrittenen Kraftakt.

Tor für Deutschland, 1:2. Hans Schäfer (r.) schwört nach dem Spiel, der Ball sei hinter der Linie gewesen. Dieses Bild beweist nichts. Torhüter Bretislav Dolejsi hat den Ball klar vor die Linie gezogen, Verteidiger Novak versucht ihn abzuschirmen.

Drin oder nicht drin? Die Frage sorgte 1966 für Aufruhr in Deutschland, und es machten sich Verschwörungstheorien breit, nachdem im WM-Finale der Schweizer Schiedsrichter Dienst auf Empfehlung des sowjetischen Linienrichters Bachramow dem englischen Team das Tor zum 3:2 – Endstand 4:2 für England – zugesprochen hatte; nach Geoff Hursts Schuss an die Latte war die Ball irgendwo in der Nähe der Linie aufgesprungen. Drin oder nicht drin? Schon 1958 wurde die Frage diskutiert, und was 1966 in Deutschland schon vergessen war: Damals in Schweden beim 2:2 gegen die Tschechoslowakei waren die Deutschen Nutznießer einer umstrittenen Entscheidung des englischen Schiedsrichters Arthur E. Ellis. Ohne dieses Tor zum 1:2, das ihnen Ellis zuerkannte, wären sie vielleicht sogar in der Vorrunde gescheitert.

Deutschland – Tschechoslowakei 2:2 (0:2)

Helsingborg, 11. Juni 1958

Deutschland: Herkenrath, Stollenwerk, Juskowiak, Schnellinger, Erhardt, Szymaniak, Rahn, Walter, Seeler, Schäfer, Klodt

Tschechoslowakei: Dolejsi, Mraz, Popluhar, Novak, Pluskal, Masopust, Hovorka, Dvorak, Molnar, Feureisl, Zikan

Tore: 0:1 Dvorak (24. Elfmeter), 0:2 Zikan (42.), 1:2 Schäfer (59.), 2:2 Rahn (70.)

Zuschauer: 25 000
Schiedsrichter: Ellis (England)

Die tschechoslowakische Mannschaft führte zur Halbzeit schon 2:0, und nach dem kuriosen Spielverlauf tippten die Journalisten auf der Tribüne eher auf ein 3:0 denn auf ein Aufbäumen der Deutschen. „So ein Spiel …", kommentierte Sepp Herberger kopfschüttelnd, als er sich an der Pressetribüne vorbei auf den Weg in die Kabine machte, um sein Team aufzumuntern. „Männer, ihr könnt es schaffen", sagte er, doch die wenigsten glaubten ihm. „Dieses Mal verlieren wir", raunte Fritz Walter dem medizinischen Betreuer Erich Deuser zu. – „Heute verlieren wir", unkte Helmut Rahn.

Die Deutschen, mit Karl-Heinz Schnellinger anstelle des verletzten Horst Eckel, hatten in der brillianten Form des 3:1 gegen die Argentinier losgelegt, und die Zimmerkollegen Fritz Walter und Helmut Rahn kamen dem Torerfolg sehr nahe. Vor allem Walters überragende Form verblüffte alle. Von seiner Verletzung aus dem Argentinien-Spiel war er kaum genesen, doch es regnete, Fritz-Walter-Wetter, das beflügelte ihn offenbar. Einen Volleyschuss Walters lenkte der tschechische Torwart Bretislav Dolejsi mit Mühe über die Latte, nach einem Kopfball Walters trudelte der Ball auf der Latte ins Aus. Doch die deutsche Überlegenheit endete in der 24. Minute abrupt mit einem Elfmetertor des Tschechen Milan Dvorak. Abwehrchef Herbert Erhardt, ansonsten ein souveräner Nachfolger von Werner Liebrich, spielte einen fahrlässigen Rückpass auf Fritz Herkenrath. Josef Masopust spritzte dazwischen, und Herkenrath rempelte den Tschechen um. Kurz vor der Pause leitete der quirlige Masopust auch das 2:0 ein. Seinen Schuss konnte Herkenrath noch abwehren, doch den Nachschuss lenkte Zdenek Zikan ins Netz.

Würden die Deutschen noch einmal zurückschlagen? Der überragende Horst Szymaniak trieb das Spiel der Deutschen nach der Pause an, Helmut Rahn und Uwe Seeler erarbeiteten sich eine Torchance nach der anderen. Aber niemand weiß, ob die Deutschen nicht bald resigniert hätten, wäre das 1:2 in der 59. Minute nicht anerkannt worden. Helmut Rahn flankte, Uwe Seeler legte per Kopf ab, und Hans Schäfer rempelte bei seinem Kopfball den hechtenden Torwart Dolejsi an. Ein zweifach fragwürdiges Tor aus Sicht des Gegners: Der Rempler Schäfers gegen den Torwart sei ein Foul gewesen, und der Ball habe nicht zweifelsfrei die Linie überquert. Die CSR-Spieler protestierten heftig, und Dolejsi lag noch am Boden und hielt den Ball demonstrativ vor der Linie, als die Deutschen schon auf den Wiederanpfiff warteten.

Das Tor gab dem Spiel die entscheidende Wende, die Deutschen kombinierten nun unwiderstehlich, und das Ausgleichstor war nur mehr eine Frage der Zeit. Es fiel zwanzig Minuten vor Spielschluss. Fritz Walter legte den Ball beim Freistoß quer auf Szymaniak, der passte weiter auf Helmut Rahn, und der zog aus 17 Metern mit dem linken Fuß ab. Flach schlug der Ball im rechten Eck ein. Der Essener war nicht zu halten, um ein Haar hätte er seiner Mannschaft kurz vor Schluss sogar den Sieg beschert. Doch er scheiterte freistehend an Torwart Dolejsi.

Wieder einmal gingen die Wahrnehmungen des deutschen Spiels weit auseinander. Sepp Herberger verteilte überschwängliches Lob. „Einfach großartig", lobte er seine Spieler in der Kabine. Gegenüber der Presse sprach er ungewohnt pathetisch von einer in der Geschichte der deutschen Nationalmannschaft einzigartigen Leistung – höchstens vergleichbar mit dem 6:1 gegen Österreich im WM-Halbfinale 1954. Auch der tschechische Trainer Karel Kolsky, der sich bitter über das erste deutsche Tor beklagte, zollte den Deutschen Respekt für ihr Spiel. Doch nicht nur schwedische Beobachter beklagten diesmal die Härte der deutschen Verteidiger. In schwedischen Zeitungen waren Fotostrecken zu sehen, die ausschließlich am Boden liegende CSR-Spieler zeigten.

Sie können es nicht glauben – oder sie wollen es nicht glauben können: Torhüter Dolejsi (l.) und Verteidiger Novak geben sich fassungslos, als Schiedsrichter Ellis auf Tor entscheidet.

Hart, aber herzlich

Seelers Gewaltschuss öffnet den Weg ins Viertelfinale. Deutsche und Nordiren verbrüdern sich.

Nach zwei Spielen dieser WM-Vorrunde fand sich das deutsche Team schon wieder in der trotzigen Stimmung, die sie 1954 zum Titelgewinn getrieben hatte. Obwohl nur noch vier Finalspieler von damals im Kader waren, knüpfte man gedanklich an das Wunder von Bern an: „Man will eben nicht, dass wir wieder Weltmeister werden", sagte nach dem 2:2 gegen die Tschechoslowakei Abwehrchef Herbert Erhardt aus Fürth, „schon 1954 haben es uns ja die meisten nicht gegönnt."

Wir gegen den Rest der Welt: Was damals die vernichtenden Kritiken nach dem 3:8 gegen Ungarn bewirkten, löste nun die allgemeine Empörung über die vermeintlich harte Spielweise in den Begegnungen mit Argentinien und der Tschechoslowakei aus, verbunden mit dem lautstarken Auftreten der deutschen Anhänger. Die Mannschaft von Herberger freute sich deshalb auf das Spiel gegen die Nordiren. Die waren bekannt als faire und zugleich wenig zimperliche Gegner – hart im Austeilen und auch im Nehmen. So ging es offenbar auch den Nordiren. Nach dem Schlusspfiff hagelte es gegenseitige Komplimente für ein hartes, aber sauberes Spiel. Den Wunsch „Good luck" behielten die Deutschen von den Nordiren in Erinnerung, viel Glück – obwohl es doch zunächst die Nordiren selbst waren, die Glück gebrauchen konnten. Sie mussten nach dem 2:2 gegen die Deutschen in ein Entscheidungsspiel um Platz zwei, das sie erst in der Verlängerung 2:1 gegen die Tschechoslowakei gewinnen sollten.

Uwe Seeler hat abgezogen, da fliegt der Mann, den sie in Deutschland „Wundertorwart" nennen: Harry Gregg von Manchester United hat ein paar Monate zuvor das Flugzeugunglück in München überlebt, er ist allen deutschen Fußballfreunden ein Begriff, doch in diesem Spiel verfluchen sie ihn: Harry Gregg sichert den Nordiren eine 2:1-Führung, noch zehn Minuten zu spielen, die Deutschen brauchen einen Punkt, um ins Viertelfinale einzuziehen. Da hat Uwe Seeler abgezogen, und Harry Gregg fliegt – vergebens. 2:2.

Uwe Seeler hatte seiner Mannschaft dieses Schicksal zehn Minuten vor Schluss mit einem gewaltigen Schuss aus 18 Metern erspart. Sogar Torwart Harry Gregg, der den Nordiren lange Zeit mit glänzenden Paraden die Führung gerettet hatte, war dieses eine Mal machtlos. Britische Journalisten lobten Seeler als bis dahin besten Mittelstürmer des Turniers. Und der nordirische Kapitän Danny Blanchflower sagte: „Es gehört etwas dazu, gegen uns zweimal einen Rückstand aufzuholen. Was haben die Deutschen für einen großartigen Sturm!" Helmut Rahn, wieder einmal, hatte zwischenzeitlich zum 1:1 ausgeglichen.

Bloß nicht wieder in Rückstand geraten, hatten sich die Deutschen vorgenommen, nicht wieder einem 0:1 hinterherlaufen müssen wie gegen Argentinien oder gar einem 0:2 wie gegen die CSR. Der Respekt vor den britischen Profis war gewaltig. Torwart Harry Gregg von Manchester United, Überlebender des Flugzeugabsturzes im Februar 1958 in München, war allen ein Begriff, genau wie Läufer Danny Blanchflower von Tottenham Hotspur, Englands „Fußballer des Jahres" 1958. Die Abwehr schien die Stärke der

Ansturm auf Harry Gregg: Im Bild oben wehrt er gegen Horst Eckel ab – erstaunlich, wie weit der sich nach vorne gewagt hat. Greggs Kollege Fritz Herkenrath (Bild unten, r.) hatte wenig Freude an diesem Spiel, jedenfalls verlässt er nach dem Schlusspfiff das Spielfeld eher mürrisch. Er hat zweimal gepatzt. Kollege Erhardt versucht ihn aufzumuntern, während Kollege Szymaniak (vorne) grübelt, wie er das 2:2 einordnen soll.

Nordiren zu sein – ganz im Gegensatz zu jener der Deutschen offenbar, die sich häufig Aussetzer leistete.

Erneut begann die Mannschaft von Sepp Herberger – mit dem genesenen Horst Eckel im Mittelfeld anstelle von Schnellinger – stürmisch, doch Torwart Fritz Herkenrath leitete das 0:1 ein. Er verpasste eine Flanke von William Bingham, und Peter McParland beförderte den Ball aus spitzem Winkel ins Netz. 19 Minuten waren gespielt, wieder lagen die Deutschen zurück. Zum Glück konnten sie sich auf ihren Sturm verlassen. Nur zwei Minuten später passte Seeler mustergültig auf Rahn, der schlenzte die Kugel über Gregg hinweg zum 1:1 ins Netz. Fritz Walter berichtete später, Rahn habe vor dem Spiel angekündigt, er werde Gregg mit einem Schlenzer überwinden statt wie üblich mit einem krachenden Schuss. Rahn betrachtete das Duell mit dem vermeintlichen Wundertorwart jedenfalls als ganz besondere Herausforderung.

Nach Rahns Ausgleichstor entwickelte sich das Spiel zu einem Duell zwischen Harry Gregg, dem Mann im gelben Sweater, und Uwe Seeler – kurz vor der Pause unterbrochen von einer famosen Parade Herkenraths gegen den anstürmenden Wilbur Cush und noch verschärft durch das erneute Führungstor der Nordiren; nach einer Ecke war McParland in der 60. Minute wieder frei vor dem Tor gestanden.

Der *Kicker* fasste das Geschehen später so zusammen: „Trommelfeuer gegen Wundertorwart Gregg". Harry Gregg hielt alles, bis zu jener 80. Spielminute, als Uwe Seeler nach einem Zuspiel von Hans Schäfer abzog. Um ein Haar hätte McParland kurz vor Schluss noch einmal getroffen, diesmal mit dem Kopf, weil Fritz Herkenrath erneut eine Flanke verpasste. „Lieber Fritz", notierte Namenskollege Fritz Walter später in seinem Tagebuch, „wenn das schief gegangen wäre ... wir hätten dich eiskalt zu einer Strafarbeit verdonnert. Bis morgen schreibst du hundertmal: Ich darf nicht zu spät rauslaufen." Der liebe Fritz hatte Glück. Die Deutschen waren in das Viertelfinale eingezogen.

Sogar die schwedische Presse hatte diesmal wenig an den Deutschen auszusetzen. Auch Horst Szymaniak erregte diesmal keinen Unmut: Anders als vor dem Spiel gegen die Tschechoslowakei verbeugte er sich diesmal artig, als König Gustaf VI. Adolf die Spieler vor dem Anpfiff begrüßte. Helmut Rahn hatte seinen Kollegen aufgeklärt. „Horst, du bist zwar unser As, aber in diesem Fall ist der König mehr."

„Ein großes Kampfspiel", lobte Sepp Herberger. Er war wie seine Spieler voller Begeisterung über die Nordiren, die sie als Brüder im Geiste verehrten. Eine deutsche Delegation fieberte sogar mit den Nordiren beim Entscheidungsspiel, auf der Tribüne neben Harry Gregg, der sich verletzt hatte. „Die besten Sportsleute, mit denen wir die Klinge gekreuzt haben", fand Herberger. Und von seinem Kollegen Peter Doherty erntete Herberger höchstes Lob.

Nun musste er seine Mannschaft auf einen Gegner ganz anderen Kali-

Deutschland – Nordirland 2:2 (1:1)

Malmö, 15. Juni 1958

Deutschland: Herkenrath, Stollenwerk, Juskowiak, Eckel, Erhardt, Szymaniak, Rahn, Walter, Seeler, Schäfer, Klodt

Nordirland: Gregg, Keith, Cunningham, McMichael, Blanchflower, Peacock, Bingham, Cush, Casey, McIlroy, McParland

Tore: 0:1 McParland (19.), 1:1 Rahn (21.), 1:2 McParland (60.), 2:2 Seeler (80.)

Zuschauer: 21 990
Schiedsrichter: Campos (Portugal)

bers vorbereiten: auf die spielstarken Jugoslawen, die auf Revanche für das 0:2 im Viertelfinale von 1954 sannen. Seine Spieler machten sich in ihrem Quartier derweil schon mit einem möglichen Finalgegner vertraut, mit den Brasilianern. Sie tauften Garrincha in „Garri" und Zagallo in „Zaggi" um, und Helmut Rahn tönte über Garri, der auf Rechtsaußen dieselbe Position wie er selbst spielte: „Was kann der denn schon? Gar nix!"

Alle Ergebnisse Gruppe 1

Deutschland – Argentinien 3:1 (2:1)
0:1 Corbatta (3.), 1:1 Rahn (33.), 2:1 Seeler (40.), 3:1 (81.) Rahn
Zuschauer: 31 156 (in Malmö)
Schiedsrichter: Leafe (England)

Nordirland – Tschechoslowakei 1:0 (1:0)
1:0 Cush (20.)
Zuschauer: 10 617 (in Halmstad)
Schiedsrichter: Seipelt (Österreich)

Argentinien – Nordirland 3:1 (1:1)
0:1 McParland (3.), 1:1 Corbatta (38. Elfmeter), 2:1 Menéndez (55.), 3:1 Avio (60.)
Zuschauer: 14 174 (in Halmstad)
Schiedsrichter: Ahlner (Schweden)

Deutschland – Tschechosl. 2:2 (0:2)
0:1 Dvorak (24. Elfmeter), 0:2 Zikan (42.), 1:2 Schäfer (59.), 2:2 Rahn (70.)
Zuschauer: 25 000 (in Malmö)
Schiedsrichter: Ellis (England)

Tschechoslowakei – Argentinien 6:1 (3:0)
1:0 Dvorak (8.), 2:0, 3:0 Zikan (17., 39.), 3:1 Corbatta (65. Elfmeter), 4:1 Feureisl (69.), 5:1, 6:1 Hovorka (82., 89.)
Zuschauer: 16 418 (in Helsingborg)
Schiedsrichter: Ellis (England))

Deutschland – Nordirland 2:2 (1:1)
0:1 McParland (19.), 1:1 Rahn (21.), 1:2 McParland (60.), 2:2 Seeler (80.)
Zuschauer: 21 990 (in Malmö)
Schiedsrichter: Campos (Portugal)

Entscheidungsspiel um Platz 2*

Nordirland – Tschechosl. 2:1 n.V (1:1, 0:1)
0:1 Zikan (18.), 1:1, 2:1 McParland (44., 99.)
Platzverweis: Bubernik (Tschechosl./102.)
Zuschauer: 6196 (in Malmö)
Schiedsrichter: Guigue (Frankreich)

Deutschland	3	1	2	0	7:5	4:2
Nordirland*	3	1	1	1	4:5	3:3
Tschechosl.*	3	1	1	1	8:4	3:3
Argentinien	3	1	0	2	5:10	2:4

„Ihr zuerst, Muchachos!"

Der argentinische Staatspräsident Arturo Frondizi setzte 1958 nach dem schmählichen WM-Aus eine Untersuchungskommission ein, um den Lebenswandel seiner Fußballer in Schweden zu ergründen. Die Kommission teilte ihm unter anderem mit: „Die Zimmermädchen im Hotel waren alle alt – bis auf zwei." Ob das den Präsidenten beruhigt hat, ist nicht überliefert.

Jedenfalls war es eine schmähliche Heimkehr für die Mannschaft. Verteidiger Francisco Lombardo hat die Minuten nach der Landung in Buenos Aires wunderbar geschildert: „Wir waren alle ruhig und blieben angeschnallt. Da kam der Verbandspräsident und sagte zu Dellacha, Corbatta und mir: Ihr zuerst, Muchachos! Ihr habt nicht schlecht gespielt. Wenn ihr zuerst rausgeht, werden sie uns nichts tun."

Sie, das waren die Tausenden von Menschen, die am Flughafen warteten. Dellacha verkrümelte sich nach ganz hinten in der Maschine. Corbatta erklärte, ihm sei schlecht. Hinaus ging Lombardo – er hat überlebt, aber Spaß hatte er keinen mit den Landsleuten, die mit einem 1:6 gegen die Tschechoslowakei nichts anfangen konnten. Die Spieler wurden mit Münzen beworfen, „Vaterlandsverräter" war noch die geringste Beleidigung. „Wenn wir den Titel gewonnen hätten", sagte Lombardo, „wären auch nicht mehr Leute zum Flughafen gekommen."

Ein Fiasko war diese WM vor allem für den Trainer. Guillermo Stábile, Jahrgang 1906, ist ein argentinischer Held. Man nannte den Stürmer von Huracán Buenos Aires „El Filtradór", Wühler. Bei der WM 1930 schoss er bei vier Einsätzen acht Treffer – einen davon beim 2:4 verlorenen Finale gegen Uruguay – und wurde Torschützenkönig, bevor er sein Geld in Europa verdiente. Ansehen über den Fußball hinaus erlangte er auch wegen seiner Liebe zum Tango – den Gitarristen von Carlos Gardel nannte er seinen Freund. Stábile trainierte die argentinische Nationalmannschaft zwischen 1939 und 1960 in 127 Spielen, gewann dabei sechsmal die Südamerika-Meisterschaft – nur der WM-Titel blieb ihm verwehrt.

Nachdem Argentinien 1938 und 1954 – aus Protest gegen die WM-Vergabe nach Europa – sowie 1950 – wegen politischer Differenzen mit Brasilien – keine Mannschaft zur WM entsandt hatte, galt das Land beim ersten WM-Start nach 24 Jahren als Favorit. Doch Stábiles stärkste Spieler, mit denen er im Jahr zuvor auf grandiose Weise die Südamerika-Meisterschaft gewonnen hatte, waren nach Europa gewechselt. Und der Verband weigerte sich, sie zu nominieren: Maschio spielte für Bologna, Angelillo für Inter Mailand, Sivori für Juventus Turin, Torwart Domínguez für Real Madrid. Drei seiner Besten fehlten auch noch wegen Verletzung.
Stábile ahnte das Unheil und überlegte, noch vor der WM sein Amt abzugeben. Dann entschied er sich anders: „Ich bin keine Ratte", sagte er. „Ich gehe mit dem Schiff unter."

Aufrecht in der Niederlage: Guillermo Stábile, Argentiniens Trainer 1958.

Die Mannschaft von Manchester United kam von einem Europacup-Spiel in Belgrad. München war als Zwischenstopp gedacht. Zweimal musste der Start abgebrochen werden. Der Pilot versuchte es ein drittes Mal. Im Bild die Bergung der Maschine.

Vom Mut, ein Feigling zu sein

Torwart Gregg hat Leben gerettet. Ihm bleibt Bitternis.

Von Ronald Reng

Ihm gehört das Hotel Windsor in Portstewart, direkt an der Seepromenade der nordirischen Kleinstadt. Früher, als Reisen in den Süden Europas noch ihren Preis hatten, kamen die Touristen aus Schottland, sogar aus England herüber, um hier ihre Ferien zu verbringen. Heute ist Harry Gregg froh, dass die britische Regierung Asylbewerber bei ihm einquartiert. Das ist gutes Geld, sagt er, sicheres Geld. Es ist Sonntag, und die Asylbewerber sind auf ihren Zimmern, die sind den Regen nicht gewohnt, sagt er. Er sitzt im verlassenen Speisesaal. An den Wänden reihen sich die Fotos aneinander von Harry Greggs wichtigstem Tag in seiner Fußballkarriere.

Am 6. Februar 1958, 15.03 Uhr britischer Zeit stürzte das Flugzeug ab. Eine Uhr am Stadion von Manchester United hält die Zeit fest.

Er wurde zum besten Torwart der WM 1958 gewählt, Harry Gregg, der Mann im gelben Sweater, das war der Schlachtruf der Radioreporter, wenn wieder ein Angriff in den Händen des Nordiren endete, an seinen Fäusten scheiterte. Er war „der größte Torwart, den Manchester United je hatte", steht in den Archiven, 48 Ligaspiele ohne Gegentore legte er hin, 48 saubere Betttücher, wie das in der Sprache britischer Fußballer heißt. Aber die Fotos, die er im Speisesaal aufgehängt hat, zeigen nichts von all dem. Es sind Bilder des englischen Meisterteams von Manchester United am 6. Februar 1958 in Belgrad, das letzte Mal zusammen. Dann beim Einsteigen ins Flugzeug, aus dem acht von ihnen nicht mehr lebend herauskommen sollten.

Mag sein, dass die meisten Menschen vergessen und verdrängen wollen, wenn ihnen etwas Schlimmes zustößt; bei Harry Gregg löste das Flugzeugunglück in München-Riem entgegengesetzte Gefühle aus. Die Erinnerung daran ist sein größter Schatz. Geradezu eifersüchtig reagiert er, wenn andere des Unglücks gedenken. Die Autoren der vielen Bücher über den Absturz sind für ihn Leute, „die nicht dabei waren und nun versuchen, ein Teil von uns zu sein". Bill Foulkes, der dabei war als Mitspieler, spricht er das Recht ab, im Detail von den Rettungsversuchen zu berichten. „Bill ist weggerannt." Harry Gregg ist 73, die

Aufstellung zum letzten Spiel: Die Mannschaft von Manchester United präsentiert sich am 5. Februar 1958 vor dem Duell mit Roter Stern Belgrad. Die Begegnung endet 3:3. Die Heimreise endet in München mit dem Flugzeugunglück, das acht Spieler nicht überleben.

Haare weiß, das Gesicht kantig. Wut und Bitterkeit halten seine Augen gefangen. Dann erzählt er, wie es war, was aus ihm geworden ist. Und am Ende weiß man, wo die Wut und Bitterkeit herkommen.

Als die Chartermaschine Lord Burleigh, die den englischen Meister vom Europacupspiel bei Roter Stern Belgrad nach Hause bringen sollte, am 6. Februar 1958 um 16.03 Uhr deutscher Zeit in Riem anrollte, hatten viele an Bord Angst. Ursprünglich hatte man in München nur schnell Benzin auffüllen wollen; nun war der Start auf der schneebedeckten Rollbahn bereits zweimal abgebrochen worden. Mechaniker überprüften die Maschine, doch es blieb unklar, was mit ihr nicht stimmte. Flugkapitän James Thain wollte trotzdem einen weiteren Start versuchen.

Harry Gregg schob das Buch, das er gelesen hatte, soweit wie möglich von sich. Es war „Die Peitsche" von Roger MacDonald. „Ein Werk, das du als religiöser Mensch nicht unbedingt lesen solltest", sagt Gregg, „ich dachte, wenn etwas passiert, wenn ich mit dem Buch in der Hand sterben sollte, würde ich in der Hölle landen." Dann lockerte er seine Krawatte, öffnete den Hemdkragen, „damit mich die Kleidung bei einem Unfall nicht einschnüren würde", und wartete auf das Abheben des Flugzeugs. Es herrschte Ruhe, erinnert sich Gregg, als sie anrollten, schneller wurden, und – „da war kein Schreien, kein Klagen, kein Weinen. Nur der schreckliche Klang, wenn etwas zerbricht."

Lord Burleigh raste über die Startbahn hinaus, durch den Zaun des Flughafens hindurch und krachte gut 250 Meter weiter in eine Böschung. Die Tragflächen seien vereist gewesen, deshalb habe das Flugzeug nicht abheben können, erklärte später das Luftfahrtbundesamt. 23 der 38 Passagiere verloren ihr Leben, darunter acht Spieler, die in der Nacht zuvor das Halbfinale des Europacups erreicht hatten. Die *Busby Babes* hatte man sie genannt, nach ihrem Trainer Matt Busby; und weil sie so jung gewesen waren.

„Der Geruch von Benzin war überall. Etwas schlug mir auf den Kopf, für einen Moment dachte ich: Mein Kopf ist ab! Ich spürte etwas Warmes auf meinem Gesicht: Blut. Aber das realisierte ich erst im Nachhinein. Ich schien zwischen Dunkelheit und Licht, zwischen Bewusstsein und Bewusstlosigkeit zu schwanken, bis ich endlich verstand: Du lebst. Du lebst!" Mit blutiger Nase und brummendem Kopf kletterte Gregg aus dem Wrack. Er holte die Frau eines jugoslawischen Diplomaten samt ihrem Baby aus den Trümmern, „mit den Händen schaffte ich es nicht, ich stellte mich hinter sie und schob sie mit beiden Füßen heraus". Draußen sah er zwei Mitspieler, Bobby Charlton und Dennis Viollet, reglos im Schneematsch liegen. Gregg schleppte sie zwanzig Meter weg vom Wrack, das jeden Moment explodieren konnte. „Ich dachte, sie wären tot und bekam den Schreck meines Lebens, als ich mich wenig später umdrehte; da standen sie und starrten auf das brennende Flugzeug."

Jahre später wurde ihm in einer Fernsehschau eine junge Frau vorgestellt. Sie war das Baby des jugoslawischen Diplomaten gewesen. „Wie kann ich Ihnen danken, dass sie uns drei gerettet haben", sagte sie. „Sie drei?", fragte Harry Gregg. „Uns drei. Meine Mutter war schwanger mit meinem Bruder, als Sie sie aus dem Wrack holten."

Er stockt, Harry Gregg fragt misstrauisch in den hallenden Speisesaal des Hotels Windsor an der nordirischen See hinein: „Dein Tonband: Ist dein Tonband noch an?" Alle Kassetten sind voll, zweimal 60 Minuten, er hat lange geredet und sich kaum von einer Frage unterbrechen lassen. Er holt ein paar Bogen Papier und einen Kugelschreiber. Er ist noch nicht am Ende mit seiner Geschichte.

Er fuhr vier Monate nach dem Unglück auf dem Landweg zur WM nach Schweden. In ein Flugzeug traute er sich nicht. Zehn Jahre danach gewann Busbys United den Europacup. Eine Legende ward geboren. Viele Vereine gewinnen Pokale und Meisterschaften, aber hier war ein Klub, der scheinbar alles verloren hatte und dann zurückkam, um sich den Cup zu holen, der so grausam Schicksal für sie gespielt hatte. Die Tragödie von München-Riem 1958, der Triumph von Wembley 1968 machten aus Manchester United die populärste Elf Großbritanniens, das beliebteste Team in fernen Ländern wie Indien oder Thailand. Harry Gregg, der Mann im gelben Sweater, der Held von München-Riem, war ein Jahr vor dem Europapokalsieg für nicht mehr gut genug befunden und an Stoke City verkauft worden.

Er hat niemals eine Siegermedaille gewonnen. Verletzungen und was er „das Leben" nennt, wussten es zu verhindern. 1961 starb seine erste Frau Mavis an Krebs. „Ich zerbrach. Ich schickte unsere Töchter zurück nach Nordirland, damit sich meine Mutter um sie kümmerte. Ich lebte unterdessen in Manchester wie ein Tier", schreibt er in seiner Autobiografie. Er verkroch sich. Er flüchtete davor, die alten Mitspieler und vor allem die Witwen der toten Mitspieler zu treffen. „Ich schätzte mich glücklich, überlebt zu haben, aber vor allem fühlte ich mich schuldig, überlebt zu haben. Warum waren Roger Byrne, Geoffrey Bent, Liam Whelan, David Pegg und die anderen tot und ich nicht?" Er hat, alleine in seinem Hotel Windsor in Portstewart an der nordirischen See, versucht, seine Trauer und Bitterkeit zu kontrollieren. Er dachte, es könnte helfen, wenn er alles aufschreibt. Er weiß, er ist kein Poet, aber Harry Gregg hat ein paar Zettel, und was er darauf geschrieben hat, das nennt man Gedichte.

Harry Gregg, Jahrgang 1932, gilt als bester Torwart, den Manchester United hatte. Seine größte Rettungstat vollbrachte er jedoch in den Minuten nach dem Absturz.

Ein United-Denkmal: Matt Busby, Trainer der legendären Busby-Babes.

Wie sie lachten und das Spiel zusammen spielten
Spielten das Spiel und gaben dafür alles was sie hatten
Die Massen strömten herbei um solche jungen Freigeister zu sehen
Mein guter Gott es werden nicht viele nach Hause kommen
Da sind die die lange lange vor uns gingen
Und doch versuchen wir jeden Morgen sie nicht aus den Augen zu verlieren
In den Augen der Erinnerung sind die Busby Babes unsterblich
Die Roten Teufel schufen Leben das niemals stirbt

Vom Hotel Windsor ist es ein ordentlicher Fußmarsch zum Bahnhof in Portstewart. Ich bringe dich hin, sagt Harry Gregg. Er steuert das Auto sicher. Weißt du, sagt er irgendwann, wir hatten alle Angst im Flugzeug nach den zwei Fehlstarts, irgendjemand hätte sagen sollen, lassen wir es, bitte. „Aber", sagt Harry Gregg, der Mann im gelben Sweater, „es braucht verdammt viel Mut, ein Feigling zu sein."

Der Capitán geht voran

Paraguays junge Elf überzeugt. Schotten scheitern ohne Busby.

Frisch und frech attackieren die Paraguayaner bei dieser Weltmeisterschaft. Sie scheiden aus, aber sie machen Eindruck. Im Bild muss sich Jugoslawiens Torwart Vladimir Beara geschlagen geben. Die Südamerikaner trotzen dem Favoriten ein 3:3 ab.

Das Unglück der Chartermaschine „Lord Burleigh", Flug BE609 der *British European Airways*, am 6. Februar 1958 in München-Riem erschütterte auch den schottischen Fußball. Acht Spieler von Manchester United starben, und der Mann, nach dem die Mannschaft benannt war – die „Busby Babes" –, kämpfte um sein Leben: Teammanager Matthew Busby war schwer verletzt und erhielt zweimal die letzte Ölung. Er überlebte, doch die besondere Ehre, die ihm in diesem Jahr zuteil werden sollte, konnte er nicht wahrnehmen: Einen Monat vor dem Absturz war er zum Trainer der schottischen Auswahl ernannt worden, die sich für die Weltmeisterschaft in Schweden qualifiziert hatte.

Busby betreute die Schotten nach der WM in zwei Spielen gegen Wales und Nordirland. Doch in Schweden übte das Amt der im Gegensatz zu Busby wenig charismatische Verbandstrainer Dawson Walker aus – und das Amt des Co-Trainers übernahm nebenbei Torwart Thomas Younger, der beim FC Liverpool unter Vertrag stand.

Younger leistete mit großartigen Paraden seinen Beitrag, als die Schotten in ihrem ersten Gruppenspiel Jugoslawien einen Punkt raubten. Die Jugoslawen nahmen vier Jahre nach dem frustrierenden 0:2 im WM-Viertelfinale gegen Deutschland einen weiteren Anlauf zum Titel und waren hoch favorisiert. Doch Schottlands Mittelstürmer James Murray glich das jugoslawische Führungstor von Aleksandar Petakovic kurz nach dem Seitenwechsel zum Endstand von 1:1 aus.

Die Schotten konnten allerdings den unverhofften Punktgewinn nicht nutzen, denn sie verloren das folgende Spiel gegen Paraguay mit 2:3. Zur Niederlage trug entscheidend bei, dass sich John Mudie kurz nach der Pause verletzte und die Begegnung nur noch humpelnd fortsetzen konnte. Und Torwart Younger – der Co-Trainer – ließ nach einem Eckball die Kugel aus den Händen gleiten und ermöglichte so José Parodi das Tor zum 3:1 für Paraguay. Gegen Frankreich stand dann anstelle Youngers Bill Brown im Tor der Schotten, doch der sah sich den französischen Schützen hilflos ausgeliefert. Erst traf Raymond Kopa, dann Just Fontaine. Mehr als das Anschlusstor durch Samuel Baird – er hatte in der ersten Halbzeit einen Elfmeter verschossen – gelang den Schotten nicht mehr. Sie waren aus dem Turnier, genau wie die Kollegen aus Paraguay.

Paraguay hatte in der Qualifikation den zweimaligen Weltmeister Uruguay, 1954 noch WM-Dritter, mit einem monströsen 5:0-Sieg ausgeschaltet, weshalb der Mannschaft ein Ruf wie Donnerhall vorauseilte. Dieses Team ging in seinem ersten Spiel gegen die Franzosen durch Florencio Amarilla sogar in Führung. Danach entwickelte sich eines der spektakulärsten Spiele dieser WM. Die Paraguayaner steckten den ersten Doppelschlag von Just Fontaine weg und gingen durch Amarilla und Jorge Lino Romero erneut in Führung. Dann entschieden die Franzosen die Partie in einem gewaltigen Endspurt: Roger Piantoni, Maryan Wisnieski, Just Fontaine, Raymond Kopa und Jean Vincent verwandelten ein 2:3 in einen 7:3-Sieg.

Paraguay schickte eine außergewöhnlich talentierte Generation junger Spieler ohne große Stars zur WM. Kopf der Delegation war Trainer Aurelio Rodrigo González, in der Heimat genannt „El Gran Capitán“: der große Kapitän. Zu aktiven Zeiten – 1930 bestritt er für Paraguay die erste WM in Uruguay – erlangte der Mittelstürmer Berühmtheit durch einen eher schmutzigen Trick: Vor Eckbällen warf er, wenn der Ball geflogen kam, dem gegnerischen Torwart Sand in die Augen. So geht zumindest die paraguayische Fußball-Legende. In Schweden schaffte González' Team zumindest einen Sieg, gegen die Schotten, und trotzte sogar den Jugoslawen ein 3:3 ab.

Neben den Franzosen zogen die Jugoslawen in die Runde der letzten Acht ein. Wieder hatten sie große Namen im Team: voran Torwart Vladimir Beara bei seiner dritten WM-Teilnahme, Abwehrchef Branko Zebec, der später in Deutschland eine große Karriere als Trainer machen sollte (Meister mit Bayern München und Hamburger SV), und Läufer Vujadin Boskov, später ebenfalls ein Trainer von Weltrang (Europacupsieger der Pokalsieger im Jahre 1990 mit Sampdoria Genua). Die drei bremsten beim 2:1-Sieg gegen Frankreich sogar die französische Tormaschine Kopa/Fontaine. Und wieder sollte es im Viertelfinale gegen Deutschland gehen.

Alle Ergebnisse Gruppe 2

Jugoslawien – Schottland 1:1 (1:0)
1:0 Petakovic (6.), 1:1 Murray (47.)
Zuschauer: 9591 (in Västeras)
Schiedsrichter: Wyssling (Schweiz)

Frankreich – Paraguay 7:3 (2:2)
0:1 Amarilla (20.), 1:1, 2:1 Fontaine (24., 30.), 2:2 Amarilla (44. Elfmeter), 2:3 Romero (50.), 3:3 Piantoni (51.), 4:3 Wisnieski (61.), 5:3 Fontaine (68.), 6:3 Kopa (70.), 7:3 Vincent (84.)
Zuschauer: 16 518 (in Norrköping)
Schiedsrichter: Gardeazábal (Spanien)

Jugoslawien – Frankreich 3:2 (1:1)
0:1 Fontaine (5.), 1:1 Petakovic (16.), 2:1 Veselinovic (62.), 2:2 Fontaine (85.), 3:2 Veselinovic (87.). Zuschauer: 12 217 (in Västeras)
Schiedsrichter: Griffiths (Wales)

Paraguay – Schottland 3:2 (2:1)
1:0 Agüero (7.), 1:1 Mudie (23.), 2:1 Ré (44.), 3:1 Parodi (74.), 3:2 Collins (77.)
Zuschauer: 11 665 (in Norrköping)
Schiedsrichter: Orlandini (Italien)

Jugoslawien – Paraguay 3:3 (2:1)
1:0 Ognjanovic (18.), 1:1 Parodi (20.), 2:1 Veselinovic (21.), 2:2 Agüero (50.), 3:2 Rajkov (74.), 3:3 Romero (80.)
Zuschauer: 13 103 (in Eskilstuna)
Schiedsrichter: Macko (Tschechoslowakei)

Frankreich – Schottland 2:1 (2:0)
1:0 Kopa (22.), 2:0 Fontaine (44.), 2:1 Baird (66.).
Zuschauer: 13 554 (in Örebro)
Schiedsrichter: Brozzi (Argentinien)

Frankreich	3	2	0	1	11:7	4:2
Jugoslawien	3	1	2	0	7:6	4:2
Paraguay	3	1	1	1	9:12	3:3
Schottland	3	0	1	2	4:6	1:5

Unentschieden: Schottlands John Hewie (l.) im Duell mit dem Jugoslawen Todor Veselinovic

Der sanfte Riese

John Charles, erster britischer Legionär, führt die Waliser.

Und immer wieder Bozsik hatte den Ball – wie vier Jahre zuvor im Finale gegen die Deutschen glänzte József Bozsik, der rechte Außenläufer der Ungarn, auch zu Beginn des ungarischen Auftaktspieles der WM 1958 gegen Schweden. In der vierten Spielminute wand er sich nach einem Zusammenspiel mit Nándor Hidegkuti an drei walisischen Verteidigern vorbei und traf zum 1:0. Sollte die mit ein paar Routiniers wie Bozsik und Hidegkuti durchsetzte junge ungarische Mannschaft an 1954 anknüpfen? Sie war nicht wiederzuerkennen nach dem Volksaufstand 1956 und dem folgenden Exodus vieler Stars. Und die Illusion, noch einmal den WM-Titel anzugreifen, platzte letztlich schon in der 26. Spielminute gegen Wales, als John Charles zum Kopfball hochstieg. Er sollte den Triumph der neuen Generation europäischer Fußballprofis besiegeln.

Charles, der bei Juventus Turin unter Vertrag stehende walisische Mittelstürmer, traf nach einem Eckball zum Endstand von 1:1. Und als sich die beiden Mannschaften am Ende der Gruppenrunde zum Entscheidungsspiel um Platz zwei trafen, hatten die Ungarn schon gehörigen Respekt. Wieder gingen sie in Führung, durch ein Tor des 23-jährigen Honvéd-Stürmers Lajos Tichy. Der unwiderstehliche Charles bereitete den Ausgleich durch Ivor Allchurch vor, und Tottenham-Stürmer Terry Medwin traf zum Siegtor für die Waliser. Die traurige Pointe aus ungari-

Von Leeds United zu Juventus Turin: John Charles, aufgenommen 1954.

scher Sicht: Torwart Gyula Grosics, einer der Helden von 1954, hatte den Ball aus den Händen gleiten lassen.

Ungefährdet gewann Gastgeber Schweden die Gruppe. Nach dem 3:0 zum Auftakt gegen Mexiko dokumentierten die Schweden die neuen Machtverhältnisse im europäischen Fußball mit einem 2:1-Sieg gegen die Ungarn. Die mit Italien-Profis durchsetzte schwedische Mannschaft ging durch zwei Treffer von Kurt Hamrin in Führung, ehe Tichy der Anschlusstreffer gelang. Die Klage über die schwedischen Einpeitscher und die Bevorzugung der Gastgeber durch die Schiedsrichter, die später die Deutschen führen sollten, hörte man schon von den Ungarn. Lennart Skoglund hatte den Ungarn Sándor Mátrai schwer gefoult; er kam mit einer Verwarnung durch Schiedsrichter Jack Mowat davon.

Die Waliser kämpften sich indes unverdrossen durch das Turnier. Sie verspielten beim 1:1 gegen Mexiko kurz vor Schluss ihre Führung, was den Mexikanern den ersten Punktgewinn bei einer WM bescherte. Sie wagten beim 0:0 gegen Schweden zu wenig gegen die mit mehrfachem Ersatz angetretenen, bereits für das Viertelfinale qualifizierten Gastgeber – ergriffen aber ihre Chance gegen die verunsicherten Ungarn. Ein Team der Namenlosen wurde unter die letzten Acht dieser WM geführt von Italienprofi Charles, einer walisischen Fußball-Legende. „John war zweifellos der größte Fußballer, den dieses Land je hervorgebracht hat", sagte der walisische Verbandschef David Collins, als Charles 2004 im Alter von 72 Jahren starb.

Charles, 1931 in Swansea geboren, war als 16-Jähriger von Leeds United entdeckt worden und schoss in acht Jahren mehr als 150 Tore für den Verein. Zu Juventus stieß er gegen eine Ablöse von 67 000 englischen Pfund im Jahre 1957. Er war der erste britische Profi, der ins Ausland wechselte, und veränderte damit das Gesicht des Fußballs in seiner Heimat – mehr und mehr Geld kam von dem Zeitpunkt an ins Spiel. In Turin schoss John Charles in seiner ersten Saison 28 Tore – insgesamt brachte er es auf 93 Tore in 155 Spielen für Juventus. Die italienischen Fans tauften ihn „Il Buon Gigante" – der Sanfte Riese, wegen seiner vorbildlichen Manieren.

Der 1,93 große, 80 Kilo schwere Stürmer wurde in seiner ganzen Karriere kein einziges Mal vom Platz gestellt, nicht ein einziges Mal verwarnt. Seinen gewaltigen Körper setzte er stets auf faire Art und Weise ein. „Er sah aus wie ein griechischer Gott", sagte ein Teamkollege, „mit seinem Körper hätte er auch Boxer oder Rugby-Spieler werden können." Bei Juventus gewann Charles als kongenialer Partner des Argentiniers Omar Sivori drei nationale Meisterschaften und einmal das Pokalfinale. Er pflegte, sehr zum Gefallen der Tifosi, den italienischen Lebensstil ausgiebig, unter anderem als Restaurantbetreiber. 1962 verließ er Juventus, spielte kurz wieder für Leeds und noch einmal für AS Rom, ehe er 1964 seine Karriere beendete.

Lange Jahre betrieb er ein Pub in Yorkshire, mit sich im Reinen, auch wenn seine Nationalmannschaftskarriere unerfüllt blieb. Zwar hatte er 15 Tore in 38 Länderspielen auf dem Konto, aber beim wichtigsten Spiel seiner Laufbahn musste er zuschauen: Im Viertelfinale 1958 gegen die großen Brasilianer fehlte er. Er hatte sich im zweiten Spiel gegen die Ungarn verletzt.

Ein Riese in Aktion: John Charles kämpft gegen den ungarischen Stürmer László Budai. Die Ungarn scheitern schon in der Vorrunde.

Alle Ergebnisse Gruppe 3

Schweden – Mexiko 3:0 (1:0)
1:0 Simonsson (17.), 2:0 Liedholm (58. Elfmeter), 3:0 Simonsson (64.)
Zuschauer: 34 107 (in Stockholm)
Schiedsrichter: Latischew (Sowjetunion)

Wales – Ungarn 1:1 (1:1)
0:1 Bozsik (4.), 1:1 J. Charles (26.)
Zuschauer: 15 343 (in Sandviken)
Schiedsrichter: Codesal (Uruguay)

Wales – Mexiko 1:1 (1:0)
1:0 I. Allchurch (32.), 1:1 Belmonte (90.)
Zuschauer: 15 150 (in Stockholm)
Schiedsrichter: Lemesic (Jugoslawien)

Schweden – Ungarn 2:1 (1:0)
1:0, 2:0 Hamrin (34., 55.), 2:1 Tichy (76.)
Zuschauer: 38 850 (in Stockholm)
Schiedsrichter: Mowat (Schottland)

Schweden – Wales 0:0
Zuschauer: 30 287 (in Stockholm)
Schiedsrichter: van Nuffel (Belgien)

Ungarn – Mexiko 4:0 (1:0)
1:0, 2:0 Tichy (19., 46.), 3:0 Sándor (54.), 4:0 González (69. Eigentor). Zuschauer: 13 310 (in Jarnvallen). Schiedsrichter: Eriksson (Finnland)

Entscheidungspiel um Platz 2*
Wales – Ungarn 2:1 (0:1)
0:1 Tichy (33.), 1:1 I. Allchurch (55.), 2:1 Medwin (76.). Platzverweis: Sipos (Ungarn/79.)
Zuschauer: 2832 (in Stockholm)
Schiedsrichter: Latischew (Sowjetunion)

Schweden	3	2	1	0	5:1	5:1
Wales*	3	0	3	0	2:2	3:3
Ungarn*	3	1	1	1	6:3	3:3
Mexiko	3	0	1	2	1:8	1:5

Vom Glück verlassen

Die Wut über die Niederlage von Bern mündet in den Volksaufstand. Ungarns Goldene Elf zerbricht, die Stars emigrieren nach Spanien.

Von Kurt Röttgen

Tief bewegt erhoben sich die Ungarn zu Tausenden von ihren Sitzen und applaudierten minutenlang dem kleinen alten Mann, den Helfer behutsam aufs Spielfeld geleitet hatten. Ferenc Puskás, nach Zeitungsberichten unheilbar an Hirnsklerose erkrankter Held einer großen Fußball-Epoche, führte an diesem 15. August 2001 in Budapest symbolträchtig den Anstoß zum Länderspiel gegen Deutschland aus. Wobei sich der Spielbeginn um fast eine Viertelstunde verzögerte. Das wehmütige Publikum ließ Puskás nicht weg, und er wollte nicht gehen.

Wie kaum ein anderer verkörpert Ferenc Puskás Triumph und Tragödie des Zehn-Millionen-Volkes. Der am 1. April 1927 geborene Junge aus dem Budapester Armenviertel Kispest stieg auf zum Major der Streitkräfte. Er war unumstrittener Star einer „Goldene Elf" genannten Mannschaft, die weltweit den schönsten Fußball zeigte, zwischen 1950 und 1954 von 34 Länderspielen nicht eines verlor. Und er war das Hätschelkind der stalinistischen KP-Führer, die seine Tore brauchten, um das Volk von wirtschaftlichen Engpässen und politischen Schikanen abzulenken.

Nach dem 4. Juli 1954, der 2:3-Niederlage gegen die Deutschen im Berner Weltmeisterschafts-Finale, war alles anders. Mehrere hunderttausend Ungarn gingen spontan auf die Straße, ihre Trauer über die Niederlage verwandelte sich in Zorn auf das Moskau-hörige Regime. Dieses Spiel, so der später beim Demokratischen Forum engagierte Torwart Gyula Grosics, „hat eine Entwicklung ausgelöst, die direkt in den Aufstand mündete".

Bei Massendemonstrationen forderten Studenten im Herbst des Jahres 1956 freie Wahlen, Reformkommunist Imre Nagy erklärte Ungarns Austritt aus dem Warschauer Pakt. „Die Bevölkerung wollte endlich keine Angst mehr haben müssen", so Schriftsteller György Konrad, im Jahre 1991 mit dem Friedenspreis des Deutschen Buchhandels aus-

gezeichnet. Zwei Wochen lang war das Land im Freiheitsrausch, bis 4000 Panzer der Roten Armee alle Hoffnungen Ungarns niederwalzten. Imre Nagy wurde verhaftet und hingerichtet, 2700 Ungarn starben bei den Straßenkämpfen, rund 200000 flüchteten in den Westen.

Ferenc Puskás, Zoltan Czibor und Sándor Kocsis kehrten von einer Auslands-Tournee ihres Klubs Honvéd Budapest nicht zurück in die Heimat, die „Goldene Elf" war zerbrochen. Bei der Weltmeisterschaft 1958 in Schweden erreichte Ungarn nicht einmal die Runde der besten Acht; die Mannschaft unterlag dem Gastgeber Schweden und scheiterte im Spiel um Gruppenplatz zwei gegen Wales.

„Bozsik, was hast du gemacht?" Ältere Ungarn haben den Ruf noch heute im Ohr.

Die drei Star-Stürmer emigrierten nach Spanien und erlebten nochmals sportliche Glanzzeiten: Puskás an der Seite von Alfredo di Stéfano als Europas bester Torschütze bei Real Madrid; Czibor und der mit seinen sagenhaften 1,103 Treffern pro Länderspiel selbst von Gerd Müller (1,097) unerreichte Kocsis beim FC Barcelona. Der ehemalige Volksarmee-Offizier Puskás wurde im reaktionären Franco-Spanien sogar eingebürgert und spielte bei der Weltmeisterschaft 1962 in Chile für die Nationalmannschaft – doch das Heimweh ließ ihn nie los. Als Trainer arbeitete er in zehn Ländern, nach der Wende ging es mit Ehefrau Erzsébet und Tochter Anikó Anfang der neunziger Jahre endlich heim nach Ungarn.

Mitunter war es, als habe diese begnadete Fußballer-Generation in Bern nicht nur das Spielglück verlassen. Gyula Grosics wurde von der Staatssicherheit als angeblicher Spion verfolgt, József Zakariás starb früh an Herzversagen, József Bozsik ebenfalls. Ältere Ungarn haben heute noch den Entsetzensschrei des Radioreporters György Szepesi im Ohr: „Bozsik, was hast du gemacht!", als der brillante Techniker vor Helmut Rahns Siegtor den Ball im Mittelfeld verloren hatte. Gyula Lóránt, Coach auch bei Schalke 04 und beim FC Bayern München, erlitt auf der Trainerbank einen tödlichen Herzinfarkt.

Am 22. Juli 1979 stürzte sich Sándor Kocsis, noch keine 50 Jahre alt, aus dem vierten Stock des Quiron-Hospitals in Barcelona. Er litt an Leukämie, der linke Fuß war ihm amputiert worden, dazu kam noch Magenkrebs. Das war zu viel.

Ferenc Puskás zeigt seine Kunst in den Straßen von Madrid. Er stößt 1958 zu Real und gewinnt in seiner ersten Saison sogleich den Landesmeister-Europacup.

Gescheitert an der „Schwarzen Spinne“: Der sowjetische Torwart Lew Jaschin, wie immer ganz in Schwarz gekleidet, wehrt den Ball vor dem Engländer Bill Slater ab. Die Sowjetunion siegt im Entscheidungsspiel 1:0.

Pepi und der Lord

England und Österreich scheitern mit ehrenwerten Trainern. Und den Sündenbock spielt wieder einmal Ernst Happel.

Als Josef „Pepi“ Argauer im Oktober des Jahres 2004 im Alter von 93 Jahren starb, betrauerte man in Österreich „das letzte Kind der Wiener Fußballschule“. Über drei Jahrzehnte lang war Argauer in verschiedensten Funktionen, auch als Trainer, für Austria Wien unterwegs gewesen. Bis zuletzt verfolgte er die Spiele der Austria. Als die Austria 2001 ihre Gala zum 90-jährigen Bestehen feierte, rührte er die Gäste zu Tränen mit seiner Ansprache: „Ich bin so alt wie Austria. Ich bete zu Gott, dass die Austria wieder das wird, was sie einmal war, das Aushängeschild des österreichischen Fußballs.“

Das Andenken an die großen Zeiten des österreichischen, vielmehr Wiener Fußballs verkörperte Argauer auch als Selektionschef der österreichischen Nationalmannschaft bei der WM 1958. Das von ihm und Trainer Josef Molzer, einem Rapid-Mann, betreute Team nannte man damals „Wiener Stadtauswahl“ – nur Stürmer Helmut Senekowitsch von Sturm Graz stand als „Provinzler“ in der Stammelf. In vielen Nachrufen wird die WM-Tätigkeit Argauers mit dem Klammer-Vermerk „2:2 gegen England“ gewürdigt. Eine etwas verkürzte Darstellung, denn neben dem respektablen 2:2 gegen England setzte es in der Vorrunden-Gruppe 4 ein 0:3 gegen Brasilien und ein 0:2 gegen die Sowjetunion. Mit nur einem Punkt schieden die Österreicher gemeinsam mit den Engländern aus, die das Entscheidungsspiel gegen die UdSSR 0:1 verloren.

Aus heutiger Sicht wirken die Ergebnisse standesgemäß. Vier Jahre vor dieser WM jedoch waren die Österreicher noch als Favorit in die Schweiz gereist, und selbst Platz drei nach einem Erfolg über den damaligen Titelverteidiger Uruguay konnte sie nicht so recht über die Halbfinal-Niederlage, das 1:6 gegen Deutschland, hinwegtrösten. Die Ansprüche waren 1958 immer noch hoch, und so musste Argauer in der Heimat nach dem Aus Kritik einstecken – vor allem, weil er es nicht geschafft hatte, den überragenden Spielmacher Ernst Ocwirk ins Aufgebot zu holen.

Ernst Ocwirk war 1951 österreichischer „Sportler des Jahres“, wurde 1952 von *France Football* zum besten Spieler der Welt gewählt; 1953 und 1955 gehörte er der Fifa-Weltauswahl als Kapitän an und war überragender Österreicher in der Schweiz 1954. Er entstammte Argauers Austria, deren Trikot er bis 1956 trug – danach jedoch wechselte er nach Italien zu Sampdoria Genua. Als „Dio“, Gott, verehrte man den gelernten Modelltischler dort wegen seiner „Longpasses“, wie man in Österreich sagt: seiner genauen weiten Pässe wegen. Warum Ocwirk in Schweden nicht spielte, ist umstritten. Angeblich erhielt er keine Freigabe von Sampdoria, weshalb er brieflich abgesagt habe. In Österreich klagte man, Argauer habe sich nicht intensiv genug bemüht.

Der Anfang von Österreichs Ende: Der Brasilianer Mazzola trifft zum 1:0, Ernst Happel (r.) schaut ebenso zu wie sein Torwart Rudolf Szanwald.

Pelés erstes WM-Spiel: Der 17-Jährige lauert an der Strafraumlinie (2. v.r.), als sein Stürmerkollege Vavá, am Boden liegend, zum 2:0 gegen die UdSSR trifft.

Auch ohne Ocwirk allerdings waren die Österreicher keineswegs chancenlos gewesen in ihrer Gruppe. Sogar das 0:3 gegen die Brasilianer in ihrem Auftaktspiel wirkte auf den ersten Blick vermeidbar. Die Österreicher dominierten zunächst die Begegnung und scheiterten nicht am Kombinationswirbel des späteren Weltmeisters, sondern an dessen Abwehr, vor allem an Abwehrchef Bellini. Erst das Tor des 19-jährigen Mittelstürmers Mazzola, nach der WM als Altafini nach Italien gewechselt, zum 1:0 kurz vor der Pause gab dem Spiel die entscheidende Wende. Abwehrchef Ernst Happel kam zu spät und war auch nicht auf der Höhe des Geschehens, als kurz nach der Pause Verteidiger Nílton Santos mit seinem 2:0 die Begegnung entschied. Verspieltheit und Konzentrationsmängel, die man für gewöhnlich den Südamerikanern zuschreibt, wurden damals wieder einmal den Österreichern zum Verhängnis, namentlich in der Person von Ernst Happel.

Der ebenso geniale wie unberechenbare Wiener – damals 33 Jahre alt und kurz vor dem Ende seiner Karriere – war schon 1954 nach dem 1:6-Debakel gegen Deutschland Sündenbock der Österreicher gewesen. Danach war er zu Racing Paris gewechselt, kehrte aber nach nur einer Saison wieder zu Rapid Wien zurück, wo er im November 1956 seinen wohl größten Auftritt hatte: Als Abwehrchef schoss er alle drei Tore beim 3:1-Sieg gegen Real Madrid. In Schweden stellten ihn Argauer und Molzer für das zweite, 0:2 verlorene Spiel gegen die UdSSR nicht auf – er war offenbar mit seinen Kollegen Paul Halla und Gerhard Hanappi bis weit nach dem Zapfenstreich unterwegs gewesen.

Auch Verteidiger Halla fehlte gegen die UdSSR, und im Tor stand Kurt Schmied anstelle von Rudolf Szanwald. Doch die neu formierte Abwehr kassierte schon nach einer Viertelstunde das 0:1, und die Gelegenheit, das Spiel zu drehen, vergab kurz nach der Pause Johann Buzek bei einem Elfmeter; Torwart Lew Jaschin hielt den Ball sicher. Danach war der österreichische Widerstand gebrochen. Zum letzten Gruppenspiel durfte Ernst Happel ins Team zurückkehren, er wurde vor dem Anpfiff für sein 50. Länderspiel geehrt. Es ging für die Österreicher nur noch um einen ehrenhaften Abschied aus dem Turnier, während die Engländer noch die Chance hatten, sich für das Viertelfinale zu qualifizieren.

Englands Trainer Walter Winterbottom hatte, bevor er 1946 sein Amt antrat, für Manchester United gespielt, die so genannten „Busby Babes“ von ManU sollten nun in Schweden das Rückgrat der Mannschaft bilden. Doch das Flugzeugunglück im Februar 1958 machte

Alle Ergebnisse Gruppe 4

Sowjetunion – England 2:2 (1:0)
1:0 Simonian (13.), 2:0 A. Iwanow (55.), 2:1 Kevan (65.), 2:2 Finney (83. Elfmeter)
Zuschauer: 49 348 (in Göteborg)
Schiedsrichter: Zsolt (Ungarn)

Brasilien – Österreich 3:0 (1:0)
1:0 Mazzola (37.), 2:0 Nílton Santos (49.), 3:0 Mazzola (89.)
Zuschauer: 21 000 (in Uddevalla)
Schiedsrichter: Guigue (Frankreich)

Brasilien – England 0:0
Zuschauer: 40 895 (in Göteborg)
Schiedsrichter: Dusch (Deutschland)

Sowjetunion – Österreich 2:0 (1:0)
1:0 Iljin (15.), 2:0 V. Iwanow (62.)
Zuschauer: 21 239 (in Borås)
Schiedsrichter: Jorgensen (Dänemark)

England – Österreich 2:2 (0:1)
0:1 Koller (15.), 1:1 Haynes (56.), 1:2 Körner (71.), 2:2 Kevan (74.). Zuschauer: 16 800 (in Borås).
Schiedsrichter: Bronkhorst (Niederlande)

Brasilien – Sowjetunion 2:0 (1:0)
1:0, 2:0 Vavá (2., 76.)
Zuschauer: 50 928 (in Göteborg)
Schiedsrichter: Guigue (Frankreich)

Entscheidungspiel um Platz 2*
Sowjetunion – England 1:0 (0:0)
1:0 Iljin (67.)
Zuschauer: 23 182 (in Göteborg)
Schiedsrichter: Dusch (Deutschland)

Brasilien	3	2	1	0	5:0	5:1
Sowjetunion*	3	1	1	1	4:4	3:3
England*	3	0	3	0	4:4	3:3
Österreich	3	0	1	2	2:7	1:5

alle Hoffnungen zunichte. Duncan Edwards, Tommy Taylor und Roger Byrne kamen ums Leben. Ein 0:5 im Vorbereitungsspiel in Jugoslawien hatte die Mannschaft geschockt. Das 2:2 im Auftaktspiel gegen die Sowjetunion ließ Hoffnungen keimen, denn Winterbottoms Elf holte einen 0:2 Rückstand durch Tore von Derek Kevan – Nachfolger von Tommy Taylor – und Thomas Finney auf. Finney verwandelte kurz vor Schluss einen umstrittenen Foulelfmeter; Abwehrspieler Kusnetsow, der angeblich Haynes gefoult hatte, zeigte Schiedsrichter Zsolt einen Vogel, Torhüter Lew Jaschin zerrte Zsolt wütend durch den Strafraum. Der 36-jährige Finney, der seine dritte WM spielte, ließ sich nicht irritieren und verwandelte sicher. Wegen einer Knieverletzung fiel er für den Rest des Turniers allerdings aus.

Jaschins Paraden

Gegen die Brasilianer erkämpften die Engländer sogar ein respektables 0:0. So fehlte nur noch ein Sieg – gegen die Österreicher. Doch die Engländer erreichten mit Müh und Not ein Unentschieden. Zweimal ging das Team von Josef Argauer in Führung, einmal durch Karl Koller von der Vienna mit einem Weitschuss, einmal durch Alfred Körner von Rapid. Die englischen Tore schossen John Haynes und Derek Kevan. Die Engländer mussten in ein Entscheidungsspiel gegen die UdSSR, die nach dem Auftaktsieg gegen Österreich 0:2 gegen Brasilien verloren hatte. Die Sowjets, Olympiasieger von 1956 und im Tor mit dem überragenden Lew Jaschin, gewannen erwartungsgemäß.

Das englische Team verabschiedete sich nach dem Spiel in Göteborg mit einer Ehrenrunde von dieser Weltmeisterschaft. Zu Hause begann sofort die Suche nach Schuldigen, und natürlich forschte man nach Versäumnissen von Winterbottom. Man fand: Er hatte Mittelstürmer Nat Lofthouse aus Bolton nicht nominiert. Er hatte dem aufstrebenden Bobby Charlton von Manchester United keine Chance gegeben. Und er hatte im Entscheidungsspiel gegen die UdSSR zwei Neulinge nominiert, Peter Broadbent und Peter Brabrook. Das Erstaunliche aber war: Winterbottom durfte seinen Job behalten. Er hatte sein Amt als erster Vollzeit-Coach einer englischen Nationalmannschaft 1946 übernommen. Bei der WM 1950 hatte er die größte Schmach in der Geschichte des englischen Fußballs zu verantworten, eine 0:1-Niederlage gegen die USA. Unter seiner Regie kassierte das englische Team 1953 das 3:6 in Wembley gegen Ungarn und kurz vor der WM in der Schweiz ein 1:7 in Budapest. Winterbottom kam bei vier WM-Teilnahmen bis einschließlich 1962 nicht über das Viertelfinale hinaus. Aber er war ein ehrenwerter Mann.

Winterbottom starb im Februar 2002 im Alter von 88 Jahren. Er war zuvor in den Rang eines Lords erhoben worden – eine Ehre, die, wenn es sie denn in Österreich gäbe, auch sein damaliger Kollege und Widersacher Josef „Pepi“ Argauer aus Wien verdient gehabt hätte.

Trainer Walter Winterbottom kann die Bälle einpacken: Sein englisches Team ist ausgeschieden – ein weiteres von vielen Debakeln, das der ehrenwerte Mann zu verantworten hat. Doch er darf sogar bis 1962 im Amt bleiben.

Mazzola wird zu Altafini

Brasiliens Mittelstürmer und zweifacher Torschütze gegen Österreich hieß José João Altafini. Aber sie nannten ihn „Mazzola“, weil er aussah wie der Star der legendären Mannschaft des AC Turin („Grande Torino“), die 1949 bei einem Flugzeugabsturz ums Leben kam, wie Valentino Mazzola. Natürlich interessierten sich italienische Klubs für ihn. Der AC Mailand nahm ihn 1958 unter Vertrag. In der ersten Saison trug der Brasilianer, unter bürgerlichem Namen, 28 Tore zum Titelgewinn bei. Insgesamt schoss er in der Serie A 216 Tore für Milan, Neapel und Juventus. Ob er in Schweden wegen seiner Italien-Pläne aus der Stammelf flog, ist ungeklärt. Erstmals gegen die UdSSR setzte Trainer Feola auf den Innensturm Vavá-Pelé. Altafini nahm die italienische Staatsbürgerschaft an und spielte 1962 für Italien.

Níltons langer Weg zum Tor

Schriftsteller Eduardo Galeano hat in seinem Buch „Fútbol a sol y sombra“ das Tor des brasilianischen Verteidigers Nílton Santos zum 2:0 gegen Österreich verewigt. Die Geschichte geht so: Nílton, genannt „das Lexikon“ wegen seiner umfangreichen Fußball-Kenntnisse, nahm den Ball in der eigenen Hälfte auf, führte ihn über die Mittellinie, dribbelte zwei Gegenspieler aus. Draußen lief Trainer Feola an die Seitenlinie und schrie: „Komm zurück! Komm zurück!“ Aber Nílton dribbelte weiter, Feola fasste sich verzweifelt an den Kopf, Nílton schoss und Nílton traf. Und Feola sagte draußen: „Habt ihr das gesehen? Ich hab' es euch gesagt: Der weiß, was er tut!“

Garrincha und die Senhora

Brasilien modernisiert sich, sogar ein Psychologe reist mit. Am Ende entscheidet aber doch eine Schutzheilige die WM.

Von Thomas Kistner

Nur einer tanzte hin und wieder noch aus der Reihe, als Brasiliens Weltmeisterteam am 24. Mai 1958 in Europa gelandet war: der sagenhaft krummbeinige Mane Garrincha, bei dem man damals noch nicht wusste, wohin die Waage kippen würde – Genie oder Wahnsinn. Jedenfalls war er der Einzige, der den mit wissenschaftlicher Akribie zusammengestellten Tross durcheinander schüttelte; ein Relikt aus jener Zeit, als die Seleção außerhalb Südamerikas als instabil, nervenschwach, kaum anpassungsfähig und emotional zu verletzlich galt. Die Zeitung *France Football* beschrieb es vor WM-Beginn so: Ohne das Bohnengericht Fejoada, ohne das Klima und die Rhythmen der Heimat sei die Seleção nur die Hälfte wert, unter den sechs Favoriten für Schweden wurde sie nicht aufgeführt.

All diese Vorurteile wollte der Verband CBD endlich überwinden, deshalb organisierte er sein Chaos. Nichts war vergessen worden vor dieser Schweden-Reise, sogar eine Technische Kommission hatten sie gebildet. Das Quartier in Hindas bei Göteborg wurde schon im Jahr zuvor ausgesucht, für die Dauer des Aufenthaltes durfte dort nur männliches Personal beschäftigt werden. Auch wurde die bisherige Alleinherrschaft des Trainers gebrochen, sogar ein Teampsychologe und ein Zahnarzt wurden eingestellt.

Anpassung an Europa

Das Team selbst wurde bei Europa-Reisen 1956 sowie kurz vor der WM auf die fremde Welt des alten Kontinents eingestellt. Was 1956 noch schwierig war, als im Londoner Nobelhotel ein Spieler nur mit Handtuch bekleidet zum Fünf-Uhr-Tee erschien, ein anderer nur rohen Fisch begehrte und beim Länderspiel gegen Österreich alle Mann aufs Feld stürmten, um den Schiedsrichter wegen einer Fehlentscheidung zu verprügeln – das gelang zwei Jahre später vor der WM recht ordentlich. Trainer Flavio Costa hatte 1956 einen umfassenden Bericht angefertigt, Nachfolger Vicente Feola setzte ihn um. Feola, ein ruhiger, konzilianter Typ, hatte den absolutistischen Costa beerbt, der nicht bereit war, Kompetenzen abzugeben an Ärzte, Psychologen und den neuen Teamchef Paulo Machado de Carvalho, einen Radio- und TV-Unternehmer.

Das Bild der neuen Disziplin trübte nur Garrincha. Bei der Vorbereitungstour hatte er in Florenz Hut und Krawatte für den Vater gekauft, die Sachen dann aber selbst mit dem Trainingsdrillich kombiniert, den die Mitspieler ordnungsgemäß trugen. Als er bei der WM-Generalprobe gegen AC Florenz die gesamte Abwehr samt Torwart getunnelt und ausgetrickst hatte, den Ball aber nicht ins Netz schoss, sondern auf der Torlinie abwartete, bis noch der letzte heraneilende Verteidiger gegen den Pfosten gerauscht war, sahen Trainer und Psychologe ihre Befürchtungen bestätigt. „Zu kindisch, zu verspielt, Mane provoziert den Gegner", lautete das Urteil. Angesichts der neuen Zeitrechnung, welche die Technische Kommission in Schweden einläuten wollte, war es vernichtend.

Doch Garrincha besaß Schläue – und schlaue Freunde. Einer zählte zum medizinischen Stab, er war Physiotherapeut von Botafogo, Garrinchas Klub. Der Mann griff zu einer derben List, als nach der Ankunft des Teams im WM-Quartier klar war, dass Garrincha keine Chance auf einen ordnungsgemäßen Einsatz haben würde. Im zweiten Gruppenspiel gegen England zog sich ausgerechnet Stammstürmer Joel, Rechtsaußen von Flamengo, eine leichte Knöchelverletzung zu. Statt ihm eine Pause zu verordnen, erklärte der Arzt die Sache für nicht tragisch, Joel könne voll trainieren – prompt verschlimmerte sich die Blessur. Stammspieler Joel musste gegen die UdSSR pausieren und durch Garrincha ersetzt werden. Der nutzte seine Chance an der Seite des zweiten WM-Debütanten, Pelé, so eindrucksvoll, dass er fortan aus der Seleção nicht mehr wegzudenken war.

„Von welchem Planeten ist dieser Garrincha?"

Mann von Gewicht: Trainer Vicente Feola, ein ruhiger, konzilianter Typ, führt in der Seleção moderne Sitten ein; selbst den umtriebigen Garrincha bekommt er in den Griff.

stöhnte Russen-Coach Gawril Katschalin anderntags, als seine entzauberten Kicker, denen man hinter ihrem Eisernen Vorhang die schrecklichsten wissenschaftlichen Experimente zugetraut hatte, zu einem Freundschaftsbesuch ins Camp der Seleção kam. Im Halbkreis, kleine Geschenke in der Hand, standen die Sowjets ihren Bezwingern gegenüber. Plötzlich stürzte Linksverteidiger Kusnetsow hervor, umarmte Garrincha und rief: „Endlich! Endlich habe ich ihn!"

Groß wie nie war der Druck der Modernisierung auf die Seleção, umso stärker flohen viele Spieler in Aberglauben. Teampsychologe João Carvalhaes war ausgelastet. Vor dem Endspiel, vorm Aufbruch ins Stadion, sann er auf eine List, um den Kampfgeist von Spielgestalter Didí anzustacheln. Der „Prinz von Äthiopien", auch „Folha Seca" genannt, trockenes Blatt wegen seiner Flatterschüsse, hatte im Mannschaftsbus seinen festen Sitzplatz in der ersten Reihe. Um den ruhigen Spielgestalter in aggressive Stimmung zu bringen, setzte sich vor der Abfahrt der Psychologe dorthin. Didí stieg ein, stutzte, zögerte – und legte sich mit der Respektsperson an, um seinen Platz zu behaupten.

Den größten Kraftakt musste Machado de Carvalho leisten. Der Teamchef aus São Paulo war selbst äußerst abergläubisch, doch im entscheidenden Moment überwand er sich selbst. Das Finale sah zwei Teams, die in blauen Hosen und gelben Trikots spielten – das Los entschied gegen Brasilien, das einen anderen Dress wählen musste. Blaue Trikots mit weißen Hosen war die Alternative. Doch Carvalho brütete eine Nacht über der Frage, wie er das den Spielern klarmachen sollte, ohne ihnen ein böses Omen zu bescheren.

Er hatte die Eingebung. Am Morgen vorm Endspiel eröffnete er der Mannschaft, im Schlaf sei ihm „Nossa Senhora Aparecida" erschienen, Brasiliens Schutzheilige. Die Jungfrau habe ihn angewiesen, die Seleção heute in blauen Trikots ins Spiel zu schicken, nur so werde sie gewinnen. Für die Kicker war es selbstverständlich, dieser Verheißung Folge zu leisten. Der spirituell gläubige Machado de Carvalho aber durchlitt furchtbare 90 Minuten. Er wusste, wenn das schief gehen würde, würde er für den Rest seines Lebens in der Hölle schmurgeln, im Jenseits wie im Diesseits.

VM

Spielzeug-Land

Die Schweden haben gut lachen. Der Junge namens Tommy Söderhall (Bild links), im Jahr 1958 fünf Jahre alt, darf der Welt das schwedische WM-Spielzeugsortiment vorführen. Im Bild oben freut sich ein Herr namens Sven Erik Westerberg vom schwedischen Fußballverband über das Ballsortiment für die Weltmeisterschaft. Für den Frieden spielen will man in Schweden. Wie 1954 mit der Schweiz hat man auch diesmal ein Gastgeberland gewählt, das nicht in den Krieg verwickelt war.

Das nördliche Europa ist nicht unbedingt seine Welt. Aber Garrincha, der große Brasilianer, sät ein zartes Pflänzchen der Freundschaft bei dieser Weltmeisterschaft – auch wenn er im Finale gegen Schweden keine Gnade mehr kennen wird.

Singen für Nacka

Der Fußball sucht Zuflucht im Friedens-Land Schweden. Doch auch hier teilt das Spiel Sieger und Verlierer.

Von Holger Gertz

Zwei Tage vor der Gruppenauslosung dieser WM schien der Fußball mal wieder am Ende zu sein, jedenfalls für den Augenblick. Am 6. Februar 1958, es war ein Donnerstag, raste die zweimotorige Chartermaschine Lord Burleigh über die Startbahn des Flughafens München-Riem hinaus und donnerte in eine Böschung. Es war drei nach vier am Nachmittag, als sie explodierte. Schneematsch auf dem Rollfeld, die Tragflächen vereist. 23 Passagiere starben, acht der Opfer waren Fußballer von Manchester United, einige dazu ausersehen, Stars zu werden bei der WM. Einer von ihnen war Tommy Taylor, Englands Mittelstürmer, 26 Jahre alt. Er führte die Torschützenliste der WM-Qualifikation an, so nah war die große Tragödie am großen Turnier. Und weil die Qualifikation zur Endrunde gehört, ist dieser Tommy Taylor ein kleiner Teil der WM-Geschichte. Auch wenn in keinem WM-Sammelalbum ein Bildchen von ihm klebt.

Willkommen in Schweden: Trachtentänzer – ein Pflichtprogramm – treten bei der Eröffnungsfeier in Stockholm am 8. Juni 1958 auf.

Am 8. Februar 1958, es war ein Samstag, wurden im Djurgarden-Circus von Stockholm die Gruppen ausgelost. Duncan Edwards, mit 21 Jahren der damals jüngste englische Nationalspieler, kämpfte noch im Hospital um sein Leben, aber seine Verletzungen waren zu schlimm. Zwei Wochen noch, dann starb er. Im Djurgarden-Circus aber lief das Zeremoniell wie geplant. Die Lose lagen in roten Kugeln, und der Rundfunksprecher Sven Jerring schickte, in seiner Eigenschaft als Glücksfee, die Engländer in eine schwierige Gruppe, zu Brasilien, Österreich und der Sowjetunion. Das Tableau war komplett, die Spieltermine wurden festgelegt. Da war nach der Tragödie die Sonne gerade zweimal wieder aufgegangen.

Die *VM i fotboll 1958* sollte nicht beeinflusst werden durch Ereignisse von außen; schon in dieser kleinen Begebenheit offenbart sich die grundsätzliche Philosophie. Das Turnier war schließlich auch deshalb nach Schweden vergeben worden, weil das Land einer der wenigen heilen Flecken auf der Welt war. Wie 1954 die Schweizer profitierten die Schweden von ihrer im Krieg neutralen Haltung. Ein Ausrichterland, das Ressentiments bei den teilnehmenden Mannschaften nicht unnötig zu schüren versprach. Das Spiel sollte Spiel bleiben, und wenn der Slogan der WM 2006 („Die Welt zu Gast bei Freunden") heute ein wenig verstaubt klingt – 1958 hätte er gepasst, wenigstens als Idee und Ideal.

Schweden, das Friedensland. 1948 hatten Schweden im Israel-Palästina-Konflikt vermittelt, Unterhändler war der Stockholmer Adlige Folke Bernadotte, der bald von einer Terroristengruppe ermordet wurde. 1953 wurde der Schwede Dag Hammarskjöld zum UN-Generalsekretär

Und noch ein Idyll aus den schwedischen Fünfzigern: Liebende am Hafen von Göteborg. Liebe und Frieden überall. „Ich habe es mit einem Volk von Friedens-Egoisten zu tun", hat einmal ein schwedischer Ministerpräsident geklagt.

gewählt, die UN-Blauhelme gelten als seine Erfindung. Den Friedensnobelpreis 1961 erhielt er posthum. Er war – im Friedenseinsatz – bei einem Flugzeugabsturz im Kongo umgekommen.

Die Friedensliebe der Schweden hat die schwedischen Politiker gelegentlich in Verzweiflung gestürzt. Als 1939 die Nachbarn in Finnland von der Sowjetunion überfallen wurden und die Schweden trotzdem darauf pochten, ein allianzfreies und neutrales Land zu sein, brachte der damalige Ministerpräsident Per Albin Hansson den Charakter der Menschen auf einen Begriff. „Ich habe es mit einem Volk von Friedens-Egoisten zu tun." Also, wer an Frieden gewöhnt ist, will ihn nicht in Gefahr bringen – auch dann nicht, wenn es dringend gilt, ein Risiko einzugehen.

Bestimmt muss man vor diesem Hintergrund auch das Verhalten der Zuschauer damals einordnen. Die Zuschauer riefen „Heja, Sverige" und vieles mehr, was die Zuschauer aus dem Ausland nicht verstanden und erst recht nicht die Journalisten aus dem Ausland. Besonders heftig war es im Halbfinale gegen Deutschland. Der *SZ*-Reporter Hans Schiefele schreibt am anderen Tag über das Geschrei des Publikums: „Ich fand es ein wenig eigenartig, dass es dazu vor dem Spiel einer längeren Ansprache über den Stadionlautsprecher bedurfte." Tatsächlich hatten die Schweden Stadionsprecher und so genannte Einpeitscher eingesetzt, die den Takt vorgaben. Schiefele zitiert einen Schweden, der ihm alles erklärt: „Unsere Landsleute brauchen diese Einpauker, sie säßen sonst stumm wie die Fische auf ihren Bänken." Den *SZ*-Mann überzeugt das nicht. „Mag sein" kommentiert er mürrisch. Dabei klingt die Erklärung glaubwürdig, jedenfalls wenn man den berühmten Satz Per Albin Hanssons danebenstellt. Die Schweden brauchen einen Anstoß, damit sie ihr normales Verhalten ändern.

Die Fifa entschied, dass im Finale keine Einpeitscher mehr eingesetzt werden durften. Schweden verlor 2:5, aber auch mit tausend Einpeitschern hätten sie nicht gewinnen können gegen eine brasilianische Mannschaft voller Zauberer.

Schweden ist nicht Weltmeister geworden, aber auch wenn die Fußballer das Finale gewonnen hätten – ihr Mythos wäre nicht derart gewachsen wie der der deutschen Weltmeister von Bern. Die Schweden mussten nicht ihrem Land ein verlorenes Gefühl wiedergeben, einen verschütteten Stolz. Sie waren ein gutes Fußballteam am Ende einer großen Ära, die begonnen hatte mit dem Olympiasieg 1948. Eine moderne Mannschaft, in der Legionäre mitmachten, die auch nach der Karriere nicht alle heimgekehrt sind. Kurre Hamrin verbringt die kalten Monate in Florenz, Nils Liedholm hat nach einer großen Trainerkarriere ein Weingut in Italien aufgebaut, sein Gesicht ist auf den Flaschenetiketten. Liedholm hat ein klasse Weinkenner-Gesicht, hager, klug und voller Falten. Man konnte schon immer gut mit ihm werben. Er war, als Spieler, auf dem Titelblatt des allerersten Panini-Sammelbilderalbums. Was für ein Privileg.

Ihre Spuren sind trotzdem überall in Stockholm, die Fußabdrücke eingelassen in Betonplatten, die in einer Fußgängerunterführung hängen, gleich beim Rasunda-Stadion. Am Flughafen Arlanda haben sie eine Ecke eingerichtet für die großen Schweden des AC Mailand, Gren, Nordahl und Liedholm, die in den Fünfzigern ein Trio bildeten, das alle

GreNoLi nannten – das klingt wie eine Fluglinie aus einem unbekannten Land. Längst ist sie gelandet, und die Bilder und Trikots hängen hinter Glas, allerdings in einer Raucherecke des Airports, und immer stehen Japaner herum und vernebeln die Erinnerung mit ihrem Qualm.

Aber in der Katarina Bangata, vor dem Haus mit der Nummer 12, da steht Lennart Skoglund in der frischen Luft. Er wurde bei der WM zum besten Linksaußen gewählt, gegen Deutschland schoss er ein Tor. Sie nennen ihn Nacka in Schweden, weil er im Stadtteil Nacka mit dem Lumpenball angefangen hat, und in diesem Haus, vor dem jetzt sein Denkmal steht, ist er geboren worden. 45 Jahre später, im Sommer 1975, ist er in diesem Haus gestorben, in der Ein-Zimmer-Wohnung seiner Mutter. Betrogen um Geld, lahm gelegt vom Suff. Sie müssen sich getroffen haben damals im WM-Finale, ihre Laufwege haben sich gekreuzt: Skoglund und Garrincha, der Brasilianer mit den Krummbeinen, auch er betrogen und früh zugrunde gegangen, mit 49 war er tot.

Was Werner Kohlmeyer für Deutschland ist und Garrincha für Brasilien, das ist Skoglund für Schweden. Der eine, der für den Ruhm der Mannschaft zahlt.

Längst hat sich herausgestellt, dass auch Schweden nicht rein friedlich war. Es gab Diskussionen über Verbindungen zu Nazi-Deutschland, später über Landebahnen für US-Bomber, danach über Rüstungsexporte. Schweden war und ist ein Land in einer kaputten Welt. Fußball ist das Spiel einer kaputten Welt. Ein Spiel, das Menschen teilt in Sieger und Verlierer. Auch in Schweden.

An Nackas Geburtstag treffen sich die Stockholmer an seinem Denkmal. Skoglund hat Heiligabend Geburtstag. Es ist kalt und klar, die Kerzen brennen. Lennart Skoglund, der Held dieser WM im Friedensland, trägt dann eine Mütze aus Pulverschnee. Und die Leute stehen dicht bei ihm und singen für ihn und hoffen, er hat etwas gefunden, so etwas wie Frieden.

Die WM, die nie stattfand

Eigentlich wirken die Bilder und Texte in diesem schönen Buch ganz überzeugend, allerdings gibt es Menschen, die sich nicht täuschen lassen. Diese Menschen sagen, die WM in Schweden habe niemals stattgefunden. Spinner, könnte man meinen, aber das würde der Angelegenheit nicht gerecht. Es geht denen, die behaupten, die WM 1958 sei eine Lüge, um mehr. Die Geschichte soll neu geschrieben werden.

Kurz nach der WM gründete sich eine Gruppe namens „Konspiration 58“, die angeführt wurde von Jacques de Waern, einem Querkopf, der alles hinterfragt. Die angebliche WM, sagen die Skeptiker, war lediglich ein Test, den sich Menschen in den USA ausgedacht haben. Diese Menschen wollten beweisen, wie sehr Bilder in den Massenmedien die Stimmung in der Welt beeinflussen können. Neben dem politischen Interesse gab es noch wirtschaftliche Argumente – die Fernsehgerätefirmen profitieren auch von einer WM, die es nicht gibt. Hauptsache, es gibt die Bilder.

Wenn man sich an die Vorgänge vor dem Irak-Krieg erinnert, scheint die Theorie nicht abwegig. Die Konspirations-Gruppe hat 47 Jahre Zeit gehabt, Beweise zusammengetragen; diese Zeit ist nicht ungenutzt verstrichen. Ein Bild, auf dem Pressefotografen zu sehen sind, die angeblich bei der WM im Einsatz waren, wurde an sämtliche Nachrichtenagenturen der Welt verschickt. Niemand war in der Lage, auch nur einen Fotografen als ehemaligen Mitarbeiter zu identifizieren. Auf anderen Bildern sieht man neben angeblichen WM-Stadien Wolkenkratzer, die zweifellos aus Panoramabildern New Yorks hineinkopiert worden sind. Die Skeptiker berechneten schließlich die auf Standbildern erkennbaren Schatten der Fußballer und fanden heraus: Solche Schatten wirft in Schweden kein Mensch. Es hat mit dem Stand der Sonne zu tun. Nur in Übersee sind die Schatten wie auf diesen Bildern.

Es gibt einen preisgekrönten Dokumentarfilm zum Thema. In ihm äußern sich die Skeptiker, von denen es immer mehr gibt. Während jene, die angeblich vor Ort waren, voller Verzweiflung rufen: Aber wir haben doch alles gesehen! Die Zeitzeugen werden allerdings allmählich dahingerafft. Und – wer soll ihnen, angesichts dieser Beweise, noch glauben? Vermutlich war die erfundene WM 58 nur ein Vorspiel für erfundene Meisterschaften, Fußballer, Maskottchen der Jahre danach. Und die Aktivisten nähren mit ihrer Aufklärung den Glauben all jener, die immer schon wussten, dass es Figuren wie Stefan Effenberg oder Goleo in Wirklichkeit gar nicht gibt. Eine fast beruhigende Vorstellung.

Perfide Täuschung: Holger Bergerus, Generalsekretär des schwedischen Fußballverbands (4.v.l.), zeigt Vertretern der angeblich teilnehmenden Nationen eine Karte mit fiktiven Spielorten.

Ganz links: der Boss. Er weiß, was er geleistet hat. Die Kollegen beglückwünschen sich zum Sieg (v.l.): Schäfer, Juskowiak, Erhardt, Schmidt, Stollenwerk, Walter.

Ich, der Boss

Solo, Schuss und Tor: Der überragende Helmut Rahn genießt seinen größten Auftritt.

Wie üblich bildeten sie in der Kabine, kurz bevor sie das Spielfeld betreten sollten, ihren Kreis. Wie immer brüllten sie: „Einer für alle. Alle für einen." Den Teamgeist hatte Sepp Herbergers Mannschaft von der WM 1954 in der Schweiz hinauf nach Schweden gerettet. Die Deutschen wussten, sie würden den Zusammenhalt im Viertelfinale brauchen, um die technisch und spielerisch überlegenen Jugoslawen in Schach zu halten. Aber sie wussten auch, dass jede Mannschaft einen braucht, der aus dem Durchschnitt herausragt, der in der entscheidenden Situation frech und kaltblütig genug ist, das Unerwartete zu wagen. Für diese Rolle gab es in der deutschen Mannschaft nur einen: Helmut Rahn, den Boss.

Mit knapp 29 Jahren, trotz diverser Eskapaden in den Jahren zuvor, stand Rahn bei der WM in Schweden in der Blüte seines Wirkens. Unwiderstehlich waren seine Dribblings, gewaltig seine Schüsse und unermesslich sein Selbstvertrauen. Erst im letzten Moment hatte er sich zurück ins Aufgebot gespielt, und nun war er die treibende Kraft im Team, auf dem Spielfeld und auch außerhalb. Er hielt seinen Zimmerkollegen Fritz Walter bei Laune und auch die anderen Kollegen. Er wolle aussehen wie die kleinen Schweden, die ihn

Helmut Rahn legt los: Er dribbelt sich an den jugoslawischen Abwehrspielern vorbei und strebt dem Tor entgegen ...

um Autogramme baten, sagte er im Quartier in Bjärred – das traue er sich nicht, antwortete der Kollege Erich Juskowiak und bot eine Wette über 50 schwedische Kronen an. Rahn schlug ein und ließ sich zum Friseur kutschieren. Deshalb schoss er bei dieser WM Tor um Tor mit einer Igelfrisur – Tor Nummer fünf gegen die Jugoslawen.

Rahn ging mit besonderen Erinnerungen in dieses Spiel. Erst beim 2:0 im WM-Viertelfinale gegen Jugoslawien 1954 hatte er sich seinen Stammplatz in Herbergers Team gesichert. Nach desolater Leistung schoss er erst wenige Minuten vor Schluss das 2:0, andernfalls wäre er wohl aus dem Team geflogen, statt im Finale die entscheidenden Tore schießen zu können. Nun ging es also wieder gegen Jugoslawen. Sein ganz besonderer Ehrgeiz war geweckt. „Natürlich hau' ich wieder eins rein", kündigte er noch im Bus seinem Freund Fritz Walter an. Und natürlich geschah es so.

Deutschland – Jugoslawien 1:0 (1:0)

Malmö, 19. Juni 1958

Deutschland: Herkenrath, Stollenwerk, Juskowiak, Eckel, Erhardt, Szymaniak, Rahn, Walter, Seeler, Schmidt, Schäfer

Jugoslawien: Krivokuca, Sijakovic, Crnkovic, Boskov, Zebec, Krstic, Petakovic, Ognjanovic, Milos Milutinovic, Veselinovic, Rajkov

Tor: 1:0 Rahn (12.)

Zuschauer: 20055
Schiedsrichter: Wyssling (Schweiz)

Man notierte die zwölfte Spielminute, als Rahn zu einem seiner gefürchteten Alleingänge ansetzte. Er zog am ersten Gegenspieler vorbei, am zweiten, am dritten. Die Teamkollegen sahen ihm tatenlos zu, denn jeder wusste: Wenn Rahn einmal in Fahrt ist, gibt er sowieso nicht mehr ab. Rahn ließ auch einen vierten Jugoslawen stehen, nun hatte er die Torauslinie erreicht und lief von der rechten Seite in den Strafraum.

Im Tor der Jugoslawen erwartete der Ersatzmann Srboljub Krivokuca den Ansturm des Deutschen. Trainer Aleksandar Tirnanic hatte ihm den Vorzug vor dem erfahrenen Vladimir Beara gegeben, der in der Vorrunde beim 3:3 gegen Paraguay eine unglückliche Figur abgegeben hatte und angeblich verletzt war. Vielleicht hätte Beara geahnt, was kommen würde, aber Krivokuca erwartete nun eine Flanke – und genau darauf spekulierte Rahn. Er zog ab und traf mit dem Außenrist des rechten Fußes zum 1:0. Hans Schäfer drosch den Ball wie zur Sicherheit noch ein zweites Mal ins Netz. Dann bejubelten sie alle zusammen ihren Boss. „Dieses Tor", schrieb Fritz Walter, „verdient es, in die Annalen der Fußballgeschichte einzugehen."

Wie vier Jahre zuvor waren die Deutschen früh in Führung gegangen, wieder konnten sie sich zurückziehen und sich darauf beschränken, das Spiel der Jugoslawen zu zerstören. „Lässt man diese dunkelhaarigen,

Fast an der Auslinie hat Rahn abgezogen. Mitten unter den Fotografen hebt er jubelnd die Arme. Hans Schäfer schießt den Ball noch einmal ins Netz.

drahtigen Burschen ihr Spiel machen, wird es dem Gegner so ergehen wie zuletzt den Engländern in Belgrad, die eine 0:5-Schlappe aufgebrummt bekamen", notierte der Korrespondent der *Süddeutschen Zeitung* vor dem Spiel. Sie entfalteten diesmal aber nicht die Überlegenheit wie damals in Genf, als sie Latte und Pfosten trafen, als Werner Kohlmeyer auf der Linie retten und Torwart Toni Turek Kopf und Kragen riskieren musste.

Zebec darf nicht stürmen

Die Deutschen machten, wie man heute sagen würde, geschickt die Räume eng. Auch die seinerzeit „Halbstürmer" genannten Fritz Walter und Aki Schmidt – er hatte seine Verletzung auskuriert, weshalb Berni Klodt aus dem Team genommen wurde und Hans Schäfer auf Linksaußen rückte – zogen sich tief in die eigene Hälfte zurück. Die Jugoslawen spielten zu umständlich. Branko Zebec, ihr Stärkster, musste auf der Position des Abwehrchefs verharren, was bei den Beobachtern für viel Unverständnis sorgte.

Milos Milutinovic, als einer der besten Mittelstürmer der Welt gerühmt, war bei Herbert Erhardt in sicheren Händen. Fritz Herkenrath bot seine beste Leistung in diesem Turnier. Als stärkster Mann der deutschen Abwehr wurde Erich Juskowiak gerühmt. Er erhielt für seine waghalsigen Abwehraktionen sogar von den schwedischen Zuschauern Beifall. So froh gestimmt sollte Juskowiak in das Halbfinale gegen die Schweden gehen.

„Die Jugoslawen haben im Mittelfeld sehr schön gespielt", sagte Sepp Herberger nach dem Spiel. Was wie ein Lob klang, war eher ironisch gemeint. Der Bundestrainer fügte hinzu: „Sie haben zu schön gespielt." Sogar sein jugoslawischer Kollege Tirnanic stimmte Herberger zu. So hatten die Deutschen ihr bislang unspektakulärstes Spiel in Schweden gewonnen. Schuld an der mittelmäßigen Vorstellung trugen nach Meinung des *SZ*-Berichterstatters die Jugoslawen: „Die Jugoslawen kamen mir vor wie ein Zauberer, der viel Hokuspokus und Simsalabim macht und dabei weiß, dass die Taube, die aus dem Zylinder herauskommen soll, kurz vor dem Auftritt aus dem Garderobenfenster geflogen ist."

Allerdings lahmte auch das deutsche Angriffsspiel ein wenig, vor allem auf dem linken Flügel, wo Aki Schmidt und Hans Schäfer ohne Durchschlagskraft blieben. Fritz Walter, der sein 60. Länderspiel bestritt, vergab die größte Möglichkeit zum 2:0, als er freistehend den Torwart anschoss und im zweiten Versuch den Ball über die Querlatte trat. Drei Minuten vor Spielschluss zog sein Freund, der Boss, ein weiteres Mal gewaltig ab, doch der Ball sprang vom Lattenkreuz zurück ins Spielfeld. Als das Spiel vorbei war, umarmten sich Helmut Rahn und Fritz Walter. Wieder standen sie im Halbfinale eines WM-Turniers. „Wer hätte das gedacht?", sagte Walter. Rahn antwortete nur: „Ich".

Die Unzertrennlichen: Helmut Rahn (l.) hatte seinem Zimmerkollegen Fritz Walter das Tor gegen die Jugoslawen versprochen. Er hat Wort gehalten. Als Halbfinalisten gehen sie nun Arm in Arm vom Feld.

Offener Brief nach Schweden

Verehrte Herrschaften!
Sie haben gegenwärtig beneidenswert herrliche Tage im gastlichen Schweden. Aber trotzdem, oder vielleicht gerade deshalb, wird uns zu Hause allmählich himmelangst. Denn Sie, meine Herrschaften, die ‚deutschen Schlachtenbummler', haben es inzwischen nahezu mühelos fertig gebracht, die zwar kühlen, aber toleranten Schweden so zu ergrimmen, dass sich dies schon zum Nachteil der deutschen Mannschaft auswirkt.

Besoffen, arrogant, laut, fanatisch, Transparente schwingend mit ebenso einfältigen wie größenwahnsinnigen Sprüchen, sich als Kraftfahrer durch souveräne Missachtung der auch in Schweden geltenden 50-km/h-Grenze auszeichnend – das ungefähr ist das Bild, zu dem die schwedischen Gastgeber von ‚den Deutschen' binnen weniger Tage gelangen mussten.

Nächsten Dienstag, verehrte Herrschaften, spielt nun die deutsche Mannschaft in Göteborg gegen Schweden. Wie gesagt: es ist uns himmelangst. Denn Hunderte von Ihnen kommen schon ... besoffen ins Fußballstadion, und einige mögen es vielleicht abermals als besonders apart finden, dem schwedischen König mit der Whisky-Flasche zuzuprosten. Da Sie uns aber schon wieder bestens unbeliebt machen, sozusagen als traditionelles KdF-Publikum, wenn auch im Mercedes 200, die Schweden jedoch ihre Sympathien für uns gründlich verlernen, besteht aller Anlass zu ernster Sorge.

Ihr Ernst Müller-Meiningen jr. (aus einem Offenen Brief des Chefkorrespondenten in der *SZ* vom 21./22. Juni 1958)

Mit großen Kinderaugen

Historisch und unspektakulär: Pelé schießt sein erstes WM-Tor.

Europäische Berichterstatter waren zum ersten Mal im dritten Vorrundenspiel der Brasilianer mit diesem Namen konfrontiert worden: Edson Arantes do Nascimento. Von südamerikanischen Kollegen wurden sie aufgeklärt: „Zu Hause bei Santos nennt man ihn einfach Pelé." Pelé also, 17 Jahre alt, hatte die Bühne betreten. Er hatte beim 2:0-Sieg gegen die UdSSR sein erstes WM-Spiel bestritten und sein erstes WM-Tor vorbereitet, das 2:0 von Vavá. Was aber noch wichtiger war: Er hatte die Angst vor den Schmerzen abgelegt. In der Vorbereitung auf das Turnier hatte er einen Schlag auf das rechte Knie erhalten, und Brasiliens Masseur Mário Américo musste sein ganzes Können aufbieten, um Pelé wieder einsatzfähig zu machen. Pelé fehlte in den letzten beiden Testspielen der Brasilianer in Italien und auch zu Beginn dieser WM gegen Österreich (3:0) und England (0:0). Doch nun also hatte er das erste Spiel hinter sich und seine erste Torvorlage geben. Man wartete auf größere Taten.

Pelé ließ sich nicht lange bitten. Im Viertelfinale gegen Wales schoss er in der 65. Spielminute sein erstes WM-Tor, den Siegtreffer zum 1:0. Es war ein für seine Verhältnisse unspektakuläres Tor. Die walisische Abwehr hatte nach einer Flanke den Ball nicht aus dem Strafraum bekommen. Spielmacher Didí passte auf Pelé, der wand sich im Strafraum an Abwehrchef Mel Charles vorbei und schlenzte den Ball mit dem rechten Fuß ins Netz; Torwart Jack Kelsey von Arsenal London hatte keine Chance. Pelé lief dem Ball ins Tor hinterher. Dort wurde er von seinen Teamkollegen stürmisch gefeiert. Man konnte nur

ahnen, dass dies am 19. Juni 1958 im Göteborger Ullevi-Stadion ein historischer Moment sein würde: das erste von insgesamt zwölf WM-Toren, mit denen Pelé drei WM-Titel gewinnen sollte.

Das Spiel gegen Wales ließ den Zauber Pelés und des neuen 4-2-4-Systems, das die Brasilianer spielten, nur in Ansätzen erkennen. Der Innensturm mit Pelé und Mazzola kam nicht zur Entfaltung. Mazzola, der unter seinem bürgerlichen Namen José João Altafini nach der WM zum AC Mailand wechselte und Italiener wurde, verlor nach diesem Spiel seinen Platz an Vavá. Die Waliser hatten zunächst das Kommando übernommen, und manche Beobachter glaubten, sie wären sogar in Führung gegangen, wenn nicht ihr Mittelstürmer John Charles von Juventus Turin wegen einer Verletzung gefehlt hätte – sein Vertreter Colin Webster vergab zu Spielbeginn in aussichtsreicher Position. Ivor Allchurch traf vor der Pause sogar den Pfosten, ähnliches Pech hatte auf der Gegenseite Rechtsaußen Garrincha.

Er zeigt keinen Zaubertrick, kein Kunststück. Lange Zeit kommt er überhaupt nicht ins Spiel gegen diese Waliser, die ihr Tor verbarrikadiert zu haben scheinen und sich sogar die besseren Torchancen erarbeiten. Doch Pelé lässt sich nicht entmutigen. Er braucht nicht viel Platz im Strafraum. Ein kurzes Anspiel, eine Drehung, ein ansatzloser Schuss – so entscheidet er das Spiel für Brasilien. Und, was er in diesem Moment nur ahnen kann: Er schreibt Geschichte.

Nach der Pause lief das Spiel aber nur noch in Richtung des walisischen Tores. Die Brasilianer brannten nun endlich das fußballerische Feuerwerk ab, das alle Welt von ihnen erwartete. Die Waliser waren aber auch müde geworden. Sie hatten zwei Tage zuvor das Entscheidungsspiel gegen Ungarn um Platz zwei in ihrer Gruppe bestreiten müssen. Sie waren mit ihren Kräften am Ende.

Nach dem Spiel drehten die Brasilianer unter dem Beifall der schwedischen Zuschauer mit einer Fahne der Gastgeber eine Ehrenrunde. Die Waliser dagegen waren als letzte britische Mannschaft im Viertelfinale ausgeschieden, der Insel-Fußball hatte eine weitere Schlappe erlitten. Man diskutierte nach dem Turnier sogar für einige Zeit die Idee, England, Schottland, Nordirland und Wales sollten eine gemeinsame Mannschaft formieren.

Der walisische Torwart Kelsey wurde nach dem Spiel gegen Brasilien immerhin neben Brasiliens Spielmacher Didí als überragender Mann dieses Spiels gefeiert. Alle Augen, alle Objektive aber richteten sich auf den Torschützen, auf das Wunderkind Pelé. Mit großen, verständnislosen Augen blickte er zurück. Was bloß alle von ihm wollten?

Brasilien – Wales **1:0 (0:0)**

Göteborg, 19. Juni 1958

Brasilien: Gilmar, de Sordi, Nílton Santos, Zito, Bellini, Orlando, Garrincha, Didí, Mazzola, Pelé, Zagallo

Wales: Kelsey, Williams, M. Charles, Hopkins, Sullivan, Bowen, Medwin, Hewitt, Webster, I. Allchurch, C. Jones

Tor: 1:0 Pelé (65.)

Zuschauer: 25 923
Schiedsrichter: Seipelt (Österreich)

Danke, Ball!

Wenn etwas nicht klappt, was selten vorkommt, hadert Pelé nicht mit sich, nicht mit Gegner, Mitspieler, Schiedsrichter: Er schimpft auf den Ball. Er hält Zwiesprache mit ihm. 65 Minuten lang ist Pelé im Spiel gegen Wales unzufrieden gewesen mit seinem liebsten Gefährten. Nun hat er ihn endlich da, wo er hingehört: im Tor. Pelé läuft hinterher und dankt ihm. Zum Jubeln herbeigeeilt sind auch die Teamkollegen de Sordi (Mitte) und Zagallo.

Das Kind im Königsmantel

Edson, Dico, Bele, Pelé: Stationen auf dem Weg zum Weltstar. Die Zeit, als er zu Hause hungern musste, wird er nie vergessen.

Von Thomas Kistner

Dona Celeste beschrieb den kleinen Unterschied. „Dico ist ein beispielhafter Sohn. Und Pelé ist ein Gottesgeschenk!"

Der kleine Dico, geboren in Três Corações, aufgewachsen in Bauru bei São Paulo, bewegte sich noch zwischen seinem hölzernen Schuhputzerkästchen und dem von Mama Celeste gefertigten Stoffbällchen, als er ein paar Schlüsselerlebnisse hatte. Einmal kam er nach Hause und fand nichts zu essen; da war nichts übrig, und die Familie musste, für kurze Zeit, hungern. Vater Dondinho, schlecht bezahlter Mittelstürmer bei Atlético Bauru, plagte eine Knieprellung, die seine Karriere beenden sollte. Dico packte Entsetzen. „Diesen Moment", erzählte er später seinem Freund Juca Kfouri, „wollte ich niemals wieder erleben."

Das andere Erlebnis stammt von 1950. Dico saß in der Hütte in Bauru mit Dondinho vorm Radio und verfolgte das entscheidende WM-Spiel der Seleção gegen Uruguay in Rio. Brasiliens erster WM-Sieg schien Formsache zu sein, dann traf Uruguay zwei Mal, Dondinho weinte bitterlich wie das ganze Land, da schwor ihm Dico, keine zehn Jahre alt, dass er, sobald er groß sei, ihm zuliebe dafür sorgen werde, dass Brasilien endlich, endlich Weltmeister wird.

Dondinho hatte den Jungen mit dem Kosenamen Dico zu Großem ausersehen. Edson hatte er das erste seiner drei Kinder genannt, nach dem Entdecker der elektrischen Energie, Thomas Alva Edison. Es war die väterliche Energie, die den Kleinen antrieb. Dicos erster Straßenklub hieß „Siebter September", allerlei Jugendteams folgten, wobei er gerne auch Spiele im Tor verbrachte und dabei Bele imitierte, einen damals in der Region beliebten Torwart. Aus Bele wurde Pelé.

Dico kam ins Baquinho, das Jugendteam von Bauru. Dort erfasste Ex-Nationalverteidiger Waldemar de Brito dessen Talent. Als erste größere Klubs von dem 15-Jährigen hörten, brachte Brito sein Juwel die Küste hinab in die Vila Belmiro und stellte ihn beim FC Santos vor. „Dieser hier", sagte er, „wird der Beste der Welt werden!" Dico erschrak und wagte es nicht, den Blick vom Boden zu heben, als stünde dort, vor den teuren Schuhen der Klubgewaltigen, immer noch sein abgeriebener Schuhputzkasten.

Der Schlafwandler

Am 8. August 1956 trainierte er erstmals in der Vila Belmiro. Stunden später unterschrieb er den Vertrag, der ihm Wohnrecht im Camp des FC Santos garantierte, dazu Essen, Wäsche sowie ein Gehalt, das nach Bauru geschickt wurde. Der dürre Junge mit dem Ballgenie und den unglaublichen Reflexen erwies sich als Schlafwandler, der nachts durch die Gänge irrte und Spiele kommentierte. Bei Tage schoss er Tor auf Tor, stieß umweglos in die Stamm-Elf vor und machte im Jahr darauf bei einem internationalen Turnier auf sich aufmerksam, als Torjäger einer Auswahl von Santos und Vasco da Gama.

Wochen später das Debüt in der Seleção: In der „Copa Roca" ging es gegen Erzrivale Argentinien. Am 7. Juli 1957 im Maracanã-Stadion wurde der 16-Jährige eingewechselt, schaffte den Ausgleich zum 1:1, die Partie ging 1:2 verloren. Drei Tage später das Rückspiel in São Paulo: Die Selecão gewann 2:0, Pelé schoss das Führungstor, holte seinen ersten Titel, die Copa Roca, und nebenbei schon das Ticket zur WM. „Ein unsichtbarer Königsmantel hängt um seine Schultern" schrieb Dramatiker Nelson Rodrigues über den 17-Jährigen mit der tiefen Stimme, und es ging immer weiter voran, so mühelos und rasant, dass zu Hause in Santos Pelés Jugendliebe resignierte. „Pelé, du wirst berühmt werden", sagte Neuzinha, als er ihr aufgeregt mitteilte, er dürfe zur WM reisen, „geh' in die Welt und vergiss mich!"

Dann aber, einen Monat vor WM-Beginn: Pelé erleidet eine Knieverletzung. Die Ärzte raten davon ab, ihn mitzunehmen, Coach Vicente Feola aber setzt stur auf ihn. Die Vorbereitung erlebt Pelé als Tourist, auch die ersten zwei WM-Gruppenspiele, doch gegen die UdSSR darf er aufs

Mit 16 debütiert er im Nationalteam. Er schießt im ersten Spiel sein erstes Tor. Mit 17 schwingt er sich, obwohl behindert von einer Knieverletzung, in Schweden bereits zu einer Führungskraft auf und macht sich auf den Weg, ein Weltstar zu werden. Bei allen Kapriolen seiner bewegten Karriere: Die kindliche Freude am Spiel mit dem Ball ist ihm immer geblieben.

Feld, legt eine Galashow hin und ist für die nächsten 15 Jahre Fixpunkt der Seleção. Im Viertelfinale sichert er das 1:0 über Wales. Im Halbfinale holt er nach Frankreichs Ausgleich den Ball aus dem Netz, trägt ihn entschlossen zum Anspielkreis und trifft danach dreimal, im Finale gegen Schweden zweimal. Zu Hause sagt Dondinho: „Meinen großartigsten Treffer habe ich im Doppelpass mit Celeste erzielt. Wir nannten ihn Edson. Heute ist er Pelé.“

Pelé. Nach der WM ließ er den Namen als Markenzeichen eintragen. Dico hatte den Kindheitsschock nicht verwunden, als sich zu Hause kein Krümel fand. Diese Zeit war für immer vorbei. Der Junge wurde zum Volksheld, hofiert von den Mächtigen, erhielt Geldprämien, einen TV-Apparat, ein Holzboot, ein Moped, Werbeverträge für Café do Brasil und andere Produkte, er füllte die Titelblätter. Trotzdem blieb „O Rei“, der König, der stolze 600 Dollar im Monat verdiente, noch Jahre in der Pension in Santos wohnen, gleich am Trainingscamp.

Im Jahr nach dem WM-Triumph absolvierte der Teenager 103 Spiele, mit der Seleção und dem FC Santos, viele davon in Europa, im Schnitt spielte er alle drei Tage und schoss 127 Tore. Und er gab seine erste Biografie heraus: „Eu sou Pelé“ – Ich bin Pelé. Aber die Welt wusste längst Bescheid.

Mit Würde und Stil

Die Nordiren gehen unter, ihr Kapitän wird später ein Star.

Fast bis zur Halbzeit haben sich die Nordiren erfolgreich dem französischen Angriff entgegengestemmt. In der 44. Spielminute nimmt das Unheil dann doch seinen Lauf: Rechtsaußen Wisnieski (ganz links) überwindet Torwart Gregg.

Sie sind als erste angereist, sie werden als erste wieder abreisen. Aber zumindest haben sie Zeit, sich mit Land und Leuten vertraut zu machen." So war es in der französischen Presse zu lesen, nachdem die „Équipe tricolore" als erste Mannschaft überhaupt drei Wochen vor Turnierbeginn in Schweden eingetroffen war und ihr Trainingslager bezogen hatte. Man hatte nach einer Serie von Schlappen in der Vorbereitung – darunter eine 0:4-Niederlage gegen England in Wembley – in Frankreich kein allzu großes Vertrauen in die heimische Nationalmannschaft. Bei Testspielen gegen unterklassige schwedische Mannschaften schossen die Franzosen zwar Tor auf Tor, doch es verletzte sich in einem dieser Tests auch der Torjäger René Bliard schwer. Als Ersatz nominierte Trainer Albert Batteux einen gewissen – Just Fontaine, Stürmer von Stade Reims. Ob das gut gehen konnte?

Natürlich nicht, zumindest nach Meinung der französischen Presse, die auch sehr skeptisch reagierte, als kurz vor Turnierbeginn, nachdem Versicherungsfragen geklärt waren, sich auch Raymond Kopa entschlossen hatte, zu den Kollegen nach Schweden zu reisen. Kopa hatte an der Seite Fontaines 1956 mit Stade Reims das Finale des Landesmeister-Europacups erreicht und gegen Real Madrid verloren. Danach wechselte er zu eben jenen Madridern und gewann mit Real 1957 und, kurz vor WM-Turnierbeginn, 1958 die höchste Trophäe des europäischen Vereinsfußballs ein weiteres Mal. Schön und gut, aber Kopa war eben ein Legionär – und nach damaliger Meinung als solcher unzuverlässig. Konnte es wirklich gut gehen?

Die Franzosen standen also unverhofft im Viertelfinale und wurden von den ausländischen Experten schon zu den Titelfavoriten gezählt. Just Fontaine hatte in der Vorrunde sechs Tore geschossen und Raymond Kopa zwei. Nun aber trafen sie auf die unerhört starken Nordiren samt ihrem Wundertorwart Harry Gregg. Bestimmt, dachte man in Frankreich, würde es nun vorbei sein mit der Herrlichkeit von Fontaine, Kopa und ihren Sturmkollegen.

Tatsächlich fanden die Franzosen lange Zeit kein Mittel gegen die massierte Abwehr der Nordiren. Fontaine traf Mitte der ersten Halbzeit mit einem Kopfball die Latte, doch erst eine Minute vor der Pause war der Bann gebrochen. Nach einer Kombination des überragenden Angriffstrios mit Fontaine, Kopa und Roger Piantoni traf Rechtsaußen Maryan Wisnieski zum 1:0 ins Tor.

Nach der Halbzeitpause entwickelte sich das Spiel zu einem Kampf zwischen den französischen Angreifern und dem nordirischen Torwart Harry Gregg, der nach der Verletzungspause, die er beim Entscheidungsspiel gegen die Tschechoslowakei genommen hatte, nun wieder das Tor der Nordiren hüten musste – sein Kollege Norman Uprichard hatte sich schwer an der Hand verletzt. Letztlich war Gregg auf verlorenem Posten, auch wenn er trotz seiner Fußverletzung noch Schlimmeres verhinderte. Just Fontaine traf nach Vorarbeit von Läufer Armand Penverne zum 2:0 und verwertete ein Zuspiel des kongenialen Raymond Kopa zum 3:0. Den Schlusspunkt setzte Roger Piantoni, der nach einem Pass von Kopa wie zur Demütigung auch noch Torwart Gregg umspielte und zum 4:0 einschoss.

Der nordirische Kapitän Danny Blanchflower von Tottenham Hotspur, bei der WM bereits 32 Jahre alt, machte den Kräfteverschleiß beim Entscheidungsspiel gegen die CSR – zwei Tage vor dem Viertelfinale, man spielte bis zum Einbruch der Dunkelheit – für die Niederlage verantwortlich. Das Unglück der „Busby Babes“ hatte im Übrigen auch die Nordiren und ihren Kapitän getroffen. Danny Blanchflowers jüngerer Bruder Jackie fehlte bei der WM: Er zählte zu den großen Hoffnungen von Manchester United und erlitt beim Flugzeugunglück in München schwere Brustverletzungen. Er bestritt nach dem Absturz kein Spiel mehr.

Außenläufer Danny Blanchflower hatte seine besten Zeiten erst noch vor sich. Er war Kapitän der Hotspur-Mannschaft aus Tottenham, die 1961 das Double aus Meisterschaft und FA-Cup gewann, im Jahr darauf noch einmal den FA-Pokal und 1963 den Europacup der Pokalsieger im Finale gegen Atlético Madrid. Es war der erste Triumph einer britischen Mannschaft in Europa. Auch zwei Titel als Fußballer des Jahres in England, in den Jahren 1958 und 1961, hatte Danny Blanchflower auf seinem Konto, als er 1964 seine Karriere als Fußballprofi beendete.

Nordirische Brüder: Jackie Blanchflower (l.) macht nach dem Flugzeugunglück mit Manchester United kein Spiel mehr. Danny, der Ältere, ist Kapitän in Schweden.

Man zählt Danny Blanchflower in Großbritannien zu den großen Strategen des Fußballspiels und rühmt ihn bis heute noch für seine pathetischen Betrachtungen über diesen Sport. „Im Fußball“, sagte er, „geht es um Ruhm und Ehre. Es geht darum, die Dinge mit Würde und Stil zu erledigen. Es geht darum, hinauszugehen und die anderen zu besiegen und nicht darum zu warten, dass die anderen aus Langeweile sterben.“

Danny Blanchflower verschied 1993 im Alter von 67 Jahren, fünf Jahre vor seinem Bruder Jackie, der mit 65 an Krebs starb.

Frankreich – Nordirland 4:0 (1:0)

Norrköping, 19. Juni 1958

Frankreich: Abbès, Kaelbel, Lerond, Penverne, Jonquet, Marcel, Wisnieski, Fontaine, Kopa, Piantoni, Vincent

Nordirland: Gregg, Keith, McMichael, Blanchflower, Cunningham, Cush, Bingham, Casey, Scott, McIlroy, McParland

Tore: 1:0 Wisnieski (44.), 2:0, 3:0 Fontaine (56., 63.), 4:0 Piantoni (68.)

Zuschauer: 11 800
Schiedsrichter: Gardeazábal (Spanien)

Der Pionier

Kopaszewski, Kopa, Koppita: Der Mann aus Reims prägt das Bild des modernen Profis – europäische Geschichte, die der Fußball schrieb.

Von Josef Kelnberger

Raymond Kopa sollte sich auch im hohen Alter noch sehr genau an diese Weltmeisterschaft 1958 erinnern. Vor allem hatte sich ihm der Moment ins Gedächtnis gegraben, als er in Schweden zur französischen Mannschaft stieß und feststellte: „Einige hatten ihre Angelausrüstung mit nach Schweden gebracht. Manche von uns waren tatsächlich zur WM wie in den Urlaub aufgebrochen." Er konnte es nicht fassen.

Die französische Mannschaft war in eine schwere Gruppe gelost worden, zu Hause prophezeite die Presse, sie würde wie vier Jahre zuvor nicht die Vorrunde überstehen. Damals hatte der 22 Jahre alte Kopa, bei Stade Reims schon als Jahrhundert-Talent gefeiert, ein desaströses Turnier gespielt. Diesmal allerdings reiste Kopa aus Madrid an, seit zwei Jahren stand er bei Real unter Vertrag. Er hatte zweimal nacheinander mit dem Klub den Europapokal der Landesmeister gewonnen, er spielte in der besten Mannschaft des Kontinents. Er wollte sich nicht mehr in sein Schicksal fügen. Er hatte seine Berufsehre. Und deshalb beharrt er bis heute darauf, dass diese französische Mannschaft, die mit ihrem Offensivfußball die Welt begeisterte und letztlich Dritte wurde, damals keine herausragende Leistung bot. „Wir haben unserem Standard entsprechend gespielt. Nicht mehr."

Raymond Kopa war ein moderner Profi und insofern ein Pionier in jenen Jahren, als Westeuropa auch dank des Fußballs näher zusammenrückte. Die Großklubs begannen, einander die Spieler abzuwerben. Und das Legionärs-Wesen, anfangs als Vaterlandsverrat gebrandmarkt – in Deutschland bis in die achtziger Jahre hinein –, wurde langsam zur Normalität.

Raymond Kopa war eines der ganz großen Kaliber, die in jenen Jahren transferiert wurden, auch deshalb ist er stolz auf seine Biografie.

Kopa stammt von polnischen Eltern ab, er hieß mit vollem Namen Raymond Kopaszewski. Er wuchs in Nordfrankreich auf, arbeitete wie sein Vater unter Tage und verlor mit 14 beim Schieben von Kohlewägelchen einen Finger. Aber dank seines fußballerischen Talents fand er den Weg in die große Welt. Ein englischer Journalist verpasste dem nur 1,70 m kleinen Spielmacher mit dem stolzen Blick den Namen „Napoleon". Der sollte ihn seine ganze Karriere lang begleiten.

Nachdem er Stade Reims 1956 ins Europacup-Finale der Landesmeister geführt hatte, standen die europäischen Großklubs Schlange bei ihm. Er entschied sich für Real Madrid, den Verein, der Stade Reims in jenem Finale bezwungen hatte. „Ich habe in Madrid zehnmal so viel verdient wie in Reims", sagt Kopa. „Aber nicht das Geld hat den Ausschlag gegeben. Ich wollte mich einfach in der besten Mannschaft der Welt behaupten." Das gelang ihm, anders als zum Beispiel dem brasilianischen Kollegen Didí, der als Weltmeister zu den Königlichen stieß und dort zerbrach. Kopa ging Spielmacher Alfredo di Stéfano aus dem Weg, indem er den rechten Flügel besetzte. Das tat er so imposant, dass er als „Koppita" zum Publikumsliebling aufstieg und im WM-Jahr 1958 zu Europas Fußballer des Jahres gewählt wurde. Vor Alfredo di Stéfano.

Es gab genügend Experten, die nicht Didí, sondern Raymond Kopa für den besten Spieler der WM hielten – eine internationale Jury verlieh ihm hochoffiziell diesen Titel. Aber Rang drei reicht eben nicht für ewigen Ruhm, das akzeptiert auch Kopa, der Profi. Die in Frankreich lange übliche Überhöhung des schönen Spiels ist ihm immer fremd gewesen. Aber natürlich spielte er schönen Fußball, und in Just Fontaine hatte er einen kongenialen Partner. Fontaine eroberte mit der Rekordmarke von 13 Treffern die Torjägerkrone, Kopa traf dreimal und leistete damit seinen

Zusammen mit Fontaine stieß Kopa die Gründung einer Profi-Gewerkschaft an.

Französische Vorbilder (oben, v.l.): Just Fontaine, Raymond Kopa, Dominique Colonna und Roger Piantoni beim Veteranentreff. Unten: Kopa (l.) und Fontaine im Jahre 1958.

Beitrag zu einem weiteren Turnier-Rekord: 23 Tore schossen die Franzosen.

Kopa und Fontaine, die vor und nach Kopas drei Jahren in Madrid (1956 bis 1959, gekrönt von drei Europacup-Siegen) zusammen bei Stade Reims spielten, ergänzten sich auch abseits des Spielfeldes. Seite an Seite kämpften sie schon Anfang der sechziger Jahre um das Selbstbestimmungsrecht der Fußballprofis, die rechtlich auf Lebenszeit an einen Verein gebunden waren. Kopa entfachte die Kampagne für mehr Vertragsfreiheit mit einer Kolumne in *France Dimanche*, in der er schrieb: „Fußballer sind Sklaven." Er stieß damit die Gründung der Fußballer-Gewerkschaft UNFP (Union Nationale des Footballeurs Professionels) im Jahre 1961 an, deren Vorsitz Just Fontaine übernahm. 1969 erkämpften sich die Profis das Recht auf befristete Verträge. Am Ende dieses Weges sollte 1995 das Bosman-Urteil stehen, das auf Basis des EU-Rechts auch den Fußball-Arbeitnehmern die freie Wahl des Arbeitsplatzes sicherte; die von Kopa und Fontaine gegründete UNFP unterstützte den Belgier Bosman, der das Urteil erstritt, von Anfang an finanziell.

Raymond Kopa, der seine Karriere mit 36 in Reims ausklingen ließ und noch mit 40 Angebote hatte, stand am Anfang dieses Weges. Er gab ein Beispiel, dem seine Erben folgten, erst Michel Platini und dann Zinédine Zidane. Auch sie reiften im Ausland, bevor sie große französische Teams führten, auch sie Immigranten-Söhne, Platini italienischen Ursprungs, Zidane mit maghrebinischen Vorfahren. Europäische Geschichte, die der Fußball schrieb.

George und die Tänzer-Taktik

Raynors Schweden: langsam, schnell-schnell ins Halbfinale

Die schwedischen Zuschauer waren aus dem Häuschen nach dem Schlusspfiff des englischen Schiedsrichters Reg Leafe. Ihre Mannschaft hatte sich für das Halbfinale qualifiziert. Bis zur 87. Minute hatten sie um den Sieg ihrer Mannschaft im Viertelfinale gebangt, denn die Elf der UdSSR mobilisierte in der letzten Viertelstunde ihre letzten Kräfte, um das Führungstor von Kurt Hamrin auszugleichen. In dieser Drangperiode setzte Läufer Sigvard Parling zu einem Befreiungsschlag an. Rechtsaußen Hamrin kam an den Ball, spurtete die Außenlinie entlang. Torwart Lew Jaschin erwartete einen Schuss, doch Hamrin passte zu Mittelstürmer Agne Simonsson, der aus drei Metern Entfernung zum 2:0 ins Netz traf. Der Erfolg im eigenen Land war damit besiegelt.

Nun würde es also gegen die Deutschen gehen. Bei den schwedischen Wettern galt die heimische Mannschaft als 10:2-Favorit. Und auch bei den deutschen Beobachtern war der Respekt gehörig gewachsen nach der imposanten Vorstellung gegen den amtierenden Olympiasieger UdSSR. „Die schwedische Mannschaft harmoniert so prächtig, als würde sie schon ein Jahrzehnt zusammenspielen“, notierte die *SZ*. Dabei waren erst kurz vor dem Turnier die Italien-Profis Nils Liedholm vom AC Mailand, Kurt Hamrin vom AC Padua, Lennart Skoglund von Inter Mailand, Bengt Gustavsson von Atalanta Bergamo und Arne Selmosson von Lazio Rom in den Kader eingebaut

Die Kollegen sind müde, Torwart Lew Jaschin steht im Brennpunkt: Hier wehrt er eine Flanke der Schweden ab …

worden. Die Auslandserfahrung half den Spielern, mit den Erwartungen der Fans fertig zu werden und die heimische Kulisse zu ihren Zwecken zu nutzen. Angeleitet wurden sie von einem englischen Trainer, der in der damaligen Zeit zu Hause wie der Prophet im eigenen Land ignoriert wurde: George Raynor.

Raynor hatte die Schweden schon zum Olympiasieg 1948 geführt, 1950 auf WM-Rang drei, zu Bronze bei den Olympischen Spielen 1952. Die Engländer aber hielten weiterhin an Nationalcoach Walter Winterbottom fest, obwohl es genügend Grund gab, bei Raynor anzufragen. Zwei Wochen vor dem vernichtenden 3:6 Englands gegen die Ungarn im November 1953 in Wembley hatten die Schweden ein 2:2 in Ungarn erzwungen. Wie später Herberger im Finale von Bern ließ Raynor den zurückhängenden Mittelstürmer Nándor Hidegkuti von einem Mittelfeldmann decken und legte so das Spiel der Ungarn lahm. Bei der WM in Schweden ließ Raynor sein Team nach seinem Lieblingsmotto spielen: „Kontrolliert den Ball, dann lasst ihn die Arbeit für euch machen, wie beim Tanz: langsam, langsam, schnell-schnell, langsam."

So tanzten die Schweden auch gegen die Sowjets. Einen Spieler liebten die Fans besonders, den fast 38-jährigen Gunnar Gren, der Örgryte Göteborg gerade in die erste schwedische Liga geführt hatte, nachdem er zuvor sein Geld bei AC Mailand, AC Florenz und FC Genua verdient hatte. Gren war nach dem Olympiasieg 1948 zusammen mit Gunnar Nordahl und Nils Liedholm zum AC Mailand gewechselt, wo die drei eine berüchtigte Achse bildeten und nationale Titel sammelten; die Italiener sprachen nur von „Gre-No-Li". Zweiter Liebling der Fans war Linksaußen Skoglund, ein Dribbelkünstler und manchmal auch Provokateur, der mit Vornamen zwar Lennart hieß, aber nur „Nacka" genannt wurde, nach einem Vorort von Stockholm, wo er aufgewachsen war. In Mailand nannten sie ihn auch „Blonder Engel". Er hatte mit Inter Mailand

Schweden – Sowjetunion 2:0 (0:0)

Stockholm, 19. Juni 1958

Schweden: K. Svensson, Bergmark, Axbom, Börjesson, Gustavsson, Parling, Hamrin, Gren, Simonsson, Liedholm, Skoglund

Sowjetunion: Jaschin, Kessarew, Kusnetsow, Woinow, Krijewski, Tsarew, A. Iwanow, V. Iwanow, Simonian, Salnikow, Iljin

Tore: 1:0 Hamrin (48.), 2:0 Simonsson (87.)

Zuschauer: 31 900
Schiedsrichter: Leafe (England)

unter Trainer Alfredo Foni 1953 und 1954 die italienische Meisterschaft gewonnen und zwischen 1950 und 1958 immerhin 57 Tore für den Verein geschossen.

Als Mann für die entscheidenden Tore aber erwies sich Kurt Hamrin, der nach dieser WM von Padua zum AC Florenz wechselte und später noch für AC Mailand und SSC Neapel stürmte. Hamrin eröffnete gegen die Sowjets kurz nach der Halbzeitpause den Torreigen. Einen seiner gefürchteten Flankenläufe vollendete er mit einem Pass auf Skoglund. Der schoss Verteidiger Kessarew an, und den abprallenden Ball beförderte Hamrin per Kopf über die Linie.

Die UdSSR-Spieler hatten letztlich zu wenig Kraft – sie waren wie die Nordiren und Waliser Opfer der umstrittenen Entscheidungsspiele um Gruppenplatz zwei 48 Stunden zuvor geworden. In Westeuropa verunglimpfte man die Sowjets damals als „Roboter". Einzig dem Torwart Lew Jaschin gestand man so etwas wie Individualität zu. „Schwarze Spinne" nannte man ihn respektvoll, weil er ganz in Schwarz zu den Spielen erschien. Wichtiger als seine Kleidung war für die Mannschaft sein Spiel. Er glänzte nicht nur durch seine Paraden, sondern auch außerhalb des Strafraums als eine Art Ausputzer mit der Gabe, genaue Pässe zu spielen. Sehr modern.

Die UdSSR hatte zwei Jahre vor der WM das Olympiaturnier in Melbourne durch ein 1:0 im Finale gegen Jugoslawien gewonnen. Das WM-Turnier markierte eine herbe Enttäuschung für Lew Jaschin und seine Kollegen, die 1960 dann den ersten Europameister-Titel holten.

... aber auch Jaschin kann nicht alles halten. Den Schuss von Lennart Skoglund hat er erreicht, doch den abprallenden Ball bugsiert Kurt Hamrin (l.) per Kopf ins Tor zum 1:0 für die Schweden.

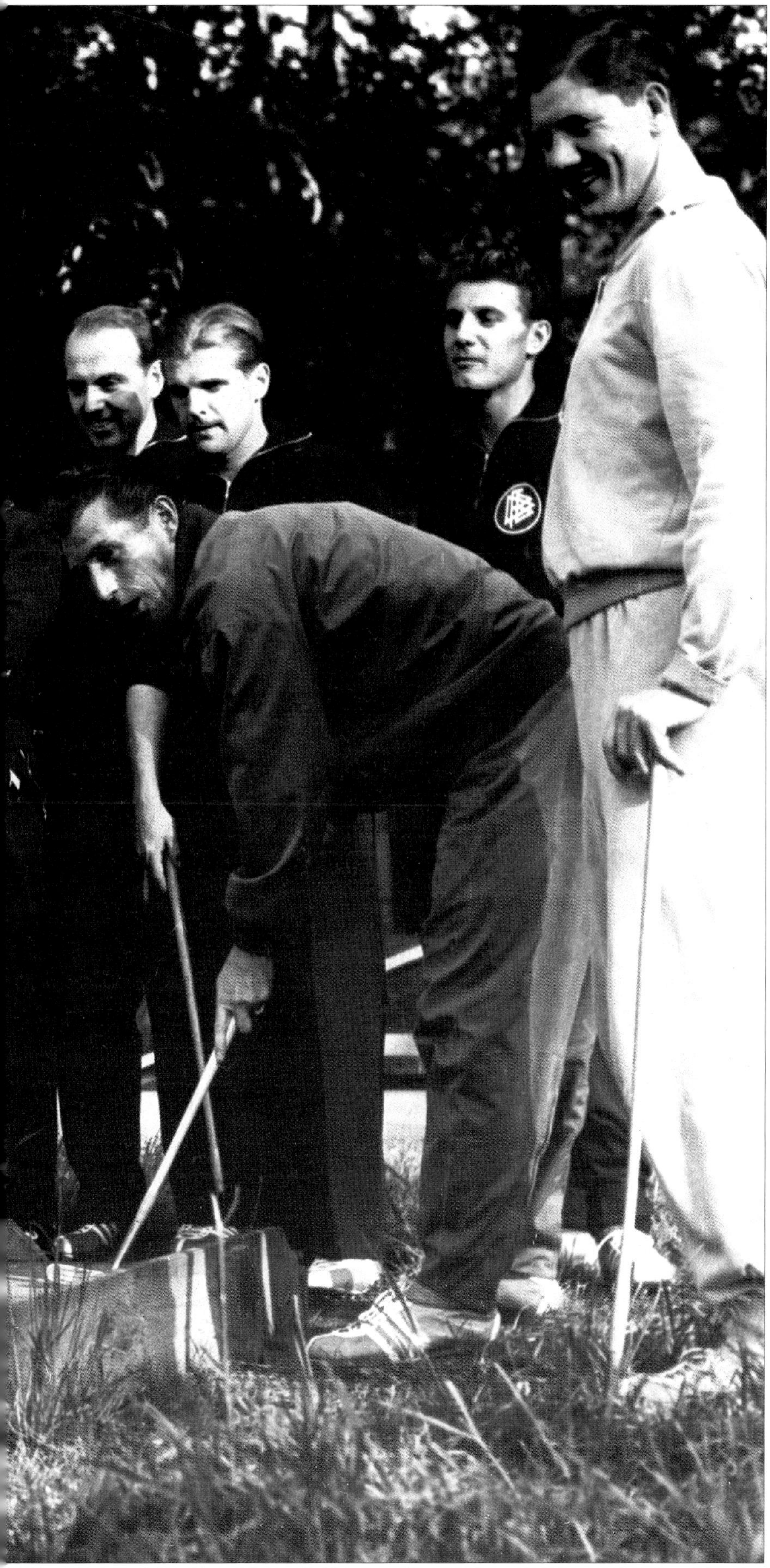

Spiez?

Der deutsche Geist, der durch diese Bilder weht, sieht nach 1954 aus. Schweiz, Spiez? Der Geist ist alt, die meisten Gesichter aber sind neu, und man befindet sich im schwedischen Wald. Fritz Walter spielt Minigolf (Bild links), beobachtet von (v.l.) Karl-Heinz Schnellinger, Helmut Rahn, Alfred Schmidt, Horst Eckel, Herbert Erhardt, Sepp Herberger, Berni Klodt, Georg Stollenwerk, Hans Schäfer, Horst Szymaniak. Herberger versorgt sich mit Wein (oben), Eckel (unten, l.) und Szymaniak trinken Wasser.

Bjärred!

Der Geist von Bjärred, Herbergers neue Schöpfung, trägt das Team ins Halbfinale. Helmut Rahn (oben, l.) hat sich zur Erheiterung von Co-Trainer Helmut Schön und der Kollegen das Haar rasieren lassen. Der junge Uwe Seeler gibt Autogramme (unten). Doch verrichtet er brav Hilfsdienste für Fritz Walter, der sich (großes Bild, rechts) die Schuhe neben Debütant Hans Cieslarczyk schnürt. Jung und Alt, Seite an Seite.

Sepp Herberger (l.) hat das Unternehmen WM wieder akribisch geplant. Sogar einen eigenen Koch hat er mitgebracht, Josef Bindert. Hier bespricht man den Menüplan.

Das Comeback der Lutsch-Birne

Herberger verpflanzt den Geist von Spiez an die schwedische Küste und fühlt sich unschlagbar. Seelers Beitrag: Laufen für Fritz.

Von Jörg Marwedel

Gruppenbild mit Chef: Sepp Herberger (r.) posiert stolz mit seinem Kader. Es eint sie die pfadfinderhafte Freude am gemeinsamen Ziel.

Plötzlich bekommt Uwe Seelers Blick etwas Entrücktes. Als sehe er irgendwo in der Ferne die Holzhäuser von Bjärred, eingebettet in eine liebliche schwedische Landschaft mit Wiesen und Buchenwald am Ufer der Ostsee. Die Rede ist auf die WM 1958 in Schweden gekommen, das erste große Turnier für den damals 21-jährigen Hamburger, der bis dato erst vier A-Länderspiele absolviert hatte. Und Bjärred, wo die deutsche Mannschaft ihr provisorisches Zuhause hatte, ist der Ort, den er damit verbindet. „In Bjärred", sagt Seeler, „haben wir den Geist von Spiez wieder aufleben lassen."

Es klingt so, als sei vier Jahre nach dem „Wunder von Bern" ein zweites Wunder passiert. Als sei der „Geist von Spiez", 1954 im Quartier am Thuner See aus einer Schweißkameradschaft voller Jugendherbergsromantik entsprungen, an der schwedischen Ostseeküste auf Befehl des Bundestrainers Sepp Herberger wieder aufgetaucht. Nur mit dieser Mischung aus Disziplin, Zusammenhalt und Willensstärke sei man in der Lage, als würdevoller Titelverteidiger aufzutreten, hatte Herberger vor der WM orakelt. Und Seeler war einer der jungen Männer, die dafür sorgten, dass dieser deutsche Mythos seine Fortsetzung fand, obwohl dem Triumph in der Schweiz doch vier Jahre voller Probleme und Rückschläge gefolgt und nur noch vier „Helden von Bern" übrig geblieben waren.

Gern erzählt Uwe Seeler, wie sein vielleicht wichtigster Beitrag aussah: „Ich habe dem Fritz (Walter) versprochen, dass ich für ihn laufe, wenn ihm mit seinen 37 Jahren mal die Luft knapp wird. Ich hatte Kraft wie ein Bulle und habe zu ihm aufgeblickt. Es war für mich eine Selbstverständlichkeit." Es war wohl dieser Respekt, der die Klammer bildete zwischen den verbliebenen Bern-Helden Fritz Walter, Horst Eckel, Hans Schäfer und Helmut Rahn auf der einen und der neuen Generation mit Uwe Seeler, Karl-Heinz Schnellinger und Horst Szymaniak auf der anderen Seite. Der „Geist von Spiez" war auch ein deutscher Zeitgeist der fünfziger Jahre, der eine Solidarität des Aufbaus und pfadfinderhafte Freude am gemeinsamen Ziel förderte.

Für Herberger war er der Schlüssel zu allem. Ein „geistig-körperlicher Willensakt, der aus Kondition und Einstellung erwuchs", wie er in seiner eigenwilligen Diktion „die

Was 1958 offenbar niemanden stört: Sepp Herberger (r.) empfängt im Teamquartier den Flieger-Oberst Hans-Ulrich Rudel, der umstritten ist wegen seiner Nähe zum Nazi-Regime. Als Rudel anlässlich der WM 1978 in Argentinien das deutsche Quartier besucht, sorgt das für einen Riesenskandal.

Form" seiner Spieler umschrieb. Schon damals versuchte *Die Welt* zu ergründen, weshalb die Deutschen eine so prächtige Turniermannschaft bildeten. Die Schlussfolgerung lautete: „Weder physisch noch psychisch" werde anderswo dieser spezifische Geist „so gewissenhaft trainiert wie bei uns".

Jeder Witz und jeder noch so infantile Jungenstreich verklärt sich vor diesem Hintergrund zu einem Mosaiksteinchen des Erfolges. Ob etwa Horst Eckel dem großen Fritz beim Minigolfspiel das Loch zuhält und Fritz Walter seinem Tagebuch in gespieltem Zorn anvertraut: „Ich treffe Anstalten, ihm mit dem Golfschläger den Kopf zu spalten." Oder ob die Mitspieler den auch im Training zu Alleingängen neigenden Helmut Rahn verspotten: „Sollen wir dir einen Ball schenken, damit du einen für dich allein hast?" Rahn stört das nicht. Oft bringt er die Runde mit seinen Sprüchen geschlossen zum Lachen. Wie in der Schweiz soll der begabte Possenreißer zudem als Zimmergenosse von Fritz Walter auch die schwankenden Stimmungslagen des sensiblen Regisseurs auffangen, was ihm meist gelingt.

Nur einmal, als der „Boss" nach dem Erreichen des Halbfinales endlich, wie anno 1954, wieder die Essener Marktfrau gibt („Prima schnittfeste Tomaten heut. Prima Lutsch-Birnen für zahnlose Großmütter!"), folgen nicht, wie vier Jahre zuvor, Schenkelklopfen und Gebrüll. Stattdessen herrscht für einen Moment fast ehrfürchtige Stille. „Nicht sein Inhalt rührt uns an, sondern die Tatsache, dass es ihn wieder gibt", notiert Fritz Walter über diesen Auftritt, „er ist ganz einfach zum Symbol geworden." Zum Symbol für das Wunder von Bern, dessen Neuauflage plötzlich greifbar erscheint.

Mädchen – fürs Auge

Herbergers Unterhaltungsprogramm wird von den Spielern dankbar angenommen. Dass die Zimmer keine Fernseher haben, beklagt niemand. Einmal geht es mit einem Fischkutter zu einer Angeltour auf die Ostsee, einmal lässt der „Chef" eine Trachtengruppe aus dem Schwarzwald auftreten. Hübsche, saubere Mädels sind darunter, sie singen den Fußballern „Lieder aus der Heimat", wie Fritz Walter festhält. Mehr als „etwas fürs Auge" (Rahn) sind sie aber nicht. Herberger, der sich noch immer gern auf die Zeiten an der Sporthochschule für Leibesübungen in der alten Reichshauptstadt Berlin beruft, „wo wir Zucht und Ordnung gelernt haben", hat einen strengen Blick auf seine Männer. Dass er mindestens einen Spieler im Kader hat, dem er neben ungezügeltem Alkoholkonsum „krankhafte Überempfindlichkeit, üble Launen und schlechte Manieren" vorhält – er nennt ihn nicht namentlich –, muss der Pädagoge wie eine Niederlage empfinden.

Überhaupt hat Herberger viel von der alten in die neue Zeit hinübergerettet. Bevor das Team am 2. Juni 1958 von Hamburg aus nach Schweden aufbricht, macht er alles so wie 1940 als Reichstrainer vor einem Länderspiel in Hamburg gegen Dänemark. Man wohnt im Hotel „Europäischer Hof" am Hauptbahnhof und besucht am Abend das Varieté im „Hansa-Theater". Wenn er zur taktischen Schulung und Einstellung auf den nächsten Gegner bittet, ist er auch ein bisschen Feldherr. „Taktik", zitiert Jürgen Leinemann den Bundestrainer in seiner Herberger-Biografie, „ist, wenn wir Clausewitz auf unser Spiel umlegen, die Lehre vom Gebrauch der Mittel, um den Wettkampf zu gewinnen!" Aufgabe der Taktik sei es, die eigenen Schwächen zu verdecken, die Stärken des Gegners „lahm zu legen und seine schwachen Stellen für die eigenen Interessen auszunutzen". Vor dem Gruppenspiel gegen die technisch starken Argentinier predigt er: „Man ist verloren, wenn man die Südamerikaner spielen lässt." Beschneide man solchen Spielern dagegen Zeit und Raum, „kommen sie nicht ins Spiel und werden auch nicht zur Mannschaft". Eine ähnliche Strategie wählt er im Viertelfinale gegen Jugoslawien.

Auch abseits des Rasens kümmert sich der „Chef" um jedes Detail. Er ist Quartiermeister, Buchhalter und Motivator für den Stab, zu dem auch der Chefkoch Josef Bindert und der Masseur Erich Deuser zählen. Einmal, als Herberger Deuser für dessen nimmermüden Einsatz bis nach Mitternacht belobigt, hat der gute Mann vor Freude Tränen in den Augen.

Ein Problem allerdings bekommt auch der Chef kaum in den Griff: 12 000 deutsche Fans haben sich auf den Weg nach Schweden gemacht – „mehr zur Freude der schwedischen Herbergen als des deutschen Herbergers“, wie *Der Spiegel* feinsinnig vermerkt. Sie treten nicht nur in den Stadien lärmend und oft großspurig auf, sie umlagern auch das DFB-Quartier massenhaft. „Wir können keinen Schritt mehr gehen, ohne sofort von den Schlachtenbummlern eingekreist zu werden“, klagt Fritz Walter. „Hilfstrainer“ Georg Gawliczek und Assistent Helmut Schön werden von Herberger abkommandiert, um die Störenfriede zu vertreiben. Schließlich verbietet der Chef seinen Spielern strikt, weiterhin Autogramme zu geben.

Es ist der Preis der Popularität, die für Herberger persönlich am Ende des Turniers ihren absoluten Höhepunkt erreicht, als Zehntausende die deutsche Mannschaft bei der Rückkehr jubelnd in Hamburg empfangen. Er hat den Titel zwar nicht verteidigt, es aber trotzdem allen „Unkenrufern“ gezeigt, die das „Wunder von Bern“ für einen Zufall hielten. Den Zweiflern beim DFB, den Kritikern in den Vereinen und vor allem den Journalisten, die den deutschen Fußball zwischenzeitlich „auf ein provinzielles Niveau abgesunken“ sahen, wie der Kommentator des *Sport-Magazins*. Und auch den vielen ausländischen Kritikern, die ihn wegen der als hart empfundenen Spielweise der Deutschen als „Sensen-Sepp“ beschimpften.

Herberger genießt den vierten Platz fast noch mehr als den WM-Titel vier Jahre zuvor. „Man hat’s oder man hat’s nicht“, schreibt er nieder und fügt selbstgefällig an: „Ich hab’s.“ Wo er auftritt, arbeitet er an der eigenen Legende. Er spricht von „einer großen Leistung, die nicht hoch genug eingeschätzt werden kann“. Von einem „makellosen Triumph“ und von „großer Genugtuung“.

Bei Banken und Sparkassen gibt es sein Porträt jetzt auf Goldmünzen. Er ist endgültig ein volkstümlicher Held namens „Bundes-Sepp“.

Die Ruhe vor dem Sturm: Bundestrainer Sepp Herberger, links stehend, mit seinem Team vor dem WM-Auftaktspiel im Stadion von Malmö. Wie immer ist er ein bisschen Feldherr vor dem Spiel. Seine Strategie hat er einmal so formuliert: die Stärken des Gegners lahmlegen und die schwachen Stellen für die eigenen Interessen ausnutzen. Streng nach Clausewitz.

Der schwedische Stürmer Kurt Hamrin (l.) ist in diesem Spiel kaum zu stoppen. Herbert Erhardt (r.) tut sein Bestes.

Heja und Hass

Die Deutschen gehen im schwedischen Sturm unter. Daheim bricht Hysterie aus.

Die Entscheidung: Nach einem fabelhaften Solo hat Kurt Hamrin (beim Jubeln festgehalten von Gunnar Gren) aus spitzem Winkel das Tor zum 3:1 erzielt.

Von Ludger Schulze

Nun, da Sepp Herbergers „Männer" unter die besten Vier gekommen waren, hatten sie sich die Aufmerksamkeit der (Fach-)Welt verdient. Wir sind wieder wer, hätten sie zum zweiten Mal nach 1954 sagen können, wenn nicht die Kommentare gerade der schwedischen Presse darauf abgezielt hätten, diese deutsche Fußballmannschaft in eine Zeit zurückzuschreiben, die vor 13 Jahren zu Ende gegangen war. Besonders gerne wurden militärische Metaphern benutzt: „Tanks, die alles niederwalzen", hieß es über die Adler-Träger, „Knochenbrecher" oder schlicht und ohne Umschweife: „Kriegsfußballer".

Von ungefähr kam das nicht, denn die Zeitungen in der Bundesrepublik waren mit ähnlicher Münze in Vorleistung getreten. In den Vorschau-Berichten wurde die Halbfinal-Partie gegen die Gastgeber kaum verhohlen als Krieg mit anderen Mitteln betrachtet. Die beiläufige Abwertung der gegnerischen Spieler wurde zur Selbstverständlichkeit, indem man deren Beste als „Fußballsöldner“ oder „Legionäre“ diffamierte. „Legionär“ ist heute eine gebräuchliche Bezeichnung für Auslandsprofi, damals war es ein Ausdruck für Käuflichkeit und charakterlichen Verfall. Das sollte die stärksten schwedischen Spieler treffen, die in der italienischen Serie A mit großem Erfolg aufspielenden Hamrin, Gren, Gustavsson, Skoglund und Liedholm.

In einem Land, in dem ein prominenter Mann wie der evangelische Theologe Helmut Thielicke den geplanten (aber nie zustande gekommenen) Wechsel von Uwe Seeler ins Ausland in einer Predigt als „schwere Sünde“ bezeichnen konnte, waren die Verknüpfung der Begriffe Profi und Ausland doppelter Grund für die Aberkennung jeglicher Ehre. Eine tief sitzende Aversion gegen alles Fremde schwang da mit, vor allem gegen Italien, das soeben seine ersten „Gastarbeiter“ nach Deutschland geschickt hatte. Italien, das war das Synonym für die mediterrane Verschlagenheit einer Nation von Singvogel-Mördern. In kaum einem Bericht fehlte zudem der Hinweis, die, zugegeben, brillanten Schweden seien mehrheitlich „Berufsspieler“, eine subtile Abwertung, in der ein Hauch von Kasino oder Spielhalle mitschwang.

Deutschland – Schweden **1:3 (1:1)**

Göteborg, 24. Juni 1958

Deutschland: Herkenrath, Stollenwerk, Juskowiak, Eckel, Erhardt, Szymaniak, Rahn, Walter, Seeler, Schäfer, Cieslarczyk

Schweden: K. Svensson, Bergmark, Axbom, Börjesson, Gustavsson, Parling, Hamrin, Gren, Simonsson, Liedholm, Skoglund

Tore: 1:0 Schäfer (24.), 1:1 Skoglund (34.), 1:2 Gren (80.), 1:3 Hamrin (89.).
Platzverweis: Juskowiak (59.)

Zuschauer: 49471
Schiedsrichter: Zsolt (Ungarn)

Die deutschen Spieler hingegen wurden zu wahren Musterknaben und unbeugsamen Vertretern des reinen Amateur-Ideals stilisiert: Opfer einer unfair kämpfenden Übermacht, Deutschland gegen den Rest der Welt, wie schon einmal.

Es waren diesmal nicht nur die bei Fußball-Länderspielen üblichen Antipathien, die den Deutschen auf den Tribünen und jenen auf dem Platz entgegenschlugen, sondern es war eine Inszenierung geballten Zorns über diese anmaßenden Deutschen. Eine Stunde vor Spielbeginn, es war sechs Uhr abends im Ullevi-Stadion, heizte eine Lautsprecher-Rede das Publikum auf. In den Kurven des Innenraums, dort, wo Zivilisten normalerweise nichts zu suchen haben, bezogen vier Männer Stellung, eine blaugelbe Dreikronen-Fahne in der einen, ein Megafon in der anderen Hand. Sie übten den Sprechchor ein, der das deutsche Team ängstigen sollte. „Heja Sverige, frisk humör, det ar det, som susen gör! Heja, heja, heja.“ Auf geht’s Schweden, mit Schwung. Jetzt lassen wir’s knallen. Bedrohlich rollte das Gebrüll die Ränge hinauf und kam als peitschendes Echo der 50000 zurück: „Heja, heja, heja“. Blockweise wurde der grollende Chor dirigiert, mal brach das Inferno aus tausenden Kehlen von links auf das Feld herunter, mal von rechts. Bleich vor Schrecken betraten die deutschen Spieler schließlich den Rasen. „Heja, heja, heja“.

Als Schiedsrichter István Zsolt aus Ungarn anpfiff, wirkten Herbergers Spieler verstört; auf 6:0 schraubten die Schweden schnell das Eckenverhältnis, vor Torhüter Herkenraths Kasten spielten sich haarsträubende Szenen ab. Doch mitten in die Offensive hinein fiel das 1:0 – für die Deutschen. Hans Schäfer hatte eine Flanke von Uwe Seeler direkt verwandelt. Für einen Moment erstarb das Heja-Heja, brach dann aber mit um so größerer Vehemenz wieder los. Die Deutschen hatten freilich nun ihr Selbstbewusstsein wiederentdeckt, Fritz Walter schüttelte die Last seiner 37 Jahre ab und schlug punktgenaue Pässe, doch gerade als die Deutschen das Heft in die Hand zu nehmen schienen, kam der Gegenschlag, Linksaußen Skoglund nutzte ein Zögern der Hintermannschaft zum Ausgleich. Handspiel wollten die deutschen Kicker und ihre Anhänger im Publikum gesehen haben.

Das eigentlich Drama nahm nach der Pause seinen Lauf. 59. Minute: Wieder einmal narrt Kurt „Kurre“ Hamrin seinen schwerfälligen Gegenspieler Juskowiak, es kommt zu einem Gerangel, Hamrin tritt ein bisschen zu, der Düsseldorfer revanchiert sich. Hamrin war bekannt für seine Schauspielkünste und diesmal zog er alle Register, wälzte sich so lange theatralisch am Boden, bis

Herbergs Halbfinal-Elf (v.l.): Schäfer, Herkenrath, Eckel, Szymaniak, Rahn, Cieslarczyk, Walter, Stollenwerk, Seeler, Erhardt, Juskowiak.

Zsolt den Deutschen mit großer Geste des Feldes verwies. 15 Minuten später fiel die Entscheidung: Außenläufer Parling traf Fritz Walter beim Tackling am Knöchel, der Kapitän sank zu Boden, wurde vom Platz getragen und kehrte auf den Rechtsaußenposten zurück, wo er dem Schlusspfiff entgegenhumpelte. Gegen neun Kontrahenten hatten die Schweden leichtes Spiel, Gren und Hamrin stellten auf 3:1, Schweden war im Finale, Deutschland im Endspiel der Besiegten um Platz drei.

Gleich danach erfolgte ein wütender Aufschrei der deutschen Volksseele, 13 Jahre lang mühsam gebändigter Chauvinismus und unter dem Mantel des wirtschaftlichen Aufschwungs versteckter Fremdenhass brachen sich Bahn. Vier Jahre zuvor glaubten sie durch den Titel von Bern zurückgefunden zu haben an den Tisch der Völkergemeinschaft, nun offenbarte ein nicht unbeträchtlicher Teil der Bevölkerung das proletenhafte Gebaren von Parvenüs. Sportreporter Gerd Krämer sprach vielen aus der Seele, als er in seinem Buch „Im Dress der elf Besten" die Anfeuerung des Publikums für das eigene Team als Verstoß gegen die guten Sitten geißelte: „50 000 Schweden haben sich vorbeibenommen ... Und dabei waren unter den 50 000 fast lauter ehrsame Bürger, viele gutmütige Familienväter, die zu Hause der Frau beim Geschirrspülen helfen und ihre Kinder huckepack tragen."

Kampfgetümmel: Von Einpeitschern mit Megafon (oben) ermuntert, treiben die Schweden ihr Team nach vorn. Unten, links: Torwart Herkenrath wirft sich einem Angriff entgegen, rechts Uwe Seeler beim Torschuss.

Der erste Repräsentant des Deutschen Fußball-Bundes, Präsident Peco Bauwens, der schon 1954 durch eine vaterländische Rede unangenehm aufgefallen war, heizte die aggressive Stimmung an. „Was hier passiert ist, grenzt an Volksverhetzung, nie mehr werden wir dieses Land betreten, nie mehr gegen Schweden spielen."

Beinahe schüchtern meldeten sich einige besonnene Stimmen zu Wort wie jene von Bundestrainer Herberger, der den Siegern in sportlicher Fairness gratulierte. Überhaupt waren die Beteiligten die Zurückhaltendsten, beispielsweise Helmut Rahn, der in seinen Memoiren davon berichtete, ihm habe „der Zirkus" auf den Rängen nichts anhaben können: „Ich dachte nur an das Spiel, da konnte schreien und pfeifen, wer wollte." Auch das vermeintlich himmelschreiende Unrecht an Juskowiak hatte Rahn ganz anders im Kopf. „Hamrin", schrieb er, „stellte Erich Juskowiak an diesem Tag vor ein unlösbares Problem. Und weil Jus das spürte, wurde er wütend und ließ sich zu seiner berühmt gewordenen Affekthandlung hinreißen." Selbst für den Fall, dass Referee Zsolt Gnade vor Recht hätte ergehen lassen, sah Rahn schwarz für seinen Kollegen: „... Hamrin hätte immer einen Weg an ihm vorbei gefunden."

Die deutsche Öffentlichkeit aber rieb sich vor allem am Ungarn István Zsolt, dem die niederträchtigsten Motive unterstellt wurden, um den deutschen Fußball an einem weiteren Triumph zu hindern. Der Ungar habe sich für das 3:2 von Bern rächen wollen, meinten die einen, während andere in ihm einen finsteren Kommunisten von jenseits des Eisernen Vorhangs sahen, mit dem Dolch unter dem schwarzen Kittel, um das im Feld unbesiegte deutsche Fußballkommando aus dem Hinterhalt zu meucheln.

Deutschland wurde von einer Welle nationaler Hysterie erfasst, die nicht einmal vor kriminellen Handlungen Halt machte. Auf den Parkplätzen der Autobahn-Raststätten zerstach man Autos mit dem Kennzeichen „S" die Reifen, skandinavischen Touristen, die auf dem Weg in den Süden waren, verweigerte man an den Tankstellen das Benzin. Restaurants entblödeten sich nicht, die „Schwedenplatte" von der Speisekarte zu nehmen, beim Aachener Reitturnier holten ein paar Jugendliche nachts die schwedische Fahne vom Mast.

Bis ins Rotlichtviertel der Hamburger Reeperbahn reichte der Volkszorn: „Schweden unerwünscht" hatten Liebesmädchen auf Pappschilder gemalt. Untermalt wurde der Chor der Schreihälse von einer Presse, die alles vergessen hatte, was sie an demokratischer Erziehung genossen hatte.

Besonders aus den Kommentaren der *Saar-Zeitung* war förmlich der Geifer herauszulesen, der den Autor gepackt hatte. Der Schreiber hatte

Ein beklemmender Sturm des Chauvinismus

aus den Heja-Sprechchören „den Grundton abgrundtiefer Gehässigkeit herausgehört, wenn nicht den Grundton eines Hasses, der sich nicht nur gegen die deutschen Fußballspieler richtete, sondern gegen die Deutschen schlechthin". Und weiter: „Das offizielle Schweden hat hämisch genießend zugelassen, dass rund 40000 Repräsentanten eines Volkes, das sich nie über nationale oder völkische Durchschnittsleistungen erhoben hat, den Hass über uns auskübelte, der nur aus Minderwertigkeitskomplexen kommt." Und wie besoffen von der eigenen Häme schließt das Blatt in einem Stil, der dem des nationalsozialistischen *Stürmers* kaum nachsteht: „Es ist der Hass eines Volkes, dem man das Schnapstrinken verbieten muss, weil es sonst zu einem Volk von maßlosen Säufern würde."

Für einige Tage herrschte im Land ein beklemmendes Klima, das die Politiker nicht aufzuhellen vermochten. Bundeskanzler Konrad Adenauer hatte gleich nach dem Spiel seine innere Verbundenheit mit der Mannschaft per Telegramm ausgedrückt, ansonsten schwieg er das Thema, das zu diplomatischen Wirrungen hätte führen können, lieber tot. Von einem energischen Versuch, die Stimme der Vernunft inmitten des Sturms der Chauvinisten zu erheben, ist nichts bekannt. Deutschland befand sich im Fußballrausch, wie der *Spiegel* beobachtet zu haben glaubte; das Interesse der Menschen habe sich auf den grünen Rasen verengt, schließlich erregte „der Sturz des armen Fritz die Bundesbürger mehr als der Sturz der Vierten Republik" des General de Gaulle in Frankreich. „Eine Rahn-Bombe", formulierte das Magazin, „ließ sie alle A-Bomben vergessen." Deutschland spielte, für ein paar Tage, verrückt.

Rudelbildung sagt man dazu heute: Kurt Hamrin (5.v.l., im Vordergrund) zeigt die Wunde am linken Knie, die ihm offensichtlich Erich Juskowiak (Nr. 3) zugefügt hat. Schiedsrichter Zsolt, ganz rechts, lässt sich nicht beirren. Juskowiak wird des Feldes verwiesen.

„Es war wie ein Begräbnis"

Erich Juskowiak wird das Trauma von Göteborg sein Leben lang nicht los. Er leidet bis zu seinem frühen Tod mit 56.

Von Moritz Kielbassa

Wenn Erich Juskowiak wüsste, wie gläsern das Leben bekannter Fußballer heutzutage ist, welche belanglosen Verfehlungen genügen, um die Klatschspalten der bunten Presse zu füllen – dann wäre er vermutlich froh, dass ihm diese Form von Sensationsgier erspart geblieben ist. Juskowiak, Linksverteidiger der deutschen 58er-Elf, kämpfte zeitlebens mit Tiefschlägen und Turbulenzen. Zum strahlenden Helden taugte er nicht, trotz großer fußballerischer Begabung, seine Rolle wurde die der tragischen Figur. In Erinnerung geblieben sind die dunklen Kapitel seiner Vita: Rotsünder im WM-Halbfinale von Schweden, unehrenhaftes Karriere-Ende in Düsseldorf, später Probleme mit der Justiz. Er starb 1983 nach einem Herzinfarkt am Steuer.

Der DFB verlieh Juskowiak bei der WM 1958 die „Silberne Ehrennadel" – beim Bankett nach der Niederlage gegen die Gastgeber. Eine fragwürdige Auszeichnung, denn just der neue Würdenträger hatte zuvor in der hasserfüllten Partie die Beherrschung verloren. Provoziert vom Schweden Hamrin, wegen Nachtretens des Feldes verwiesen, damit Hauptverursacher einer Niederlage mit Geschichtswert. Reuig leistete der Buhmann beim Trainer Abbitte: „Wir haben den WM-Titel durch meine Schuld verloren. Ich möchte mich bei Herrn Herberger entschuldigen."

In der Erinnerung blieb Juskowiak der „Sünder von Göteborg", der mit seinem Tritt gegen Kurt Hamrins Knie (den nie eine Filmaufnahme bewies) die „Teilnahme am Endspiel auf dem Gewissen" hatte, wie die Münchner *Abendzeitung* anklagte. Jahrzehnte später zog ein zynischer WM-Chronist sogar Parallelen zum Kolumbianer Escobar, den die Wettmafia 1994 wegen eines Eigentors erschießen ließ. Auf minder drastische, aber ähnliche Weise sei auch Juskowiak ein tragischer Blackout auf dem Fußballplatz zum Lebensverhängnis geworden, ein „schwarzer Tag", der alles verdarb. Nie mehr wurde der niederrheinische „Hammer", wie ihn die Fans wegen seiner Schusskraft nannten, die Schatten von Göteborg los, bis zu seinem Tod mit 56.

Das schnellste Oberliga-Tor der Geschichte, nach zehn Sekunden, hatte Juskowiak 1949 erzielt, noch als junger Stürmer für Rot-Weiß Oberhausen, gegen Hamborn 07. Zum Abwehrspieler umgeschult, lud ihn Sepp Herberger zwei Jahre später zum Länderspieldebüt gegen Luxemburg ein. Doch erst in der Nachfolgerelf der „Helden von Bern" fand Juskowiak einen festen Platz im Nationalteam. In Schweden spielte er eine gute WM – bis Göteborg. „Eine Affekthandlung, Fehlen ist menschlich", schrieb Jahre später der Boss, Helmut Rahn, über das Malheur seines Teamkollegen. Juskowiak empfand das allgemeine Schweigen nach dem Spiel in der Kabine als quälenden Schuldspruch: „Es war wie ein Begräbnis, als ließen sie mich langsam in einem Sarg hinunter."

Dem robusten Modellathleten fehlte fortan die innere Balance. Direkt nach der WM lehnte Juskowiak eine Länderspiel-Einladung ab („ich schaffe das nicht"), nur noch fünfmal trug er 1959 das DFB-Trikot. Sepp Herbergers gut gemeinter Rat, Göteborg möglichst schnell zu vergessen, half „Jus" nur kurzzeitig. Mit der Düsseldorfer Fortuna, für die er seit 1953 ununterbrochen spielte, ging es abwärts in die Zweite Liga West. In einem Spiel gegen Bottrop zoffte sich Juskowiak mit Zuschauern, verließ trotzig den Platz – und kehrte nie wieder zurück.

Trost für den Untröstlichen: Juskowiak (M.), vom Feld geleitet von Fritz Walter (l.) und Hans Schäfer.

Juskowiak handelte danach mit Tabakwaren, wechselte später in die Reinigungs- und Stahlbranche. Zweimal kam er in den sechziger Jahren vor Gericht, weil er Kinder unsittlich belästigt haben soll. Die Vorwürfe waren schwer zu belegen, der zweite Prozess endete mit einer Bewährungsstrafe. Als eine TV-Zeitung 1982 ein Versöhnungstreffen Juskowiaks mit Kurt Hamrin arrangierte, nahm man öffentlich zum letzten Mal Notiz von ihm.

Tränen und Champagner

Frankreichs Brasilien-Trilogie, Teil I: Kopa und Fontaine gehen wegen Pelés drei Toren unter. Ein Beinbruch wird zur Legende.

Muss einem Torwart da nicht angst und bange werden? Claude Abbès wirft sich ebenso tapfer wie vergeblich in den Gewaltschuss von Vavá. 1:0 für Brasilien, nur zwei Minuten gespielt. Der Torreigen ist eröffnet.

Erst unter dem Eindruck von Zinédine Zidane und dem ersten WM-Gewinn 1998 im Finale gegen Brasilien, so heißt es, sei Frankreich zu einem wirklichen Fußballland geworden. Das ist natürlich nur die halbe Wahrheit. Auch die Generation um Michel Platini zog das Land in ihren Bann. Sie gewann den Europameistertitel 1984, doch blieb sie vor allem in Erinnerung durch ein Spiel ebenfalls gegen Brasilien: das hochklassige, auf dramatische Weise im Elfmeterschießen gewonnene Viertelfinale der WM 1986 (das auch nicht entwertet wurde durch die Halbfinalniederlage gegen Deutschland). Und diese beiden Spiele gegen Brasilien haben einen historischen Vorläufer aus dem Jahre 1958. Frankreich – Brasilien, Teil I der Trilogie, lief mit Raymond Kopa und Just Fontaine in den Hauptrollen und endete mit einem ebenfalls von Legenden umwobenen 2:5.

So groß die Skepsis gewesen war, als die französische Mannschaft nach Schweden aufgebrochen war, so groß war nun die Begeisterung nach dem erstmaligen Halbfinaleinzug einer „Équipe tricolore“. Menschentrauben umlagerten die Fernsehgeschäfte, die in ihren Auslagen das Spiel aus Stockholm zeigten. Nie zuvor hatte ein Fußballspiel Frankreich derart bewegt wie dieses. Der in Frankreich damals gerühmte „Champagner-Fußball“, den der nationale Meister Stade Reims zelebrierte, feierte seinen Siegeszug nun auch bei der WM.

Das Halbfinale stand unter aus heutiger Sicht kurios anmutenden Voraussetzungen. Die als Zauberer gerühmten Brasilianer waren als einzige Mannschaft ohne Gegentor ins Halbfinale eingezogen. Die Franzosen dagegen hatten bis dahin die meisten Treffer im Turnier geschossen und verfügten in dem Duo Kopa-Fontaine über eine wahre Tormaschine. Doch was die Südamerikaner im Rasundastadion an Angriffswirbel boten, übertraf alle Erwartungen. Elf perfekte Techniker zauberten sich ins Finale. Da hätte vermutlich auch ein gesunder Abwehrchef Robert Jonquet, der in der 35. Spielminute beim Stand von 1:1 verletzt wurde und nur noch als Statist über den Platz humpelte, den Franzosen nicht zum Sieg verholfen. Allerdings hatte seine Verletzung durchaus Einfluss auf das Spiel.

Eine ganz neue Erfahrung für die Brasilianer, im Bild Orlando (l.) und Nílton Santos: Erstmals in diesem Turnier ist der Ball in ihrem Netz. Die Franzosen wehren sich. Es entwickelt sich ein spektakulärer Schlagabtausch.

Mit einem Pass von Raymond Kopa zieht Just Fontaine auf und davon, umspielt Brasiliens Torwart Gilmar und trifft zum 1:1.

Jonquet selbst war es gewesen, der den Brasilianern kurz nach Spielbeginn das Führungstor auflegte. Garrincha fing seinen Querpass ab und flankte auf Vavá. Der Mittelstürmer nahm den Ball mit der Brust an und hämmerte ihn an Torwart Claude Abbès vorbei zum 1:0 ins Netz. Die Franzosen ließen sich nicht unterkriegen, wieder führte der übliche Spielzug zum Erfolg. Raymond Kopa auf Just Fontaine, der umspielte sogar noch Torwart Gilmar, ehe er den Ball ins Netz schob. Erstmals in diesem Turnier war Gilmar geschlagen, die Brasilianer verloren für 20 Minuten den Faden und hatten in dieser Phase Glück, dass Fontaine und Kopa Chancen zur Führung vergaben. Doch dann rissen die Brasilianer das Spiel mit Macht wieder an sich. Mario Zagallo hätte mit einem gewaltigen Schuss um ein Haar das 2:1 erzielt. Der Ball prallte von der Unterkante der Latte auf die Linie, von dort wieder an die Latte und dann zurück ins Spielfeld. Wenig später kam es zum folgenschweren Zusammenstoß zwischen Jonquet und dem Brasilianer Vavá. Jonquet musste das Feld verlassen, und kaum war er draußen, zog Brasiliens Spielmacher Didí aus 20 Metern Torentfernung hart und platziert ab. Vom Querbalken rauschte der Ball zum 2:1 ins Netz .

Brasilien – Frankreich 5:2 (2:1)

Stockholm, 24. Juni 1958

Brasilien: Gilmar, de Sordi, Bellini, Orlando, Nílton Santos, Zito, Didí, Garrincha, Vavá, Pelé, Zagallo

Frankreich: Abbès, Kaelbel, Jonquet, Lerond, Penverne, Marcel, Wisnieski, Fontaine, Kopa, Piantoni, Vincent

Tore: 1:0 Vavá (2.), 1:1 Fontaine (9.), 2:1 Didí (39.), 3:1, 4:1, 5:1 Pelé (52., 64., 75.), 5:2 Piantoni (82.)

Zuschauer: 27 100
Schiedsrichter: Griffiths (Wales)

In der Halbzeitpause erledigten sich die französischen Hoffnungen, Jonquet könne auf die Zähne beißen und nach Wiederanpfiff die Abwehr wieder ordnen: Er hatte sich, die Diagnose war eindeutig, das Wadenbein gebrochen. Jonquet, Jahrgang 1925, war Abwehrchef von Stade Reims, der damals überragenden französischen Vereinsmannschaft. Stade bildete das Gerüst der Nationalmannschaft und stellte auch deren Trainer, Albert Batteux. Die Mannschaft von Batteux hatte 1956 das erste Finale im Landesmeister-Europacup erreicht und durfte in Paris Real Madrid herausfordern. Die Franzosen führten 2:0 und bis zehn Minuten vor Schluss noch 3:2, ehe die Spanier das Blatt zum 4:3-Sieg wendeten. Real warb nach diesem Spiel den Mittelstürmer der

Franzosen ab. Raymond Kopa zog es zu den Königlichen.

Und nun gingen die Franzosen also in die zweite Halbzeit ohne ihren Antreiber. Jonquet erlebte, weil Auswechslungen damals nicht gestattet waren und er die Mannschaft nicht im Stich lassen wollte, das folgende Debakel unter Tränen auf der Position des Linksaußen. „Ohne diese Verletzung von Robert wäre das Spiel ganz anders gelaufen", schrieb Raymond Kopa später in sein Tagebuch. Nicht alle Franzosen teilten diese Meinung. Verteidiger Raymond Kaelbel urteilte unter dem Eindruck des brasilianischen Angriffswirbels: „Das ist die mit Abstand beste Mannschaft der Welt."

Es begann nach Wiederanpfiff die Zauberstunde des 17-jährigen Pelé, der im Viertelfinale mit dem entscheidenden Tor zum 1:0 gegen Wales, seinem ersten WM-Treffer, für Aufsehen gesorgt hatte. Innerhalb von 23 Minuten traf er dreimal ins Tor. Das 3:1 erzielte er, nachdem Torwart Abbès einen Schuss von Zagallo nicht hatte festhalten können, das 4:1 per Kopf nach einer Flanke von Vavá, das 5:1 mit einem prachtvollen Distanzschuss. Ein Hattrick in einem WM-Halbfinale, Pelé war damit endgültig zu einem Star geworden. Den tapfer kämpfenden Franzosen blieb es immerhin vorbehalten, den Torreigen acht Minuten vor Schluss zu beenden. Roger Piantoni traf mit einem Flachschuss nach Freistoß-Vorlage von Kopa.

Die Franzosen hatten sich ehrenvoll aus dem Spiel verabschiedet und sollten ihre grandios gespielte WM mit einem 6:3-Sieg im Spiel um Platz drei gegen die Deutschen krönen. Für die herausragende Klasse der damaligen Mannschaft spricht, dass Robert Jonquet, Armand Penverne, Just Fontaine, Roger Piantoni und Jean Vincent – fünf Spieler aus der Halbfinal-Elf – unter Trainer Batteux im Jahr darauf erneut mit Stade Reims das Landesmeister-Finale erreichten. Sie scheiterten mit einer 0:2-Niederlage in Stuttgart erneut an Real Madrid.

Für Frankreichs Nationalteam aber brachen dürre Zeiten an; erst die Generation Platini sorgte wieder für Furore. Albert Batteux, Schöpfer des „Champagner-Fußballs", sollte den WM-Triumph von 1998 über Brasilien noch erleben. Er starb 2003 im Alter von 83 Jahren.

Die Franzosen sind 2:5 bezwungen, aber nicht geschlagen. Sie haben zu einem der spektakulärsten und besten WM-Spiele ihren Beitrag geleistet. Und ihr Traumduo Kopa/Fontaine hat auch gegen den späteren Weltmeister Spuren hinterlassen. Im Bild: Just Fontaine auf dem Weg zum 1:1.

Garrincha und sein Radio

Die meisten Anekdoten, die sich um die brasilianische Mannschaft der WM 1958 ranken, handeln von Garrincha. Erst am Morgen vor dem jeweiligen Spiel, so wird berichtet, habe er sich erkundigt, gegen welche Mannschaft es denn gehe. Als Trainer Vicente Feola lang und breit die Taktik erklärte und dann Garrincha fragte, ob er alles verstanden habe, soll der geantwortet haben: Ja – aber ob denn das auch mit dem Gegner abgesprochen sei?

An einem spielfreien Tag in Schweden schließlich soll Garrincha ein Radiogerät modernster Prägung für umgerechnet 100 Dollar gekauft haben. Doch die Freude darüber währte nur kurz, die Geschichte geht so: Mário Américo, der Medizinmann der Brasilianer, sagte: „Was willst du damit? Das Gerät spricht doch nur Schwedisch. Man wird dich zu Hause auslachen." Garrincha, verzweifelt, bat um Hilfe, und Américo bot sich an: „Ich kauf' dir das Gerät für 40 ab. Über mich wird niemand lachen, denn ich bin nicht so wichtig wie du." So wurde Garrincha das Radiogerät los, das nur Schwedisch konnte.

„Unser schöner Pokal ...“

Die Deutschen sind nach sechs Gegentoren endgültig fertig mit dieser WM. Doch der Empfang in der Heimat ist triumphal.

Sepp Herberger hatte nach der bitteren Niederlage gegen Schweden Mühe, seine Mannschaft noch einmal auf Kurs zu bringen für das Spiel um Platz drei. Während in Deutschland eine Welle der Empörung dem vermeintlichen Skandalspiel folgte und sich mancherorts Schweden-Hass breit machte, lebte der Bundestrainer seiner Mannschaft vor, was es heißt, in der Niederlage Größe zu zeigen. „Ihr habt keinen Grund, so niedergeschlagen zu sein“, sagte er noch in der Kabine nach dem Halbfinale. „Nicht wir, die Schweden sind im Endspiel. Findet euch so schnell wie möglich damit ab.“ Dem Genörgel über Gegner, Publikum und Schiedsrichter setzte er beim Essen entgegen: „Ich bin stolz auf euch. Was ihr geleistet habt, kann sich sehen lassen.“ Er fand zunächst wenig Gehör.

Herberger setzt im letzten Spiel auf frische Leute, doch die erleben ein Debakel: Hans Sturm (linkes Bild) bekommt französische Härte zu spüren. Karl-Heinz Schnellinger (im Bild oben) muss auf der Linie einen Ball passieren lassen. Wieder ein Gegentor.

Um die schlechte Laune zu vertreiben, setzte er anderntags eine Fahrt nach Göteborg samt Einkaufsbummel an. Die Spieler machten sich missmutig auf, Souvenirs zu erstehen, und jeder zweite kehrte mit einem Aschenbecher zurück. Auf der Rückfahrt stieg die Stimmung schon wieder, wie üblich sangen sie ihr Lieblingslied, allerdings leicht abgewandelt. „So wie es früher war, so wird es wieder“, hatten sie seit Beginn des Turniers geträllert, um die Erinnerung an den Titelgewinn in der Schweiz 1954 zu beschwören. Jetzt sangen sie den Originaltext des Schlagers: „So wie es früher war, so wird's nie wieder.“ Und Fritz Walter, schwer am Knöchel verletzt, erklärte nach seinem 61. Länderspiel dem Bundestrainer: Dies sei nun definitiv sein letztes gewesen.

Die Melancholie, die sich breit machte, ist wohl ein Grund für die 3:6-Schlappe im Spiel um den dritten Platz gegen Frankreich gewesen. Ein weiterer war die Kraft raubende Spielweise der Deutschen in diesem Turnier, ein dritter die Serie von Verletzungen aus dem knüppelharten Spiel gegen Schweden. Weil auch der gesperrte Verteidiger Erich Juskowiak fehlte, entschloss sich Sepp Herberger zu einem kompletten Umbau seiner Mannschaft. Heinrich Kwiatkowski durfte im Tor Fritz Herkenrath ersetzen – eine zweifelhafte Ehre, wie sich erweisen sollte. Herbert Erhardt ersetzte Juskowiak als rechten Verteidiger, Erhardts Mittelläufer-Position übernahm der Essener Kollege Heinz Wewers. Karl-Heinz Schnellinger spielte im Mittelfeld anstelle Eckels, den verletzten Walter ersetzte Hans Sturm. Und auch Uwe Seeler, am Ende seiner Kräfte, musste das letzte Spiel auf der Tribüne verfolgen; für ihn durfte der Dortmunder Alfred Kelbassa den

Mittelstürmer geben. Große Hoffnungen machte sich niemand.

Das vermeintlich letzte Aufgebot der Deutschen wäre um ein Haar sogar in Führung gegangen. Nach einer Flanke von Linksaußen Hans Cieslarczyk ließ Torwart Claude Abbès den Ball in der fünften Minute ins Tor gleiten. Doch Schiedsrichter Juan Brozzi aus Argentinien entschied auf Freistoß für Frankreich. Angeblich hatte der rutschende Kelbassa den Torwart behindert. Doch selbst die Franzosen wunderten sich über den Pfiff Brozzis, der im deutschen Lager schon wieder Verschwörungstheorien aufkommen ließ. Als Argentinier habe er die 1:3-Niederlage seiner Landsleute im ersten Spiel gegen die Deutschen rächen wollen, hieß es. DFB-Präsident Peco Bauwens tat sich erneut mit unrühmlichen Kommentaren hervor: „Von einem sauberen und harten Spiel weiß dieser Mann nichts, weil man unsere gesunde und erlaubte Härte in Südamerika nicht kennt." Der DFB hatte vor dem Spiel sogar Protest gegen die Nominierung Brozzis eingelegt.

Angesichts des Endstandes von 6:3 erübrigten sich solche Debatten eigentlich. Allerdings wunderten sich auch neutrale Beobachter über die seltsame Spielleitung von Brozzi. Nach Just Fontaines 1:0 und Cieslarczyks Ausgleich gab der Argentinier einen zweifelhaften Foulelfmeter, den Raymond Kopa zum 2:1 für Frankreich verwertete. Die Empörung der Deutschen hatte ihren Ursprung jedoch in einer Entgleisung von Raymond Kopa in der zweiten Halbzeit.

Deutschland – Frankreich 3:6 (1:3)

Göteborg, 28. Juni 1958

Deutschland: Kwiatkowski, Stollenwerk, Erhardt, Schnellinger, Wewers, Szymaniak, Rahn, Sturm, Kelbassa, Schäfer, Cieslarczyk

Frankreich: Abbès, Kaelbel, Lerond, Penverne, Lafont, Marcel, Wisnieski, Douis, Kopa, Fontaine, Vincent

Tore: 0:1 Fontaine (15.), 1:1 Cieslarczyk (19.), 1:2 Kopa (26. Elfmeter), 1:3 Fontaine (36.), 1:4 Douis (50.), 2:4 Rahn (52.), 2:5 Fontaine (77.), 3:5 Schäfer (83.), 3:6 Fontaine (89.)

Zuschauer: 32 482
Schiedsrichter: Brozzi (Argentinien)

Der Franzose hatte in den ersten 45 Minuten gegen Wewers nach Belieben aufspielen können und war an allen französischen Toren beteiligt gewesen. Danach setzte Herberger den bissigen Szymaniak auf ihn an. Der raubte dem Franzosen offenbar den Nerv. Nach einem harmlosen Foul von Szymaniak verweigerte Kopa dem Deutschen den angebotenen Handschlag. Als Szymaniak sich abwandte, lief ihm Kopa hinterher und sprang ihm mit dem Knie voran mit voller Wucht in den Rücken. Die Deutschen forderten Platzverweis, so etwas wie Wiedergutmachung für die Hinausstellung von Juskowiak im Halbfinale. Anders als der Schwede Hamrin rappelte sich Szymaniak jedoch sofort wieder auf, und nur mit Mühe konnte der offenbar verwirrte Brozzi davon abgehalten werden, den Deutschen vom Platz zu stellen.

4:2 führten die Franzosen zu dem Zeitpunkt, nach grandios herausgespielten Toren, doch Rahns Treffer – sein sechstes Tor in diesem Turnier – hatte noch einmal deutsche Hoffnungen geweckt. Nach der umstrittenen Szene mit Kopa ließ Herbergers Mannschaft allen Mut sinken.

Just Fontaine erzielte noch zwei Treffer und sicherte sich mit insgesamt 13 Toren die Krone des Torjägers bei dieser WM. Mehr Tore hat bis heute niemand bei einer WM geschossen. Der unglückliche deutsche Torwart Kwiatkowski stellte hingegen einen besonderen deutschen Rekord auf. In zwei WM-Spielen kassierte er 14 Tore: acht im Vorrundenspiel gegen Ungarn 1954, nun sechs gegen die Franzosen. Und Fritz Walter, der das Spiel auf der Tribüne sah, musste sich hinterher noch einen besonderen Glückwunsch von einem schwedischen Zuschauer gefallen lassen: „Deutschland, Deutschland über alles ... Deutschland kaputt!" Walters Kommentar: „Du blöder Hund."

Die Deutschen waren nun endgültig fertig mit dieser Weltmeisterschaft. Herberger hatte Mühe, die Schweden-Expedition zu einem friedlichen Abschluss zu bringen. Die Spieler weigerten sich zunächst, zum internen Abschlussbankett Anzug und Krawatte zu tragen, weil es

Unverhofft trifft die Mannschaft die Begeisterung in der Heimat: Horst Eckel (l.) und Fritz Walter an der Seite ihrer Gattinnen beim Empfang in Kaiserslautern.

nichts zu feiern gebe. Doch wie üblich bei Fußballmannschaften wendete der Genuss von alkoholischen Getränken die Stimmung sehr bald.

Fritz Walter musste seinen Zimmerkollegen Helmut Rahn am anderen Morgen mit einem Glas kaltem Wasser – ins Gesicht geschüttet – wecken. Schon am 29. Juni, dem Tag des Finales, trat der deutsche Tross die Heimreise an. Bevor die Mannschaft den Bus bestieg, der sie zum Bahnhof nach Malmö brachte, tanzte Rahn für die Kollegen noch einen Boogie-Woogie.

Chaos in Hamburg

Dass die Deutschen nicht zum Finale nach Stockholm reisten und dort am Abschlussbankett teilnahmen, brachte ihnen den Vorwurf ein, sie seien schlechte Verlierer. Die DFB-Funktionäre wehrten sich aber mit der Begründung: Sie hätten ihre Reisedispositionen schon getroffen, als sie vom schwedischen Verband – reichlich spät nach dem Halbfinale – eine Einladung erhielten. Und ein Empfang im Hamburger Senat war schon für den folgenden Montag anberaumt. Vor der Abfahrt des Zuges in Malmö sahen die Deutschen am Fernseher noch ein paar brasilianische Tore gegen die Schweden. „Unser schöner Pokal“, klagte Fritz Walter, „er geht nach Südamerika.“

Als die Mannschaft in Großenbrode die Fähre verließ und den Zug Richtung Hamburg bestieg, wurde sie von Tausenden Menschen begrüßt. Sie feierten die Spieler mit Sprechchören, vor allem „Uwe, Uwe“. Chaotische Ausmaße nahm der Empfang am Hamburger Hauptbahnhof an. Die Spieler, einige schwer derangiert, traten buchstäblich die Flucht an. Die Trainer Sepp Herberger und Helmut Schön steckten in den Menschenmassen fest, Schön wurde sogar umgerissen. Endlich im Hotel angelangt, musste sich der deutsche Tross immer wieder auf dem Balkon zeigen. Und die Menschenmenge sang: „Aber eins, aber eins, das bleibt bestehn: Der deutsche Fußball wird nicht untergehn.“

„Lieber Gott, bitte nicht zweistellig“

Für die Dortmunder Fans ist er immer „der Heini“ gewesen, bis ins hohe Alter ein Idol. Das will etwas heißen, schließlich stammt Heinrich Kwiatkowski, Jahrgang 1926, aus Gelsenkirchen. Der Torwart, der im Nationalteam bei den zwei Weltmeisterschaften 1954 und 1958 eher traurige Berühmtheit erlangte, spielte zunächst für Schalke 04, später für Rot-Weiß Essen, ehe er 1952 zu Borussia Dortmund stieß.

Seine Beliebtheit gründet auch auf seinem Charakter. „Wir waren Spieler zum Anfassen“, sagte Kwiatkowski in einem Interview. „Manchmal warteten nach einem Spiel 60 Kinder, wollten Autogramme. Wegschicken konnte ich keinen.“ 2003, kurz bevor sich das Wunder von Bern zum 50. Mal jährte und gleichzeitig der BVB durch eine finanzielle Krise schlitterte, wurde er zum „Borussen des Jahres“ gewählt.

Kwiatkowskis Name steht für die große Ära des BVB in den fünfziger Jahren, in denen der Verein zwei Meistertitel nacheinander holte. 1956 und 1957, das Double gewinnt besondere Bedeutung dadurch, dass die Borussia in den beiden Jahren mit exakt der gleichen Aufstellung das Finale gewann, erst 4:2 gegen den Karlsruher SC, dann 4:1 gegen den Hamburger SV.

Der junge Nationalspieler Alfred „Aki“ Schmidt, schon Stammkraft, musste 1957 gegen den HSV sogar zuschauen, damit Geschichte geschrieben werden konnte mit folgender Aufstellung: Kwiatkowski, Burgsmüller, Sandmann, Schlebrowski, Michallek, Bracht, Peters, Preißler, Kelbassa, Niepieklo, Kapitulski.

Um so ernüchternder musste Kwiatkowski, berüchtigt für seine grandiose Faust-Abwehr im Strafraum, seine Nationalteam-Karriere vorkommen. 1954 setzte ihn Bundestrainer Sepp Herberger im berüchtigten Vorrundenspiel gegen die Ungarn ein. Das 3:8 war sein erstes A-Länderspiel, und Kwiatkowski ist sicher, heutzutage bräuchte ein Spieler nach so einem Debakel einen Psychologen. „Ich habe den lieben Gott angefleht, lass es bitte nicht zweistellig werden, was gut und gerne hätte passieren können.“ Kwiatkowski zählte 1954 zu den Helden der zweiten Reihe. „Den Geist von Spiez verkörperten 22, den Rahm abgeschöpft haben elf.“

Nach seinem vierten, und letzten, Länderspiel hatte Kwiatkowski 1958 genug vom Nationalteam. Nach dem 3:6 gegen Frankreich im Spiel um den dritten Platz stand Kwiatkowski mit 14 Gegentoren in zwei WM-Spielen da. Das Verhältnis zu Sepp Herberger beschrieb Kwiatkowski als „eher lose“.

Im Nationalteam ein Unglücksrabe und Opfer von Herbergers Taktik, in Dortmund ein Held: Heinrich Kwiatkowski in einer Aufnahme aus dem Jahr 2003.

Stop, Kurt!

Mit seinen Flankenläufen hat Kurt Hamrin (l.) die Schweden in das Finale geführt. Nun ist er am Ende seines Weges angelangt, und mit ihm die ganze Mannschaft. Diese Brasilianer können nicht nur zaubern. Sie können auch verteidigen, wie Nílton Santos demonstriert.

Doppelschlag

Liedholms Tor zum 1:0 für Schweden hat sich als Strohfeuer erwiesen, die Brasilianer antworten mit einem Doppelschlag: Flanke Garrincha, Tor Vavá, und noch einmal das Gleiche: Garrincha, Vavá, 2:1 für Brasilien. Pelé (r. im Tor) beglückwünscht den Schützen. Schwedens Torwart Karl-Oskar Svensson (r.) weiß, was die Stunde geschlagen hat.

17 Jahr', Superstar

Mit einem Kopfballtor zum 5:2 in der letzten Spielminute, seinem zweiten Treffer in diesem Spiel, hat Pelé den brasilianischen Sieg gekrönt. Aus seinem Gesicht spricht die kindliche Freude eines 17-Jährigen, der noch nicht weiß, dass er fortan mit der Bürde durchs Leben geht, ein Superstar zu sein.

CBD

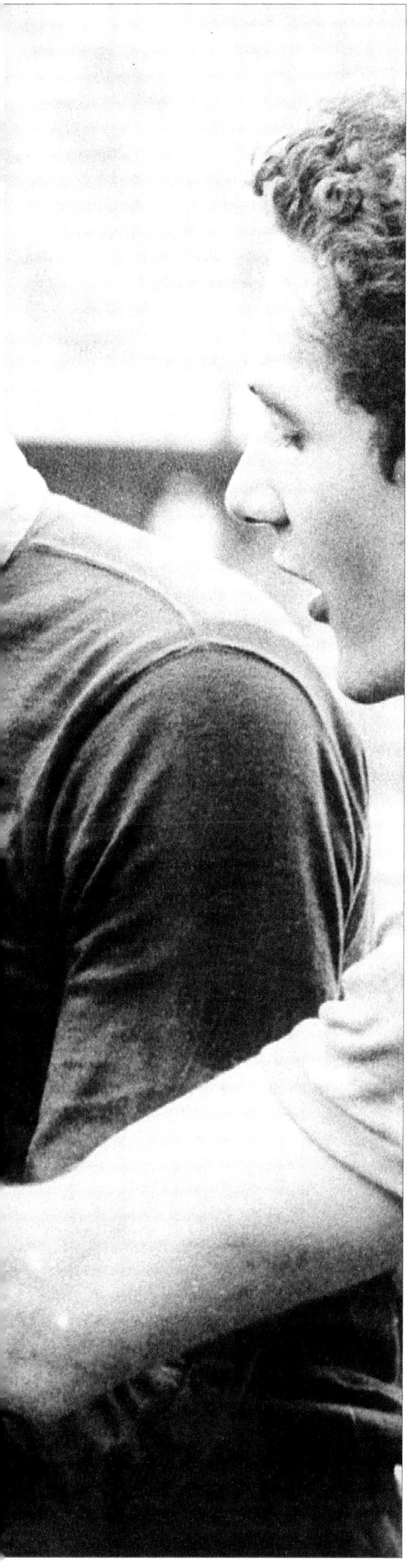

Am Ende steht Mitleid

Die Brasilianer nehmen ihre Gegner nach allen Regeln der modernen Kunst auseinander.

Es regnete an diesem Sonntag, dem 29. Juni 1958. Man kann sich vorstellen, wie die Deutschen an diesem Finalmorgen glückselig aus ihren Hotelfenstern geblickt hätten: Regen, Fritz-Walter-Wetter, wie vier Jahre zuvor – wenn sie denn das Halbfinale gegen Schweden gewonnen hätten. So aber waren die Deutschen an diesem Tag schon im Zug auf dem Weg nach Hause, und die Aufgabe, im Finale den gastgebenden Kontinent Europa zu vertreten, kam den Schweden zu. Natürlich freuten sich auch die Schweden über den Regen und den aufgeweichten Boden, der, so hoffte man, die brasilianischen Zauberer bremsen sollte. Die schwedischen Platzwarte, so wird berichtet, bemühten sich nicht sonderlich, den Rasen trocken zu halten.

Die Brasilianer hatten durchaus ihre Bedenken beim morgendlichen Blick aus dem Fenster, und das Glück war ihnen auch weiterhin nicht hold: Sie mussten blaue Trikots anziehen. Das Los hatte entschieden, dass die Schweden ihre gewohnten gelben Hemden überstreifen durften. Und bereits in der fünften Spielminute musste Brasilien den nächsten Rückschlag verkraften: Schwedens Spielmacher Gunnar Gren passte in die Mitte zu Nils Liedholm; der versetzte die brasilianische Innenverteidigung und schob den Ball flach in die Ecke zum 1:0. Und man fragte sich: Würden die Südamerikaner dagegenhalten können?

Zwar war es den schwedischen Einpeitschern nach dem Skandalspiel gegen die Deutschen verboten worden, die Zuschauer mittels Megafon

Überwältigt vom brasilianischen Glück: Der 17-jährige Pelé weint an der Brust Didís, die Kollegen Gilmar (M.) und Orlando beruhigen ihn. Kapitän Bellini präsentiert stolz den WM-Pokal (rechts).

Den Ball in der Luft angenommen, über einen Gegner gelupft und dann volley abgezogen: Mit diesem Tor im Endspiel erwirbt Pelé (l.) weltweit seinen Ruf als Zauberkünstler. Er bringt seine Mannschaft damit 3:1 in Führung. Das Spiel ist entschieden.

anzustacheln; zwei, die es dennoch versuchten, wurden von Ordnern weg geführt. Doch war die Kulisse immer noch gewaltig. Und die schwedische Mannschaft, durchsetzt mit Italien-Profis, war ausgebufft wie keine andere, eine europäische Mannschaft modernster Prägung. Mussten die Südamerikaner nicht untergehen im schwedischen Regen?

Der folgende 5:2-Sieg der Brasilianer war unter diesen Umständen eine der beeindruckendsten Vorstellungen in der WM-Geschichte. Als erste und bis einschließlich 2002 einzige nichteuropäische Mannschaft haben sie den Titel in Europa geholt. In Erinnerung blieb von diesem Finale bis heute vor allem Pelés erstes von zwei Toren: Er stoppte den Ball im Strafraum mit der Brust, hob ihn über einen schwedischen Abwehrspieler und traf volley zum 3:1; es war die Vorentscheidung in der 54. Spielminute. Das Kunststück steht für die Ewigkeit, genau wie die atemberaubenden Dribblings und präzisen Flanken von Rechtsaußen Garrincha. Der bereitete gegen die Schweden auf identische Weise das 1:1 und das 2:1 von Vavá vor: umspielte Verteidiger Axbom und drosch die Kugel hart und flach vor das Tor, wo der Mittelstürmer jeweils mit einer Grätsche vollendete.

Pelé und Garrincha stehen im Mittelpunkt mancher launiger Anekdoten, die sich um diese Mannschaft ranken. Trainer Vicente Feola war bekannt als „El Gordo", der Dicke, und es ging die Geschichte, während des Trainings und sogar im Spiel schließe er ab zu einmal die Augen zu einem Nickerchen – weshalb der eigentliche Trainer dieser Mannschaft Spielmacher Didí gewesen sei. Tatsache ist, dass Didí beileibe nicht der einzige strategische Kopf im Team war. Kapitän Bellini ordnete die Abwehr, Verteidiger Nílton Santos trug den Kosenamen „Enzyklopädie" wegen seiner umfangreichen fußballerischen Kenntnisse. Mario Zagallo, formal Linksaußen, der im Finale das Tor zum 4:1 schoss, ließ sich bei Bedarf ins Mittelfeld zurückfallen. Im Finale glänzte er nicht nur mit seinem Tor, sondern auch mit einer akrobatischen Rettungsaktion auf der Linie. Als Nationaltrainer wurde er später zu einer herausragenden Figur der WM-Geschichte. Zwar hat also eine technisch zauberhafte Mannschaft die Schweden im Finale überrollt – aber es war jenseits der Anekdoten auch eine sehr intelligente, sehr moderne.

Sie spielte nach einer ausgeklügelten Strategie, die ihnen Trainer Vicente Feola vorgab. Feola widmete sich dem Fußball mit geradezu wissenschaftlicher Akribie – und wenn man so will, hat er mit seiner Arbeit sogar das Erbe der 1954 an Deutschland zerschellten ungarischen Schule aufgenommen und zu einem versöhnlichen Ende gebracht.

Die Geschichte geht zurück auf den ungarischen Juden Bela Guttmann – in Europa vor allem bekannt als Trainer der Mannschaft von Benfica Lissabon, die 1961 und 1962 den Europapokal der Landesmeister gewann und die Hegemonie von Real Madrid brach. Guttmann hatte sich 1957, damals Teamchef von Honvéd Budapest, auf einer Südamerikareise von seinem Team abgesetzt. Er trainierte danach den FC São Paulo, dessen Generaldirektor Vicente Feola war. Angeblich lernte Feola von Guttmann das 4-2-4-System, das die Ungarn im Prinzip schon 1954 praktiziert hatten, in der Person von Nándor Hidegkuti, der nominell als Mittelstürmer spielte, aber aus dem Mittelfeld heraus das Spiel lenkte und das Sturmzentrum Ferenc Puskás und Sándor Kocsis überließ. Diese Rolle übertrug Feola dem genialen Didí.

Vicente Feola gilt als Schöpfer des 4-2-4-Systems mit zwei Innenverteidigern und zwei Innenstürmern. Seine Mannschaft hielt den Gegner in der Raumdeckung in Schach und griff variabel an. Viele Experten halten sie heute noch für die beste Mannschaft der WM-Geschichte, in Konkurrenz steht sie aber zum brasilianischen Team des Jahres 1970.

Die Schweden wurden im Finale nach allen Regeln der Kunst auseinander genommen, und schon nach Pelés Zaubertor zum 3:1 ebbte die Euphorie auf den Rängen ab. Es machte sich Mitleid breit. Auch Schiedsrichter Maurice Guigue aus Frankreich ließ offenbar Nachsicht walten, vor allem gegenüber der schwedischen Abwehr, die von Garrincha schlicht zum Narren gehalten wurde. Guigue verweigerte den Brasilianern nach einem Foul von Bengt Gustavsson im Strafraum einen eindeutigen Elfmeter, was die gnädig gestimmten Südamerikaner kaum störte. Mario Zagallo spielte, als er einen ungerechtfertigten Eckball zugesprochen bekam, den Ball sogar dem schwedischen Torwart Karl-Oskar Svensson in die Hände. Alles war gelaufen.

Américos Ballklau

Die Partie fand schließlich, nachdem Agne Simonsson für die Schweden auf 2:4 verkürzt hatte, ein standesgemäßes Ende. Zagallo flankte, Pelé stieg hoch und köpfte in der 90. Minute den Ball in hohem Bogen über Svensson hinweg zum 5:2 für Brasilien ins Netz. Es folgten die geschichtsträchtigen Szenen: Die Brasilianer liefen mit der schwedischen Fahne eine Ehrenrunde. Pelé weinte an der Brust von Didí und Torwart Gilmar. Und den letzten Zweikampf dieser Weltmeisterschaft gewann der brasilianische Medizinmann Mário Américo. Er entriss dem französischen Schiedsrichter Maurice Guigue nach dem Schlusspfiff den Endspielball und nahm ihn mit nach Brasilien, in die Heimat des modernen Fußballs.

Stockholm, 29. Juni 1958
Brasilien – Schweden 5:2 (2:1)

Tore: 0:1 Liedholm (5.), 1:1, 2:1 Vavá (8., 31.), 3:1 Pelé (54.), 4:1 Zagallo (67.), 4:2 Simonsson (78.), 5:2 Pelé (90.)

Zuschauer: 49 737
Schiedsr.: Guigue (Frankreich)

Stimmen zum Endspiel

Dies ist heute der größte Tag für den brasilianischen Fußball und in meinem Leben.
Vicente Feola, Nationaltrainer Brasiliens

Uns ist erzählt worden, dass wir eine Menge Geld bekommen, wenn wir Weltmeister werden, aber jetzt gibt es nicht genug Geld in der Welt, um unsere Freude bezahlen zu können.
Didí, Spielmacher Brasiliens

Süddeutsche Zeitung

Ich kann es immer noch nicht fassen. Den Augenblick, als der Schiedsrichter das Spiel abpfiff, werde ich mein Leben lang nicht vergessen.
Gilmar, Brasiliens Torwart

Es wäre jammerschade gewesen, wenn irgendeine andere Mannschaft Nachfolger Deutschlands geworden wäre. Hier waren nicht Fußballspieler am Werk, hier demonstrierten Künstler die hohe Schule mit dem Lederball. Die Tore waren bei diesem Zauber fast Nebensache. Sie gehörten zum Repertoire wie die zischenden Raketen zu einem sprühenden Feuerwerk.
Süddeutsche Zeitung

Ob wir je wieder eine so herrliche Fußballelf sehen werden?
Bild, Deutschland

Und immer mit gutem Beispiel voran: Gunnar Gren (r.), Jahrgang 1920, WM-Held von 1958 und zuvor gefeierter Italien-Legionär, führt Mitte der sechziger Jahre die Mannschaftskollegen vom IFK Värnamo zu einem Heimspiel auf das Spielfeld.

Der gute Satan

Kein Krieg, keine Politik: Das Spiel ist einfach nur ein Spiel. Zlatan Ibrahimovic steht in einer großen schwedischen Tradition.

Von Holger Gertz

Es ist nicht besonders schwer, mit Zlatan Ibrahimovic ins Gespräch zu kommen, und vielleicht ist schon das eine Antwort auf die große Frage: Warum sind die Schweden so gut im Sport? Man findet Ibrahimovic im berühmten Rasunda-Stadion in Solna, dem Vorort von Stockholm. In der Zeitung hatte gestanden, dass die Nationalmannschaft hier trainieren würde, von zehn bis zwölf an diesem Vormittag. Gerade hat sie in Kroatien das vorletzte Qualifikationsspiel zur WM 2006 verloren, im letzten gegen Island, drei Tage später, darf auf keinen Fall etwas schief laufen. Es geht also noch um einiges, und anderswo wird in solchen Augenblicken ein Geheimtraining veranstaltet, aber Schweden ist nicht anderswo. Die Tore sind offen. Man setzt sich und schaut ihnen zu, Henrik Larsson, Olaf Mellberg, Zlatan Ibrahimovic und den anderen. Die Schweden lachen viel, wenn sie trainieren, und wenn sie fertig trainiert haben, ist etwas Zeit für ein paar Worte.

Also, warum sind die Schweden so gut?

Zlatan Ibrahimovic nimmt einen Schluck aus der Flasche mit dem Elektrolytgetränk und schaut in den Himmel. Er sieht keine Wolke. Er sagt: „Schau uns zu, dann weißt du es.“ Er lacht und spuckt das Elektrolytgetränk auf den Platz, vielleicht ist es auch nur Wasser. „Warum die Schweden so gut sind, willst du wissen?“ Er denkt einen Moment nach. Ein Betreuer winkt mit einem T-Shirt. Er soll in die Kabine kommen, der Arzt will ihn sehen, schließlich ist er nicht ganz fit. Seine Hand streichelt über die Bartstoppeln am Kinn. Er sagt, die Mischung ist es, ja, wahrscheinlich ist es die Mischung. „Wir sind konzentriert, aber wir haben Spaß. Wir wollen gewinnen, aber wir machen uns nicht gegenseitig fertig, wenn wir verlieren. Wir sind ganz gut drauf.“ Er lächelt. Er weiß, dass das keine Analyse ist, aber immerhin ist es ein Eindruck, und ein Eindruck kann ja auch eine Antwort sein.

Zlatan Ibrahimovic ist der vorerst letzte in einer Reihe großer Fußballspieler, die in dem kleinen Land herangewachsen sind. Man kann die Liste in den Fünfzigern, Sechzigern beginnen lassen, bei Hamrin, Liedholm, Skoglund und den anderen, die bei der WM 1958 Zweite wurden, hier in diesem Stadion. Sie hatten immer große Spieler: Ralf Edström und Ronnie Hellström in den Siebzigern, Torbjörn Nilsson später, dann Ravelli, Dahlin, Brolin, jetzt Larsson und ihn: Zlatan. Alle nennen ihn Zlatan. Er spielt bei Juventus, vorher war er bei Ajax. Er hat bei der EM 2004 gegen Italien ein Tor geschossen, so

Schweden-Export, einer von vielen: Kurt Hamrin, 1958 WM-Zweiter, zeigt einem italienischen Jungen seine Kunst auf der Straße. Hamrins Stationen: Juventus Turin, Padua, Florenz, AC Mailand, Neapel.

artistisch und einzigartig, dass man das Foto von diesem Schuss mit der Hacke in allen besseren Plakatläden der Stadt kaufen kann, gerahmt und hinter Glas. Zlatan ist mehr als ein Star, er ist ein Symbol, auch für das Land Schweden, dessen Fußballer längst nicht mehr konsequent blond sind wie Lennart Skoglund, den sie „wehender Maiskolben“ nannten.

Zlatan, den sie Zlatan nennen oder auch Satan, ist dunkelhaarig, seine Eltern kommen aus Bosnien, und dass einer wie er zum Volkshelden werden kann, ist auch ein Teil der Antwort auf die Frage: Warum sind die Schweden so gut?

Zlatan kommt aus Rosengard, Vorort von Malmö. Achtzig Prozent Einwanderer, jeder Zweite arbeitslos. Die Eltern trennten sich, seine Mutter ging putzen für das bisschen Geld. Zlatan ist ein Kind der Unterschicht, die immer Nährboden war für Jungs, die da raus wollten. In Deutschland kann man inzwischen gelegentlich den Eindruck gewinnen, dass die Kinder der Unterschicht lieber unter sich bleiben. Dass sie daheim Realityshows im Fernsehen anschauen, wenn sie nicht selbst in diesen Shows mitwirken. Tatsache ist, dass man in Schweden weniger Menschen mit Schmerbäuchen sieht als in Deutschland. Tatsache ist auch, dass man in Deutschland weniger Grünflächen findet, auf denen man Fußball spielen kann, während in Schweden selbst jeder Industrievorort seinen Bolzplatz hat und seine Tennishalle. Es ist erstmal nur ein Eindruck, aber dahinter steckt ein System. Auch in Rosengard gibt es Fußballplätze, verwaltet von der Kommune. Weil den Kommunen das Geld fehlt, wie anderswo, werden Behörden geschlossen und Postämter dichtgemacht; die Sportanlagen anzutasten gilt allerdings nach wie vor als Tabu. Wenn Zlatan heimkommt, findet er den alten Platz, auf dem die Jungs kicken, mit seiner Nummer und seinem Namen auf dem Trikot. Manchmal spielt er selbst ein bisschen mit. Wie gesagt, es ist nicht schwer, mit Zlatan Ibrahimovic ins Gespräch zu kommen.

Einer der größen schwedischen Siege: Die Nationalmannschaft gewinnt Gold bei den Olympischen Spielen 1948 in London. Drei Jahre nach Kriegsende profitiert das Land auch davon, dass es vom Krieg weitgehend verschont geblieben ist.

Neun Millionen Schweden gibt es, 20 Einwohner pro Quadratkilometer – allerdings ist der Norden nur dünn besiedelt. Die Hälfte von ihnen sind Mitglied in einem Sportverein. Eine Gesellschaft, die sich als egalitär versteht und – wenigstens als Idee – alle Menschen als gleich begreift, hat sich rechtzeitig darum gekümmert, auch den Sport für alle bezahlbar zu machen und ihn nicht zu einem Statussymbol verkommen zu lassen. So entwickelte sich das schwedische Tenniswunder der Borgs und Wilanders und Edbergs und vieler anderer, die nicht die Nachkommen reicher Eltern waren, sondern davon profitierten, dass die Platzmieten niedrig waren und es Tennisschläger kostenlos zu leihen gab.

Während die Nationalmannschaft trainiert, findet ein Jugendfußballturnier statt, ein paar hundert Meter vom großen Stadion entfernt. Da steht das aus Brettern zusammengenagelte Vereinsheim von Rasunda IS, von wo aus man einen schönen Blick hat auf eine riesige Rasenfläche, die sich in sechs Kleinfelder aufteilen lässt. Auf jedem Feld spielen Kinderteams gegeneinander, zusammengestellt aus Mädchen und Jungs. Mädchen spielen möglichst lange bei den Jungs mit, auch das macht sie stark. Die schwedische Frauenmannschaft ist noch besser als die Männermannschaft, und auf der Homepage des Verbandes stehen Nachrichten über beide Teams gleichrangig nebeneinander.

Die Kinder, von zehn Jahren abwärts, spielen um den „Notar Cupen“. Die Teams heißen Westerstrands UP, Veif Rinkeby, Veif Solna, Ulriksdal SK. Blonde Haare flattern, blaue Skimützen schützen die Köpfe der Torwarte, es ist ein zwar sonniger, aber schon ziemlich kühler Tag. Die Trainer stehen am Rand und brüllen rein. Einer heißt Erik Anderberg, ein Mann von Mitte dreißig, der selbst ganz gut gespielt hat, sagt er, aber lieber noch trainiert er die Kleinen. Er macht das ehrenamtlich. Er zeigt auf das große Stadion. „Man sieht ja, dass man es zu etwas bringen kann, als Fußballer in Schweden.“ Natürlich sind seine Spieler Fans von Zlatan, natürlich würden sie am liebsten mit „Zlatan“ auf dem Trikot auflaufen, aber das geht nicht. Der Notar Cupen ist ein richtig offizielles Turnier, die Mannschaften sind durchnummeriert.

Warum die Schweden so gut sind? Der Jugendtrainer Anderberg weiß, dass es im Ausland dieses Klischeedenken gibt über Schweden, aber er weiß auch, dass im Klischee ein wenig Wahrheit steckt. Skifahrer Stenmark, Tennisspieler Wilander, Handballer Wislander – in ihrer Art, verhalten zu jubeln, scheinen sie aus einer Familie zu stammen. Ein Erfolg im Sport war immer vor allem ein Erfolg im Sport. Nicht weniger, aber auch nicht mehr. „Ich glaube, in Deutschland wird im Fußball mehr gesehen, der Fußball soll das ganze Land nach vorn bringen", sagt Anderberg. Wenn das so wäre – und einiges spricht dafür –, würde das begründen, warum deutsche Spieler ständig über den gewaltigen Druck reden, der auf ihnen liegt. Die Schweden sind da weniger belastet, sie suchen keinen Kaiser auf dem Platz, sie sind das *Konungariket Sverige*, das Königreich mit einem echten Regenten. Der sitzt drüben im Schloss.

Das Spiel ist ein Spiel. Es hat Regeln. Wenn einer von den Jungs einen anderen umrempelt, gibt es viel Geschrei bei den Betreuern und den Eltern am Rand, jedenfalls mehr Geschrei als bei einem Tor. Der, der gefoult hat, muss dem anderen aufhelfen und sich entschuldigen. Der, der gefoult worden ist, muss die Entschuldigung annehmen, erst dann geht das Spiel weiter. „Schreiben Sie auf: Der Schwede ist fair", sagt Anderberg und lacht dabei wie jemand, der es sich leisten kann, eine Wahrheit ganz beiläufig zu erwähnen.

Die Erziehung zum Fairplay machte den Fußball schon früh reizvoll in einem Land, in dem sich keiner mehr daran erinnern kann, in einem Krieg gekämpft zu haben. Seit 1814 lebt Schweden in Frieden. Die Schweden erreichten bei der WM 1934 das Viertelfinale, 1938 wurden sie Vierte, 1950 Dritte. All das hatte mit den Weltkriegen zu tun: Sie waren auch deshalb so stark, weil kein Fußballer je in einer Schlacht gefallen oder in Kriegsgefangenschaft geraten war. 1948, bei Olympia in London, holten sie die Goldmedaille, zum Teil gegen vom Krieg gebeutelte Gegner. Daheim wurde das Team Zweiter, angefeuert von Zuschauern und Einpeitschern. Aber, auch wenn das im Ausland anders dargestellt worden ist: Das war kein Ersatzkrieg. Der Schwede ist fair. Aber er ist auch stolz auf seine Mannschaft.

Die Erfolge des Fußballs in Schweden hängen zusammen mit dem politischen System im Land, mit seiner friedlichen Geschichte, aber auch mit der Kriegsgeschichte der anderen Länder, und mit dem Schicksal sowieso. 1950, bei der WM in Brasilien, hätte der Titelverteidiger Italien bestimmt besser gespielt, wäre nicht der Krieg gewesen und 1949 jener Flugzeugabsturz von Superga, bei dem mit dem AC Turin die halbe Squadra Azzurra umkam. Derart geschwächt unterlag Italien in der Vorrunde 2:3 gegen Schweden. Der Gegner beeindruckte die Italiener derart, dass sie daran gingen, schwedische Spieler in ihre Liga zu holen. 1958 standen in Liedholm, Hamrin, Selmosson, Skoglund und Bengt Gustavsson fünf Legionäre im schwedischen WM-Kader. Trainiert wurde die Elf von George Raynor, einem Engländer. Zum Dank für Raynors gute Arbeit haben sie Jahrzehnte später Sven-Göran Eriksson nach England geschickt, wo auch der seine Arbeit ganz ordentlich erledigt.

Aber Zlatan ist der Beste, der Beste von allen guten Schweden, sagen manche. Und er ist ein bisschen anders und deshalb für alle anderen Schweden auch so interessant. Einmal, in einem EM-Qualifikationsspiel, gab es Elfmeter. Kim Kallström wollte den Ball, er war als Schütze vorgesehen, aber Zlatan gab ihn nicht her. Er legte ihn auf den Punkt und schoss ihn selbst ins Tor. Dann jubelte er. Die anderen Schweden standen herum und jubelten nicht, aus Protest. Er hatte das Kollektivgefühl verletzt. Es war ein komischer Anblick.

Das ist lange her. Das letzte Qualifikationsspiel für die WM, drei Tage nach dem lockeren Trainingstag im Rasunda-Stadion, haben sie gegen Island gewonnen, 3:1, zum elften Mal werden sie an einer WM teilnehmen. In der Fifa-Rangliste sind sie unter den besten zehn Teams. Was für eine Bilanz. Henrik Larsson schoss gegen Island ein Tor, Zlatan Ibrahimovic schoss eins, und auch Kim Kallström, in der 90. Minute. Zlatan konnte ihn diesmal nicht davon abhalten. Er war schon ausgewechselt worden.

Unterwegs nach Deutschland, neuen Siegen entgegen: Zlatan Ibrahimovic (r.), gefeiert von den Kollegen Marcus Allbäck (l.) und Henrik Larsson. Ibrahimovic, so sagt man, ist der beste aller guten Schweden.

Samba siegt

Samba und Fußball. Ein Mythos, geboren 1958 im schwedischen Sommer. Der Rest der Welt bestaunt einen unwiderstehlichen Stil, der wie ein Tanz ist. Brasilien, das Fußball als nationale Sache begreift, legt seine Minderwertigkeitskomplexe ab.

Heilige Sehnsucht

Ein zerrissenes Land findet 1958 zu sich. Die Welt bestaunt einen ewig siegreichen Stil.

Von Alex Bellos

Wie wunderbar war es, 1958 Brasilianer zu sein! Die Kultur boomte im Land. João Gilberto nahm „Chega de Saudade" auf, und der Musikstil Bossa Nova begann die Welt zu erobern. Jorge Amado schrieb „Gabriela wie Zimt und Nelken", einen Roman, überbordend vor brasilianischer Lebensfreude. Das Buch sollte Amados Ruf als einer der beliebtesten Autoren des Landes begründen. Cinema Novo, Brasiliens einflussreiche Arthouse-Bewegung, machte sich durch Roberto Santos' neorealistisches Meisterwerk „Der Große Moment" erstmals bemerkbar. Und, natürlich: Die schöne, glamouröse Adalgisa Colombo wurde Zweite beim Wettbewerb zur Miss Universe.

Ein Land, das raste vor Sehnsucht, endlich sein Potenzial zu erfüllen (und das sein bisheriges Versagen nur zu deutlich vor Augen hatte), strotzte auf einmal vor Optimismus, auch in der Politik. Präsident Juscelino Kubitschek war in der Halbzeit seines Mandats angelangt, in dem er, so hatte er es versprochen, Brasilien „50 Jahre vorwärts" bringen würde. In der Savanne des Inlands wuchs Brasilia, die neue Hauptstadt, die Kubitschek aus dem Boden stampfen ließ. Das Land marschierte in die Zukunft, alle Motoren auf Hochtouren, demokratisch, kreativ, selbstbewusst und ehrgeizig.

Kunst am Ball, betrieben von bekannten (oben: Ronaldo) und unbekannten (links) Künstlern.

Der Sport stand dem nicht nach. Eine Brasilianerin ging nach Europa und etablierte sich als die Beste der Welt. Tennisspielerin Maria Esther Bueno sollte im Jahr darauf den ersten ihrer drei Wimbledon-Titel gewinnen und holte 1958 schon den Titel im Doppel. Es war Zufall, aber was für einer, dass ihr Auftaktspiel am selben Tag stattfand, als in Stockholm ihre Landsleute von der Fußball-Nationalelf das Team Frankreichs im Halbfinale der Weltmeisterschaft auseinander nahmen. Fünf Tage später war Brasilien zum ersten Mal Weltmeister. Ein Bestseller erschien, sein Titel lautete: „1958. Das Jahr, das niemals hätte zu Ende gehen sollen."

Von all den guten Gründen, sich an 1958 zu erinnern, war der WM-Triumph derjenige, der am meisten Spuren im Leben des Landes hinterließ. Wie so viele Länder bildete sich Brasilien ein, in seiner Nationalmannschaft den Charakter der Nation zu erkennen. Ein Weltmeistertitel also war nicht nur eine Bestätigung brasilianischer Fußballkunst – sondern ein Lob auf die brasilianische Gesellschaft.

War das wirklich so? Gab es tatsächlich etwas in den Tricks von Pelé und Garrincha, das ihre Herkunft,

Brasilianischer Fußball, zum Klischee geronnen: Jugendliche beim Spiel an der Copacabana.

ihre Nationalität reflektierte? „Unser Fußballstil unterscheidet sich von dem der Europäer dank einer Kombination von Qualitäten: Wir spielen überraschend und beweglich, mit List und Scharfsinn genauso wie mit Brillanz und Spontaneität" schrieb der Soziologe Gilberto Freyre in einem Aufsatz, der die gute Analyse eines Sportjournalisten über das 58er Team hätte sein können. Tatsächlich schrieb er über die Mannschaft von 1938. „Unsere Pässe, ... unsere Körpertäuschungen, unsere Ballstaffetten, die Andeutung eines Tanzes, die den brasilianischen Stil auszeichnet ... scheint Psychologen und Soziologen auf sehr interessante Weise das Schelmische und Pompöse des Mulattos zu zeigen, der heute in jeder Art dafür steht, was Brasilien ist", schrieb Freyre.

Auch wenn Brasiliens Fußballer erst 1958 die Könige der Welt wurden, so hatte sich die Ansicht, einen weltmeisterlichen Stil zu besitzen, schon eine Generation zuvor durchgesetzt. Die dreißiger Jahre waren eine entscheidende Epoche in der Entwicklung des brasilianischen Nationalgefühls. Getúlio Vargas, ein Nationalist, kam an die Macht, und Akademiker wie Gilberto Freyre begannen zu argumentieren, dass die Rassenmischung positive Charaktereigenschaften hervorbringe. Damals war das eine radikale, mutige Meinung. Fußball war Freyres bestes Beispiel.

Fußball wurde 1933 Profisport, die rassistischen Amateurregeln hatten auf einmal keine Wirkung mehr. Schwarze und braune Spieler gingen ihren Weg, Freyres Theorie fand in Leônidas da Silva ein Königsbeispiel. Er war mehr als ein Stürmer, ein Artist, der beste Mann der WM 1938. Als Freyre Fußball als einen Tanz beschrieb – etwas was es, vermutlich, in Deutschland nie war –, wurde der Mythos vom Samba-Fußball geboren.

Brasilien war ein junges Land, erst am Ende des 19. Jahrhunderts erlangte es als Republik seine Unabhängigkeit. Kein Land in Südamerika hatte so viele afrikanische Sklaven importiert, und auch die Abschaffung der Leibeigenschaft erreichte Brasilien spät. Die Gesellschaft war gespalten, hier die Habenden, dort die Habenichtse; hier die Weißen, dort die Schwarzen. Fußball wurde ein einzigartiger einender Faktor eines Landes, so groß und weitläufig wie ein Kontinent. Es gab genug Gründe für ein schwaches nationales Selbstwertgefühl: Politisch befreite man sich von einer Diktatur, nur um in eine andere Diktatur zurückzufallen, die Armut war weit verbreitet, international, so fühlte man, war man irrelevant. Ein Erfolg bei einer Weltmeisterschaft erschien als einzigartige Chance, endlich zufrieden und glücklich mit sich selbst zu sein.

Das war die Hoffnung, mit der Brasilien die WM 1950 austrug. Maracanã, das größte Stadion der Welt, wurde gebaut. Mit der WM würde man der Welt zeigen, dass es an der Zeit war, Brasilien ernst zu nehmen. Als dann das entscheidende Spiel gegen Uruguay verloren war, war das keine sportliche Niederlage. Es war ein Zeichen, dass, wie die Zeitungen schrieben, „wir ein glückloses Volk sind, immerzu verfolgt von der Gemeinheit des Schicksals". Die Niederlage – schrieben die ernsthaftesten Kommentatoren – sei das größte Desaster der brasilianischen Geschichte. Brasilien ist bis heute das einzige Gastgeberland, das als Favorit ein WM-Finale verloren hat. Das tat sehr weh, und ließ, natürlich, die Sehnsucht nach dem Pokal in den Himmel wachsen.

Vier Jahre später verabschiedete sich Brasilien gedemütigt von der WM. Die Ungarn überwältigten die Seleção in einem Spiel, das den Ehrentitel „Schlacht von Bern" bekam. 1958 kam, und der Dramaturg Nelson Rodrigues schrieb vom „Straßenköter-Komplex" einer Nation: „Der Brasilianer sieht sich, freiwillig, permanent der gesamten Welt unterlegen." Brasilianer hatten nicht genug Angst vor Uruguay, Brasilianer hatten zu viel Angst vor Ungarn – wenn sie jemals die WM gewinnen wollten,

Erinnerung an ein legendäres brasilianisches Team: die Weltmeister von 1958 als Postkarten-Motiv.

musste sich psychologisch etwas ändern, und zwar dramatisch.

Und was passierte wirklich? Die Männer, die das Nationalteam managten, engagierten einen Zahnarzt (der angeblich in einem Aufgebot von 33 Spielern 470 faule Zähne fand) – und tatsächlich einen Psychologen. Die Spieler mussten Intelligenztests absolvieren. Am Ende triumphierte Brasilien trotz des Psychologen.

Wenn es nach dem Maestro gegangen wäre, hätten Garrincha und Pelé niemals gespielt. Garrincha habe einen unterirdischen Intelligenzquotienten und Pelé sei infantil, urteilte der Psychologe. Welche Überraschung: Pelé war 17! Die beiden, die man in Brasilien bis heute am engsten mit dem Triumph in Schweden verbindet, wurden dann: Garrincha und Pelé (auch wenn als bester Spieler des Turniers Didí ausgezeichnet wurde). Pelé, der so jung war, Garrincha, der dribbelte und dribbelte – sie waren der brasilianische Stil: keck, geschickt, elegant. Das Dribbling, das anders war als die Europäer spielten, so anmutig, so rhythmisch, wurde ein Markenzeichen. Man suchte nach Vergleichen: Ein Tanz. Die Samba.

Die goldene Zeit des brasilianischen Fußballs hatte begonnen. Pelé und Garrincha waren Brasiliens größte Fußballer, mit ihnen verlor Brasilien acht Jahre lang kein Spiel mehr. Auch wenn sie keine besonderen Freunde waren, so ergänzten sich die beiden als Symbole des Landes ideal. Pelé war aus São Paulo, Garrincha aus Rio – Brasiliens zwei große Städterivalen vereint. Pelé besaß den perfekten Körper eines geborenen Athleten, Garrincha war ein Alkoholiker auf krummen Beinen. Pelé spielte am Rande der Perfektion, Garrincha spielte mit Extravaganz und Humor. Welch ein Tanzpaar!

Zwischen 1958 und 1970 gewann Brasilien drei von vier Weltmeisterschaften. In der Zwischenzeit machte das Land große soziale Veränderungen durch. Die Stadtbevölkerung übertraf, zum ersten Mal in der Geschichte, die Landbevölkerung. Fußball war der Klebstoff, der die sich unkontrolliert ausdehnenden Städte zusammenhielt. Fernsehübertragungen gab es nicht, man saß am Radio, und die Reporter hatten weniger Interesse daran, das Spiel sachlich zu kommentieren als romantische Mythen zu kreieren. So zementierte sich die Überzeugung von der Überlegenheit des brasilianischen Stils.

Was Pelé und Garrincha einte, war die Abstammung. Pelé ist schwarz. Garrincha war der Nachfahre von Schwarzen und Indios. Nach dem Desaster der WM 1950 waren mit rassistischen Untertönen zwei schwarze Spieler zu Sündenböcken abgestempelt worden – Bigode, der Verteidiger, und Barbosa, der Torwart. Auch 1954 war der rassistische Vorwurf wieder aufgetaucht, die schwarzen Spieler seien unfähig, in Stress-Situationen ihre Gefühle zu kontrollieren. Der Sieg 1958 löschte den Rassismus rund um das Nationalteam aus. Die drei Besten (auch Didí) waren schwarz. Für ein Land, das die Sklaverei noch nicht vergessen hatte, war der WM-Triumph eines gemischten Teams ein unwahrscheinlich wichtiger Schritt zu einer in Einklang lebenden Gesellschaft.

Nationales Eigentum: die WM-Trophäen.

Seit 1958 konnte jede neue Generation auf Vorbilder zurückgreifen. Sie mussten nie auf den Gedanken kommen, mit ihnen könne es nichts werden, bei ihrer Nationalität. Was war es, was Pelé und Garrincha hatten – das aus Brasilien, dem ewigen Verlierer, den ewigen Gewinner machte? Waren es Pelés Jugend und Garrinchas Sorglosigkeit, die sie immun gegen den Druck machten? Entscheidender war wohl, dass sie aus einem Land kamen, das damals schon seit 20 Jahren Fußball als Ausdruck seines Nationalcharakters betrachtete. Das es als seine Pflicht, aber auch als sein Recht ansah, diesen Pokal endlich zu gewinnen.

Heute ist Brasilien beständig das beste Fußballteam der Welt. Der Weltbeste im populärsten Sport der Welt zu sein, hat natürlich Einfluss auf die nationale Identität. Wenn wir daran denken, wie Brasilien vor 50 Jahren diese fußballerische Weltmacht wurde, lässt sich behaupten: Brasilien wurde so erfolgreich, weil der Erfolg im Fußball so wichtig für das Land war. Die Besten der Welt: Dies war ihr heiliges Ziel. Sie sollten Dramen erleben vor dem Happy End. Aber das sollte sie nicht aufhalten. Die Sehnsucht des Landes war so groß, dass sie sich selbst immer weiter anspornten. 1958 kam; und es wurde das Jahr, als es passierte.

Alex Bellos ist Autor des von der Kritik gepriesenen Bestsellers „Futebol: Die brasilianische Kunst des Lebens“ (Edition Tiamat).

Diesen Mann hätte auch der deutsche Bundestrainer Sepp Herberger (l.) gern in seinen Reihen gehabt – zumindest als Nachfolger für Fritz Walter.

Der äthiopische Prinz

Seine Freistöße flogen wie trockene Blätter, seine Pässe wie vergiftete Pfeile. Nur bei Real scheiterte das Herz des brasilianischen Spiels.

Von Ludger Schulze

Fast 200 000 Menschen sollen es gewesen sein, die diese paar Schritte beobachteten. Keiner in der Menge ahnte, dass diese vier, fünf Schritte zum Ball das Leben des Waldir Pareira entscheidend verändern sollten. Pareira war bereits 30, nicht mehr der Jüngste im Fußball, ein ordentlicher Spieler in der Seleção, der brasilianischen Nationalelf, aber einer, der stets um seinen Platz kämpfen musste. Zu wenig Kämpfer, monierten seine Trainer, zu wenig motiviert für das Außergewöhnliche. Selbst wenn der Rasen im Dauerregen eine Schlammwüste war, verließ er den Platz mit einem Trikot, das aussah, als hätte man es gerade aus dem Waschtrog gezogen.

Es war das letzte, das entscheidende Spiel. Der Sieger durfte zur Weltmeisterschaft nach Schweden fahren, aber acht Minuten vor dem Abpfiff gab es noch keinen Sieger. 0:0 stand es zwischen Brasilien und Peru im riesigen Maracanã-Stadion von Rio de Janeiro, das Volk auf den Rängen begann ängstlich zu murren. Sollte nach der Blamage von 1950, als die Seleção sich im eigenen Land von Uruguay den Titel rauben ließ, sollte nach der Schmach von vor vier Jahren, als die Mannschaft schrecklich früh im Viertelfinale zur Abreise gezwungen wurde, sollte nun die ärgste aller Demütigungen geschehen, eine WM ganz ohne das Land des Fußballs?

Dann pfiff der Schiedsrichter in der Nähe des Strafraums der Peruaner. Der folgende Freistoß sollte Waldir Pareira zum Weltstar machen, ihn, der in diesem Stadion schon einmal einen Satz Fußballgeschichte geschrieben hatte. Mit dem rechten Innenrist schickte er die Kugel auf eine krumme, hoffnungslos abwegige Bahn. Denn jedermann, der diesen vermeintlichen Irrläufer verfolgte, glaubte das Ende des Fluges zu kennen. Hoch über den Querbalken würde der Ball fliegen. Doch während das Volk verzweifelt aufstöhnte, schien sich das Leder plötzlich eines Besseren zu besinnen, mitten in seiner steil ansteigenden Kurve knickte es ein, senkte sich ebenso steil nach unten und schlug im Torgiebel über dem verdutzten Keeper ein. Brasilien durfte zur WM, dank Waldir Pareira, den die Welt besser kennt als Didí.

„La folha seca", das trockene Blatt, hieß die auf höchstem Effet beruhende, von Didí erfundene Schusstechnik bald, die zu seinem Markenzeichen werden sollte. Wie ein trockenes Blatt im Wind torkelte der Ball durch die Luft, ehe er wie von jedem Antrieb im Stich gelassen vom Himmel fiel. Was heute zum Standard eines besseren Regional-

Didí im Trikot von Real Madrid. Der beste WM-Spieler im besten Klub – die Liaison endete unglücklich.

ligaspielers zählt, war damals, als die Fußballschuhe noch schwer wie Militärstiefel waren und an der Spitze bewaffnet mit Stahlkappen, ein Kunststück. Didí beherrschte den Topspin sowohl mit der Innenseite des Fußes als auch mit dem Außenrist, wobei die drei äußeren Zehen den Ball auf seine kuriose Reise schickten.

Selbst nach dem Treffer gegen Peru flackerte kurz die Diskussion auf, ob Didí nicht zu alt wäre für so ein kräfteraubendes WM-Turnier. Die Anhänger der Seleção aber wussten, wem sie die Rettung zu verdanken hatten, und trampelten das giftige Feuer mit ihrem Wunsch nach Didí schnell aus. „Es wäre auch zu merkwürdig gewesen", sagte der, „wenn sie ausgerechnet den Mann zu Hause gelassen hätten, der das Ticket gelöst hat." Danach gab es nie mehr eine Diskussion um den Nationalspieler Didí, von da an war er bis zu seinem letzten Spiel Herrscher über das Spiel Brasiliens.

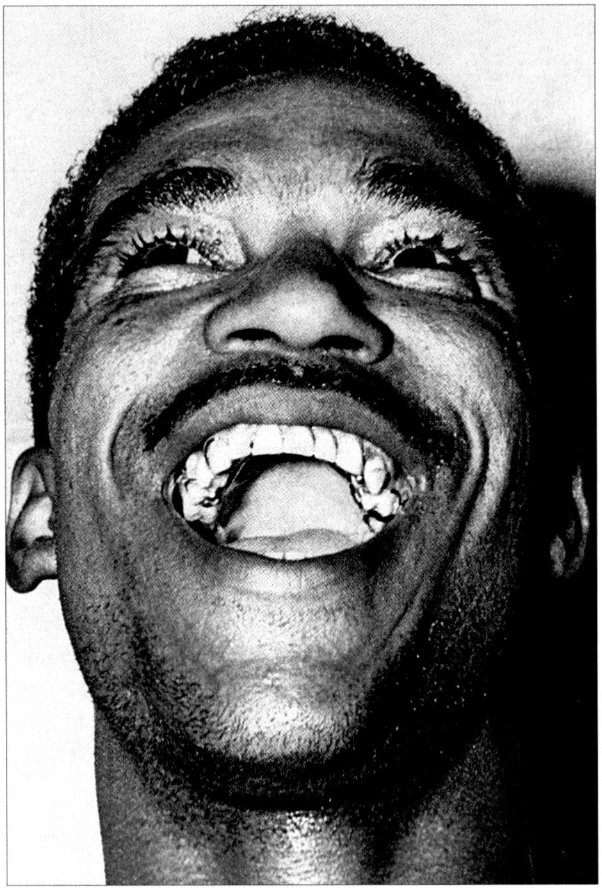

Der Fußball hat ihm den Weg aus dem Ghetto geöffnet. Didí, Jahrgang 1929, sagte: „Man kann nur über Armut reden, wenn man ihre Schrecken erlebt hat."

Didí wurde am 8. Oktober 1929 in den Favelas von Campos geboren, 200 Kilometer von Rio de Janeiro entfernt, wo sich die Ärmsten der Armen ihre Unterkünfte aus Holzbrettern, Pflastersteinen und Blechkanistern bauen. Zwei Wege gab es, die aus der Kindheit mit Hunger, Hoffnungslosigkeit und Gewalt herausführten: Man konnte durch eine Karriere als Krimineller zu Wohlstand gelangen oder durch den Fußball. Didí hatte das Talent. Als Erdnussverkäufer trug der Knabe ein paar Cruzeiros bei zum Familienleben. Später, als Profi, lernten die Klubmanager ihn als geschickten Verhandler kennen, dessen Ziel immer das gleiche war: so viel Geld zu verdienen wie möglich. „Man kann nur über Armut reden, wenn man ihre Schrecken selbst erlebt hat", sagte er. Mit 15 begann Didí seine lange Laufbahn, die ihn zu verschiedenen Klubs seines Heimatlandes führte. Die berühmtesten Vereine, für die er Regie führte, waren Fluminense und vor allem Botafogo.

Der erste große Tag seiner Karriere war kurz vor der WM in Brasilien, für die man eigens das Maracanã-Stadion in Rio erbaut hatte. 178 000 Menschen passten hinein, aber es sollen 220 000 gewesen sein, als ein Spiel der Nachwuchs-Teams von Rio und São Paulo die aberwitzige Schüssel eröffnete. Der erste Torschütze auf dem jungfräulichen Rasen hieß: Didí. Von da an hatte Waldir Pareira einen Eintrag im Lexikon des brasilianischen Fußballs.

Das erste Tor in Maracanã schießt der Junge aus der Favela.

Doch erst mehr als vierzig Jahre nach diesem Treffer wurde die Tat Didís verewigt, als man ihm zu Ehren eine Gedenktafel in der Halle des Stadions anbrachte. Wenn Wimbledon für Boris Becker das Wohnzimmer war, so war es das Maracanã für Didí. „Immer wenn ich diesen Rasen betreten habe, fühlte ich mich wie zu Hause", sagte er später.

1952 feierte Didí sein Debüt in der Nationalmannschaft, zwei Jahre später durfte er als 26-Jähriger mit zur WM. In der Schweiz war er einer der besten Brasilianer, in drei Spielen erzielte er zwei Tore gegen Mexiko und Jugoslawien. Doch vom unantastbaren Feldherrn, dessen Augen auch den entferntesten Winkel des Platzes erreichten, trennten ihn vier Jahre der Reife.

Fast ein halbes Jahrhundert ist die WM 1958 her, und mit jedem Jahr hat sich die Legende verdichtet, die Pelé zum großen Helden der Seleção erhob. Pelé war 17, ein Kind, das unter entsetzlichem Heimweh litt. Fast ebenso litt er unter einer langwierigen Knieverletzung und der Angst, er müsse deshalb seine Karriere beenden. Zu Anfang des Turniers konnte Pelé deshalb nicht mitspielen und die Älteren mussten den Kleinen trösten. „Am wichtigsten für mich", erzählte Pelé später, „war Didí. Er war wie ein älterer Bruder. Fußball zu spielen war für ihn so einfach, wie eine Orange zu schälen."

Didí war es, der Trainer Feola überredete, den traurigen Buben nach Ausheilung seiner Verletzung in die Mannschaft zu holen. Pelé spielte spektakulär, hemmungslos, berauscht von seiner Jugend. Doch der Zauberer, der Pelé und die anderen Kaninchen aus dem Zylinder zog, ist Didí gewesen, Ballschlepper, Passgeber, Hirn und Seele des

Spiels, Gaspedal und Bremse zugleich, Abwehr und Angriff mit der gleichen Ernsthaftigkeit bedenkend. Aus zwei Silben bestand sein Spitzname, wie einmal geschrieben stand, die klangen wie das Klicken eines Lichtschalters: di-di, an-aus, di-di, an-aus. Seine Bewegungen waren geschmeidig wie die eines Tänzers und von so unvergleichlicher Eleganz, dass man ihn mit einem zweiten Spitznamen adelte: „der äthiopische Prinz". Schriftsteller Eduardo Galeano hat dies treffend beschrieben: „Von hagerem Wuchs, mit langem Hals, eine aufrechte Statue seiner selbst, so schien Didí wie eine geschnitzte afrikanische Figur, die jemand mitten aufs Spielfeld gesetzt hatte. Dort war er Herr und Meister. Von dort schoss er seine vergifteten Pfeile ab."

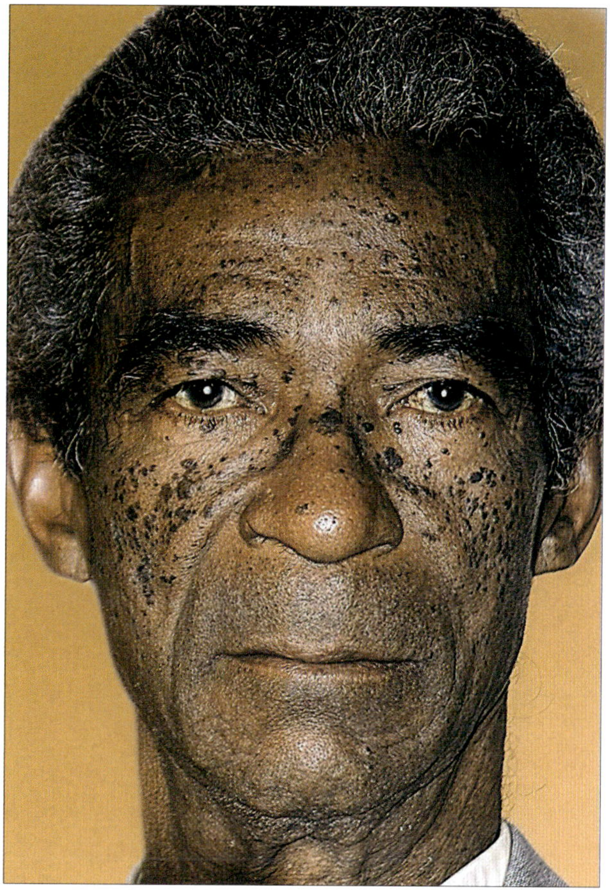

Vom Leben gezeichnet: Didí, nach seiner aktiven Karriere erst Trainer und dann Farmer, starb am 12. Mai 2001 an Leberkrebs.

Niemand konnte ihn während dieses Turniers daran hindern, seine Pässe zu Garrincha, Vavá oder Pelé zu schlagen, obwohl man ihm die lästigsten Kletten dieser Zeit ans Trikot geheftet hatte: Igor Netto, den Russen, Gerhard Hanappi, nach dem ein Wiener Stadion benannt wurde, den Engländer Robinson, den Franzosen Marcel und Liedholm, den großen Schweden. Sie alle mussten das Knie beugen vor dem König dieser Weltmeisterschaft. Nach dem Endspiel verfasste Dr. Friedebert Becker im *Kicker* eine Ode an die herrlichste Mannschaft der Fußballgeschichte: „Wir sahen das berauschendste Fußball-Schauspiel aller Zeiten ... Die Brasilianer gaben uns den Glauben daran wieder, dass die Schönheit unseres Spiels nicht durch die Kassierer-Diktatur blinder Defensive getötet werden kann." Didí war die Quelle dieser Schönheit.

Vier Jahre später verteidigten die Brasilianer in Chile ihren Titel. Sie hatten eine alt gewordene Mannschaft, weniger talentiert, weil ohne den verletzten Pelé spielend. Sie war langsamer als jede andere in diesem Turnier, träge mäanderte sie über den Platz wie ein Amazonas-Fluss in der Dschungelhitze. Ohne Didís Intelligenz wäre das Team verloren gewesen gegen die harten, flinken Europäer; aber ihm gelang es immer wieder, gleich mehrere Gegner auf sich zu ziehen, so dass Garrincha oder Pelé-Ersatz Amarildo jene Freiheit erhielten, die man zum Titel benötigt. Mit 34 Jahren war Didí auf dem Höhepunkt und gleichzeitig am Ende einer großen Karriere, die, das darf man nicht verschweigen, nicht ohne Makel geblieben war.

Ein großes Stück Fußballgeschichte – und ein großer Freund.

Kurz nach seinem ersten WM-Titel wollte die beste Vereinsmannschaft der Welt, Real Madrid, den besten Spieler der WM 1958 in den eigenen Reihen spielen sehen. Doch bei Real gab es einen noch besseren, Alfredo di Stéfano, das Genie. Di Stéfano war ein Diktator, dem Julius Cäsars Devise „Divide et impera" (teile und herrsche) fremd war. Di Stéfano schnitt den Rivalen und ließ ihn ausgrenzen von seinen Untergebenen im weißen Dress. Didí saß ein Jahr lang auf der Bank, und seine Verzweiflung verschwand nicht, wenn man ihm gnädig das eine oder andere Freundschaftsspiel gab. Didí rächte sich später, indem er die Qualität des spanischen Fußballs herabwürdigte. Es sei ein reiner Kraft- und Konditionsfußball, sagte er. Und wenn Intelligenz und Vernunft den Menschen vom Tier unterschieden, „was ist dann ein Fußballer wert, der allein von seinen physischen Fähigkeiten lebt?"

Didí, der gelernte Automechaniker, wurde ein brauchbarer Trainer, der seine größten Erfolge mit der peruanischen Nationalmannschaft feierte, die er zur WM 1970 nach Mexiko führte. Später, als seine Tochter in Rio Opfer eines Raubüberfalls geworden war, wanderte er nach Kanada aus, wo er mit Unterstützung der Fifa Nachwuchsspieler ausbildete. Doch Didí kehrte in die Wärme der brasilianischen Heimat zurück. Auf seiner Farm in der Nähe von Rio starb Waldir Pareira, genannt Didí, am 12. Mai 2001 im Alter von 72 Jahren an Leberkrebs. Unter Tränen sagte der einstige Mittelstürmer Vavá, der so sehr von Didís Vorlagen profitiert hatte, im Fernsehen: „Mit ihm geht ein großes Stück Fußballgeschichte – und auch ein großer Mensch und Freund."

4-2-4 für Romantiker

Der Fußball dieser Brasilianer hat die Menschen verzaubert.

Die WM-Analyse von Jupp Heynckes

Das zentrale Thema dieser WM war ein Wechsel des taktischen Systems: von der alten WM-Taktik hin zum 4-2-4, wie es die Brasilianer erstmals spielten. Mit dieser Anordnung konnten sie gegebenenfalls gegen den Mann spielen oder auch im Raum. Ich habe ja selbst einige Male gegen brasilianische Teams gespielt und kann daher aus Erfahrung sagen: Nichts ist schwerer im Fußball, als gegen eine brasilianische Defensive zu spielen. Sie folgen nicht stur ihrem Gegenspieler, sondern reichen ihn sozusagen an den Nebenmann weiter, und das war damals fast revolutionär. Bis dahin hatte man fast ausschließlich Mann gegen Mann gespielt. Wenn man einen ausgespielt hatte, hatte man freie Bahn in Richtung Tor. Nun war das plötzlich anders. Du hast einen ausgetrickst, schwupps, stand schon der nächste da. Beeindruckend war, dass sie dabei auch antizipiert haben, also die Spielsituation vorhergesehen.

Wenn also der Nebenmann einen Zweikampf zu verlieren drohte, ist der Spieler sofort zu Hilfe gekommen, ohne dass der Gegner daraus einen Gewinn ziehen konnte, weil er nach dem gewonnenen Zweikampf sofort den nächsten zu bestreiten hatte. Hinzu kommt, dass Brasilianer schon immer sehr zweikampfstark, schnell und athletisch waren. In Verbindung mit der neuen Taktik war es für die anderen Mannschaften bei dieser WM schier unmöglich, gegen diese Abwehr ein Durchkommen zu finden. Interessant ist, dass brasilianische Innenverteidiger nur defensiv ausgerichtet waren, vorne hatten sie nichts zu suchen. Die Außenverteidiger hingegen, vor allem Nílton Santos, sind immer wieder in die Offensive gegangen. Das ist bei den Brasilianern bis heute so.

Ein wesentliches Merkmal des 4-2-4 ist auch die Verschiebung der Aufgaben auf dem Feld. Im WM-Verbund hatten die Abwehrspieler nahezu ausschließlich Defensiv-Arbeit zu leisten, die fünf Stürmer waren für die Offensive zuständig. Es gab also zwei Blöcke innerhalb eines Teams mit ganz unterschiedlichen Aufgaben. Nun mussten plötzlich alle alles können, die Mittelfeldspieler initiierten nun nicht mehr nur die eigenen Angriffe, sondern halfen auch in der Verteidigung aus. Selbst die Stürmer gingen teilweise nach hinten, wenngleich Leute wie Pelé, Didí oder Vavá ihre Stärken sicher nicht dort hatten.

Früher gab es zwei Blöcke im Team. Jetzt musste plötzlich jeder alles können.

Kopf der Brasilianer war der technisch brillante Didí, ein klassischer Regisseur und Pendler zwischen den Strafräumen, fast ein bisschen wie der große Alfredo di Stéfano. Aber nur fast, wie sich später zeigen wollte, als Didí zu Real Madrid wechselte, sich aber nicht gegen di Stéfano durchsetzen konnte, weil er einfach zu langsam war. Didí war außerdem ein exzellenter Freistoß-Schütze, quasi der Erfinder des mit unheimlich viel Effet getretenen Schusses. Die Brasilianer nannten seine Freistöße „folha seca“, weil sie wie ein trockenes Blatt im Wind dahinflogen, dann aber urplötzlich nach unten fielen.

Der WM-Titel war eine Konsequenz aus dem frühen Ausscheiden bei der WM 1954, Produkt einer generalstabsmäßigen Planung. Vier Jahre vorher waren sie unbedarft in die Schweiz gereist und von den mitteleuropäischen Bedingungen überrascht worden. Diesmal hatten sie bereits ein Jahr vor Turnierbeginn eine Delegation nach Schweden geschickt, die alles testete, Hotels, Klima, Rasenverhältnisse. Und zwei Monate vor dem Start hatte Trainer Feola den gesamten Kader zum Trainingslager zusammengezogen. Diese perfekte Organisation haben sie auf das Spielfeld übertragen. Es ist bis heute das einzige Mal gewesen, dass eine südamerikanische Mannschaft eine WM in Europa gewann. Umgekehrt war das noch nie der Fall.

Es war die Geburtsstunde einer ganz großen Mannschaft; ob es die größte aller Zeiten war, kann ich nicht beurteilen. Sie hatten jedenfalls Pelé, der für mich vor Maradona der größte Spieler des vorigen Jahrhunderts war. Dass sich ein 17-Jähriger bei einer WM durchsetzt, ist einzigartig in der Geschichte des Fußballs. Ich glaube, ein solches Innentrio wie Didí, Vavá und Pelé hat es nie mehr gegeben. Ich möchte nicht sagen, dass ich ein Romantiker bin, aber diesen Fußball mit der perfekten Mischung aus Organisation, technischer Vollendung, Emotion und Verspieltheit haben wir heute nirgends mehr. Von diesem Fußball wurden die Menschen damals regelrecht infiziert.

Die Deutschen haben ein tolles Turnier gespielt. Szymaniak war überragend.

Die deutsche Mannschaft hatte es als Titelverteidiger sehr schwer. Von der Final-Elf 1954 waren nur noch vier Spieler dabei: Horst Eckel, Helmut Rahn, Fritz Walter und Hans Schäfer. Sie hatte schon eine sehr schwere Vorrundengruppe. Dass Herbergers Mannschaft dann im Halbfinale auf Gastgeber Schweden traf, erwies sich als äußerst problematisch, sie war der permanenten fanatischen Anfeuerung der einheimischen Zuschauer nervlich nicht gewachsen. So kam es zum Platzverweis von Juskowiak nach einem Foul an Hamrin, der das Spiel kippte. Die Entscheidung war der Ausfall von Fritz Walter, der sich verletzt über den Platz schleppte. Damals konnte man ja noch keinen neuen Mann aufs Feld schicken, so dass die Deutschen praktisch mit neun Leuten zu Ende spielen mussten. Dennoch war es eine sehr gute Mannschaft mit den blutjungen Nachwuchsspielern Uwe Seeler und Karl-Heinz Schnellinger. Außenläufer Horst Szymaniak hat ein überragendes Turnier gespielt. Fritz Walter war mit seinen 37 Jahren nicht mehr ganz der große Regisseur der WM 1954. Das 3:6 verlorene Spiel um Platz drei kann man eigentlich gar nicht mehr zählen, Herberger hat angeschlagene Spieler auf der Bank gelassen und anderen, die noch nicht zum Einsatz gekommen waren, eine Chance gegeben. Insgesamt aber war die Elf zu erschöpft, um den Franzosen einigermaßen Paroli zu bieten. Trotzdem: Bei einer brillanten WM hat die deutsche Auswahl eine tolle Vorstellung geboten und bewiesen, dass sie vier Jahre zuvor mit Recht den Titel gewonnen hatte.

Die Mannschaft des Turniers

Angst und Schrecken verbreitet wohl die Offensivkraft unserer Mannschaft des Turniers, zusammengestellt von Jupp Heynckes und der Sportredaktion der *Süddeutschen Zeitung*. So viele herausragend gute Angreifer tummelten sich beim Turnier in Schweden, dass zum Beispiel der große Franzose Raymond Kopa keinen Platz findet, und auch nicht Helmut Rahn, der bis zum Halbfinale eine überragende WM spielte. Als einziger Deutscher hat Horst Szymaniak Aufnahme in dem erlesenen Kreis gefunden, in dieser brasilianisch gefärbten Traumelf.

Ein Mann der vielen Trikots: Karl-Heinz Schnellinger, Jahrgang 1939, bestritt vier WM-Turniere und 47 Länderspiele. Er wechselte 1958 von Düren nach Köln, 1963 nach Mantua, 1964 nach Rom, 1965 zum AC Mailand, 1974 für eine Saison zu TeBe Berlin.

„Sepp war der Beste“

Der jüngste deutsche WM-Spieler über seine vier Turniere, sein Idol Walter, Helmut Rahns Klasse – und über sein gefährlichstes Tor.

Von Ludger Schulze

Herr Schnellinger, Sie sind der jüngste deutsche Spieler, der je bei einer WM …
War nicht Uwe Seeler jünger?

Nein, mit 19 Jahren und 69 Tagen sind Sie der jüngste deutsche Teilnehmer an einem WM-Spiel.
Ja, Pelé und ich, wir waren die Jüngsten bei der WM 1958.

Pelé war sogar erst 17. Sie gingen ja damals in Düren noch zum Gymnasium und bekamen Extra-Urlaub.
Mein Vater musste eigens zum Direktor gehen, um ihn um Freistellung zu bitten. Nicht auf meine Verantwortung, hat der Direktor gemeint. Mein Vater musste schließlich unterschreiben, dass er die Verantwortung übernimmt. Durch die vielen Verpflichtungen im Fußball war ich ohnehin nicht der beste Schüler. Da hatte der Direktor Angst, dass ich zu viel Stoff versäume. Heute würde man einem Spieler, der nur noch ein Jahr Schule vor sich hat, doch das Abitur schenken.

Sie kamen als Amateurspieler zur WM, nicht wie die anderen als Vertragsspieler.
Ich spielte mit Düren 99 in der zweiten Liga. Nein, in der Amateurliga glaub' ich, das war sogar noch weniger.

Als 19-Jähriger bestreitet Karl-Heinz Schnellinger (l.) in Schweden sein undankbarstes Duell: Just Fontaine (r.), sein Gegenspieler, schießt vier Tore im Spiel um Platz drei.

Was hat man denn damals mit Fußballspielen so verdient?
In Düren? Keine müde Mark.

Wie kam denn ein so junger Kerl aus einer unterklassigen Mannschaft ins Aufgebot des amtierenden Weltmeisters?
Sepp Herberger war der Trainer, und das gleich mal vorweg, der war der Beste von allen. Im Frühjahr 1958 fand in Basel ein Länderspiel der B-Mannschaften zwischen der Schweiz und Deutschland statt. Ich musste gegen einen der besten Schweizer Spieler überhaupt spielen und habe eine dolle Figur abgegeben. Nach dem Spiel kam Herberger zu mir und sagte: „Karl-Heinz, hast du 'nen Pass?“ Ich sagte: „Was für'n Pass? Ich hab' kein' Pass.“ Sagt der Herberger: „Sieh zu, dass du einen kriegst, in drei Tagen fährst du mit nach Prag zum A-Länderspiel gegen die Tschechoslowakei.“ Da habe ich dann mein Debüt gegeben.

Das Spiel gegen die CSR war zwei Monate vor der WM das letzte Testspiel, für Sie als Amateurspieler ein großer Sprung …
… ich habe zu der Zeit keine Sprünge gemacht, das waren schon Salti mortali.

Wie lief denn die unmittelbare Vorbereitung auf die WM ab?

Das weiß ich im Einzelnen gar nicht mehr, da waren halt Trainingslager in Karlsruhe-Schöneck und Frankfurt dabei.

Zweimal am Tag Training?
Dreimal.

Ein bisschen viel, nicht wahr?
Morgens vor dem Frühstück musste man laufen wie verrückt, vormittags und nachmittags auch. Nach dem Nachmittagstraining hat Herberger gesagt: „So, Schluss für heute, meine Herrn." Gegen Abend nach dem Essen ging es in die Halle, nur so, und komischerweise lag da immer ein Ball rum. Dann haben wir halt noch mal hingelangt, ein Spielchen vier gegen vier oder fünf gegen fünf, dann waren wir schon wieder kaputt. Gegen neun bist du dann todmüde ins Bett.

Wie sind Sie als Jungspund in dieser Mannschaft, in der ja noch einige Weltmeister von 1954 standen, denn aufgenommen worden?
Von Frankfurt aus sind wir mit dem Zug nach Prag gefahren. Irgendwann kam Herberger zu mir und sagte: „Karl-Heinz, jetzt stell' ich dir mal Fritz Walter vor." Der lag in seiner Koje und schlief, wie fast immer. Ich sag: „Guten Tag, Herr Walter." Sagt er: „Bist du bekloppt, was ist denn mit dir los? Ich bin der Fritz!" Mein Gott, ich hätte den doch nie geduzt! Er war 37, fast doppelt so alt wie ich, aber nicht deswegen war er eine absolute Respektsperson für mich.

Blieb er das?
Ja, wir hatten bis zu seinem Tod ein herrliches Verhältnis zueinander. Wir haben in den letzten zehn, 15 Jahren viel miteinander telefoniert, ungefähr einmal monatlich. Zu seinem 80. Geburtstag, das war 2000, bin ich einfach aufgetaucht. Das ist ein Glück, denn so habe ich ihn noch einmal gesehen, ehe er 2002 starb.

Ein schwieriges Verhältnis pflegt Schnellinger zum DFB: Bundestrainer Helmut Schön (Bild links) hielt er für einen „komischen Tünnes", vom Verband (rechts Präsident Hermann Neuberger) fühlt er sich nicht gebührend gewürdigt.

Eine Respektsperson auch außerhalb des Spielfeldes?
Er war ein ganz ruhiger Vertreter. Damals musste man Vorbild auf dem Platz sein, und außerhalb noch viel mehr. Heute ist das ganz anders. Je mehr Mist man baut im Privatleben, desto mehr Schlagzeilen bekommt man. Das hat sich total geändert gegenüber der Zeit, als Fritz Walter unser Anführer war.

War er denn mit seinen 37 sportlich noch auf der Höhe?
Er war, wie man in Italien sagt, ein „ingenio" – ein Genie, kein Kämpfer, das war ja auch nicht seine Aufgabe in dieser Mannschaft. Fußballerisch hatte er den sechsten Sinn. Alle akzeptierten ihn.

Wie hat er die Mannschaft auf dem Rasen geführt?
Geführt? Man hat ihn einfach gesucht, weil er immer was mit dem Ball anfangen konnte. Er hat nicht rumgebrüllt wie andere Spielführer. Beispielsweise Alfredo di Stéfano, den hörtest du immer pfeifen. Das hieß: Ball her zu mir! Wenn du neben deinem Gegenspieler hergelaufen bist und hast diese Pfiffe gehört, wusstest du genau, wohin der Ball jetzt kommt. Fritz Walter war viel zurückhaltender.

Di Stéfano halten viele für den komplettesten Spieler der Fußballgeschichte. Konnte sich Fritz Walter mit seinen 37 noch mit ihm messen?
Di Stéfano ist für mich immer noch der beste Spieler der Welt. Er hat hinten die Tore vereitelt und hat sie vorne gemacht. Fritz hat damals wenig nach hinten gearbeitet.

Sie jedenfalls mit Ihren 19 Jahren hat Walter sofort akzeptiert.
Er hat ja gemerkt, dass da Substanz vorhanden ist bei mir.

Sie haben dann, wieder gegen die Tschechoslowakei, beim 2:2 in Helsingborg ihr WM-Debüt gehabt. In Berichten von damals hieß es, Sie wären als rechter Läufer unerhört kaltschnäuzig gewesen. Waren Sie tatsächlich so abgebrüht?
Ich? Das sieht nur so aus, als wäre ich ein ruhiger Typ. Ich hab' ja schon unmittelbar vor dem Spiel zwei Kilo abgenommen, und das kam nicht vom Warmmachen. Diese Nervosität war erst zu Ende, als ich auf dem Platz stand.

Versagensängste?
Nö, damit hat das nix zu tun. Ich hab immer versucht, das Beste zu geben. Gott, auch wenn's mal weniger war, es hat doch immer gereicht.

Abschiedstournee: Seine Karriere lässt Schnellinger 1974/75 im Trikot von Tennis Borussia Berlin ausklingen. Den Kollegen Franz Beckenbauer (r.) hält Schnellinger für den Einzigen, der im deutschen Fußball Ahnung hat.

Wenn einer 16 Jahre beim Nationalteam dabei war, kann es nicht so schlecht gewesen sein.

16 Jahre? Sie haben Ihr letztes Länderspiel doch 1971, also nach 13 Jahren gemacht.
16 Jahre im Profifußball. Aber wenn der Seppl Herberger noch Trainer gewesen wäre, hätte ich 1974 auch meine fünfte WM mitgemacht. Der hätte mich mitgenommen, und wenn er mich in irgendeinem Spiel nur die letzten fünf Minuten eingewechselt hätte. Denn ich war ja noch nicht zum Wegwerfen. Aber der Helmut Schön war ein komischer Tünnes, mehr Politiker als Trainer. Er hatte absolut nicht das Format von Herberger.

Und Schöns große Erfolge von 1966, 1970 oder noch später?
Alles Herbergers Hinterlassenschaft.

Was hat ihn denn vor allen anderen ausgezeichnet?
Er war ein großer Psychologe. Er wusste die Leute zu nehmen, kannte ihre Stärken und Schwächen. Auch die der gegnerischen Spieler. Ab und zu hat er dich scharf gemacht, dann hat er ein Bild vom Gegenspieler gezeigt und gesagt: „Den musst du decken."

Nun ja. Wie hat seine Art von Psychologie praktisch ausgesehen?
Wenn du nach einem guten Spiel stolz vom Platz gegangen bist, hast du hundertprozentig eine auf den Deckel gekriegt. Dies muss besser werden, das musst du ändern. Hast du Mist gebaut, hat er gesagt: „Ja, ich habe gesehen, Sie haben sich verbessert. Sie springen höher beim Kopfball, Sie sind schneller geworden." Er hat stets das Gegenteil gemacht von dem, was man erwartet hat. Und er hat sich intensiv um jeden Spieler gekümmert.

Wie hat sich das geäußert?
Ich habe zu Hause noch viele Briefe von ihm. Er schreibt darin, Sie müssen mehr arbeiten, schneller werden, mehr am Kopfballpendel tun, dies war gut und jenes war schlecht.

Sie galten als herausragender Kopfballspieler.
Dafür habe ich ja auch genug getan. Im Haus, in dem ich mit meinen Eltern in Düren lebte, habe ich einen Balken durch die Dachluke geführt, hab' ein Seil dran festgemacht und daran einen Ball gehängt. Und dann hab' ich stundenlang Kopfball geübt.

Gab es denn eine genaue taktische Einstimmung Herbergers?
Das ging nach dem Motto: Du machst das und du das. Die große Taktik hat er wahrscheinlich mit den Älteren besprochen, mit Fritz Walter oder Hans Schäfer.

Wie war denn das Quartier in Schweden? Man erzählt sich, dass Herberger alle Zimmermädchen gegen männliche Bedienstete ausgetauscht hätte.
Blödsinn, wenn das stimmt, dann war ich im falschen Trainingslager.

Aber Sie hatten anders als heute noch Doppelzimmer. Mit wem haben Sie eine Bude geteilt?
Ich glaube, das war der Schorsch Stollenwerk ... Ja, der Stollenwerk war's, unser rechter Verteidiger.

Die erste große Dienstreise: Karl-Heinz Schnellinger (l.) packt in Schweden mit dem Zimmerkollegen Stollenwerk seinen Koffer aus.

Ein erfahrener Kollege mit 27 Jahren. Herberger hat ja gerne unterschiedliche Spieler zusammengelegt. Beispielsweise auch den eher phlegmatischen Fritz Walter mit dem ungebärdigen Helmut Rahn, der vom Bundestrainer wieder aufgenommen worden war, nachdem er wegen einer Alkoholfahrt im Gefängnis gesessen war. Wie hat sich Rahn bei dieser WM verhalten?
Helmut Rahn war ein verrückter Kerl, der gerne einen trank. Ich hab später beim 1. FC Köln noch mit ihm zusammengespielt. Da mussten wir ihn vor einem Spiel gegen Pirmasens aus der Kneipe holen und unter die kalte Dusche stellen. Am Samstag hat er trotzdem gespielt. Entweder man kann's oder man kann's nicht. Das gilt auch heute noch. Bei der WM in Schweden hat er jedenfalls erstklassig gespielt.

Besonders in Erinnerung dürfte Ihnen noch das Halbfinale gegen Schweden sein.
Da hab' ich nicht mitgespielt.

Aber Sie waren im Stadion, das angeblich einem Hexenkessel glich.
Wenn die Heimmannschaft spielt, ist überall Theater. Ich halte nichts davon, das wieder aufzuwärmen. 1958 war vieles noch ganz anders.

Der Krieg war nicht vergessen.
Ich bin '63 nach Italien gegangen. Wenn ich mit Mantua in Süditalien spielte, war ich auch das NaziSchwein. Der Hass war einfach noch größer.

Und das Spiel selbst?
Wir waren gehandicapt dadurch, dass der Schiedsrichter den Juskowiak des Feldes verwiesen hat. Für ein Foul, das keines war. Der Hamrin war ein raffinierter Junge, der hat sich fallen lassen.

Und dann kam noch die Verletzung von Fritz Walter. Es war offenbar

eine wirklich unglückliche Niederlage.
Weiß nicht. Man muss Niederlagen akzeptieren. Die Schweden hatten wirklich eine ausgezeichnete Mannschaft: Skoglund, Hamrin, Gren, Liedholm, Bergmark.

Aber im Spiel um Platz drei gegen Frankreich haben Sie wieder gespielt.
Gegen Just Fontaine. Der hat vier Tore gemacht.

Das Spiel endete bekanntlich 3:6. Waren Sie so schlecht?
Kann man nicht sagen, über einen 19-Jährigen. Es spielte ja eine B-Mannschaft, Kwiatkowski im Tor, Wewers, Aki Schmidt, Kelbassa, die Reserve eben.

Sie waren ein Weltstar, 13 Jahre in der Nationalmannschaft. Erstaunlich, dass Sie nur auf 47 Länderspiele gekommen sind. Warum?
Der Schön hat mich nur geholt, wenn es gebrannt hat: Qualifikationsspiele, WM-Turniere. 1963 bin ich nach Italien gegangen, danach hatte ich nur noch 25 Länderspiele.

Ihre vier Teilnahmen an WMs übertrifft nur Lothar Matthäus. Sie sind ein hoch geachteter Mann in Italien wie in Deutschland.
Päh. Ich habe den Eindruck, die Leute vom DFB wissen gar nicht, was Fußball ist.

Wieso das denn?
Ich habe seit meiner aktiven Zeit nie mehr was gehört von denen, keine Einladung, nicht einmal zur WM 1990 hier in Italien. Ich hab' so viel gewonnen, auch in der Nationalmannschaft. Da ist es traurig, dass man so wenig Resonanz bekommt. Außer dem Beckenbauer hat da keiner eine Ahnung. Den müsste man allerdings klonen, damit was vorwärts geht im deutschen Fußball.

Was blieb Ihnen von der WM?
Die Prämie für jeden betrug 1500 Mark. Für das ganze Turnier.

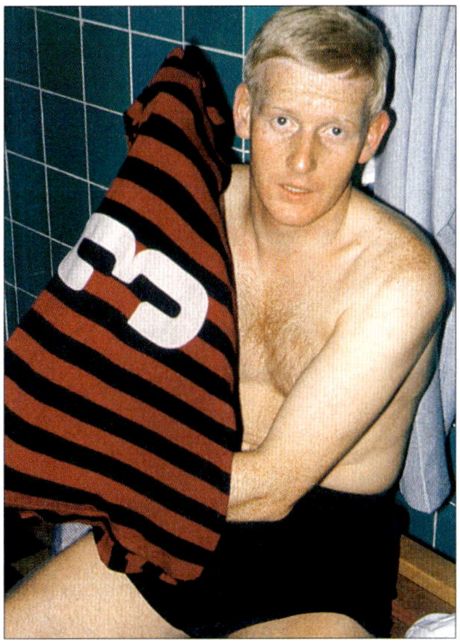

Weltpokal, Europacup der Landesmeister und der Pokalsieger, italienischer Meister und Pokalsieger: Titel, die Schnellinger mit Milan gewann.

Hat das für ein Auto gereicht?
Nee. Aber zu mir haben sie gesagt: Dir können wir das Geld nicht geben, du bist Amateur. Wir geben dir eine Tasche von Adidas, da waren zwei Paar Fußballschuhe drin, zwei Trainingsanzüge, zwei Paar Laufschuhe. Das war 'ne Frechheit.

Wie verlief 1963 Ihr Wechsel nach Italien?
Die wollten mich schon zwei Jahre vorher. Aber ich wollte nicht. Eines Tages kam der Präsident Franz Cremer: Hör mal, Junge, die sind wieder da. Die bieten dir dies und uns das.

Was waren denn dies und das?
Darüber rede ich nicht. Cremer hat gesagt: Das, was die dir bieten, kannst du hier im Leben nicht verdienen. Und wir auch nicht.

Die Ablösesumme betrug 1,12 Millionen Mark.
Kann sein. Hab' ich mich nicht drum gekümmert.

Sie haben ein Jahr in Mantua gespielt, ein Jahr bei AS Rom, und neun Jahre bei AC Mailand. Haben Sie denn dorthin noch Kontakt?
Bestens. Mein Arbeitgeber (Schnellinger lebt in Mailand als PR-Manager einer Kantinenkette/Red.) ist Sponsor des Klubs. Ich krieg' zu jedem Heimspiel automatisch drei Karten. Aber ich geb' die Karten an meine Frau, die Schwiegersöhne oder Töchter weiter. Ich guck' mir das im Fernsehen an.

War die erste Ihre schönste WM? Oder, wie viele Ihrer Kollegen nach Mexiko sagten, die von 1970?
Kann ich nicht sagen, jede war ein Erlebnis. 1962 sind wir früh ausgeschieden, aber ich habe gut gespielt und bin Fußballer des Jahres in Deutschland geworden. In England 1966 sind wir im Endspiel beschissen worden.

Aber eine besonders pikante Note hatte die WM 1970. Im Halbfinale gegen Italien (3:4 n.V.) erzielten ausgerechnet Sie in der Nachspielzeit den Ausgleich, wo Sie doch im Land des Gegners lebten.
Ja sicher. Was hätte ich denn machen sollen? Hätte ich ihn nicht reingehauen, hätte man mich ausgepfiffen. Ich habe getan, was jeder Profi getan hätte.

Hat Ihnen das Tor geschadet?
Überhaupt nicht. Im ersten Moment aber schon. Mein Präsident in Mailand, Franco Carraro, saß mit Trainer Nereo Rocco in Mexiko auf der Tribüne. Nach meinem Tor hat er gesagt: „Was machen wir jetzt mit Carlo?" – „Den müssen wir verkaufen", hat Rocco geantwortet.

Sie waren ein zweikampfstarker, kopfballbegabter Abwehrspieler. Wie kamen Sie denn bei diesem Tor in Mittelstürmerposition?
Ich hab' die Stadionuhr gesehen, ein Riesending. Die Zeit war abgelaufen, der letzte Angriff. Ich dachte mir: Was willste noch hier hinten? Dann bin ich einfach nach vorne in die Flanke von Grabowski hineingelaufen und hab' den Ball reingedrückt. So war das. Das hatte nix mit genial oder so zu tun.

Jugend bewegt sich

Zehn Jahre vor 68: ein zarter Hauch von Revolte. Elvis ist im Land, und bei einer Tournee von Bill Haley übt die Jugend Rock'n'Roll, was die Erwachsenen „Negermusik" nennen (links). Anlässlich des 13. Jahrestages von Hiroshima am 6. September 1958 protestieren Jugendliche gegen die Atomrüstung.

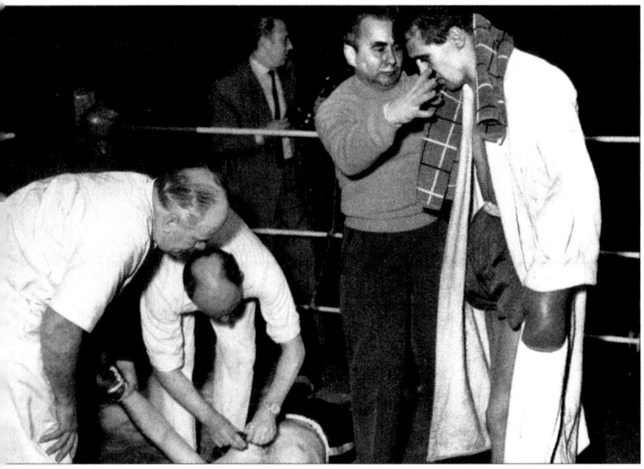

bereits erwarteten Übergriffe jugendlicher Fans. Sie kennen den Film „The Blackboard Jungle" (1955), der in Deutschland den drohenden Titel „Saat der Gewalt" trägt und in dem Bill Haley „Rock Around The Clock" spielt. Dieses doch recht biedere kleine Stück – wer hätte gedacht, dass ein herumgewirbelter Kontrabass eine Weltrevolution auslösen würde? – gab die Schlagzahl vor für die Jugendbewegung der fünfziger Jahre. Die Single verkaufte sich, befeuert durch den Film über schwer erziehbare Schuljungs, 25 Millionen Mal. Den jugendlichen Delinquenten, der sich von den Autoritäten nichts sagen lässt, hatte auch Marlon Brando in dem Motorradfilm „Der Wilde" (1953) gespielt, doch keiner konnte es besser als James Dean in „... denn sie wissen nicht, was sie tun" (1955).

Der junge Jim Stark fühlt sich von seinem Vater, seinen Lehrern und von seinen Mitschülern missverstanden und gerade deshalb im Recht. Da der Hauptdarsteller nicht bloß bildschön leiden konnte, sondern nach Abschluss auch noch im jugendlichen Eifer in den Tod fuhr, beglaubigte er seine Rolle. Das war ein Vorbild, mit dem die Eltern endlich einmal nichts anfangen konnten. Elvis wie auch Jimmy Dean hatten zudem den Vorzug, nicht bloß Rebellen ohne Grund, sondern völlig unpolitisch zu sein.

Bill Haley spielt sein schlagkräftiges Lied auch in Berlin. Die „Frontstadt" des Kalten Krieges erlebt – wenn man den Tageszeitungen glauben darf – eine mittlere Apokalypse. In Wirklichkeit ist nur ein Konzertflügel zu Bruch gegangen, allerdings auch die Kulturbarbarei des Rock'n'Roll erwiesen. Den zeitgenössischen Beobachtern, die sich pawlowverlässlich empören, entgeht ein bezeichnendes Detail: Der offenbar anarchistische Rock'n'Roller Haley ist im Sportpalast aufgetreten, in dem fünfzehn Jahre zuvor Propagandaminister Joseph Goebbels die Volksgemeinschaft generalmobilisierte mit dem Schlachtruf: „Wollt Ihr den totalen Krieg?" Der kam dann auch und legte Deutschland wie gewünscht in Schutt und Asche. Gemessen an der frenetischen Begeisterung der Zuschauer bei der Aussicht, den Feind kräftig aufs Haupt zu schlagen, war die Randaliersucht der Berliner Petticoat- und Röhrenhosenträger harmlos.

Der Kinderstar Peter Kraus beobachtete die Exzesse, die sich bei Bill Haleys Konzerten abspielten, mit fast schon erwachsener Empörung. „Wenn das die Zukunft des Rock'n'Roll sein sollte, dass ich mich vor meinem eigenen Publikum schützen musste, so konnte ich gerne darauf verzichten." Da sang er sich doch lieber mit Filmen wie „Conny und Peter machen Musik" in die Herzen der Mütter und Großmütter.

Bill Haley und seinen Comets eilt nun – verstärkt durch die entgeisterte Berichterstattung – ein Ruf voraus, dem sie in der Ernst-Merck-Halle am 27. Oktober 1958 endlich gerecht werden. Die Stadt hat mehrere Hundertschaften Polizei aufgeboten. Die Jugendlichen, die auch in Hamburg nicht wissen, was sie tun, sollen in einem Sicherheitskordon versiegelt werden. Wachtmeister mit preußischem Tschako reiten an den Reihen entlang, als ginge es zur Entscheidungsschlacht in finstrer Nacht. Die Zeitungen verstärkten dieses Traditionsbewusstsein der obrigkeitlichen

So sieht das aus, wenn die Jugend in den fünfziger Jahren rockt, hier in Stuttgart: Die Polizei greift ein. In seriösen Zeitungen wird anlässlich der Haley-Konzerte die „Anwendung von Prügeln und Güssen mit kaltem Wasser" empfohlen. Es handle sich bei den Jugendlichen um eine „Meute von Raubtieren".

Protest kann ja auch so adrett sein. Hier streiken die Arbeiterinnen einer Strumpffabrik in Bischofswiesen für besseren Lohn (links). Das Ziel der meisten Träume in den fünfziger Jahren ist am Ende doch eines der schicken neuen Fernsehgeräte (unten).

Kräfte noch, wenn sie beschrieben, wie die Polizisten mit „Sturmriemen unter dem Kinn" gegen den „Halbstarkenmob" vorgehen mussten.

Aber sie hatten ja Recht, die Zeitungen, die Eltern, die Lehrer, denn in Hamburg bricht die Hölle los. Den Veranstaltern hatte offenbar jemand gesagt, dass Rock'n'Roll nichts mit Abendsakko und Fliege zu tun haben wolle. Dennoch trat im Vorprogramm Kurt Edelhagen mit einer Big Band auf und erzürnte die sechstausend Zuhörer mit seinen friedvollen und grundlos gutgelaunten Klängen. Die Jugendlichen wollten aber keinen für alle Generationen kompatiblen Swing, sondern sie wollten den unfreiwilligen Krawall-Helden aus dem Film „Saat der Gewalt" in Aktion sehen. Als Bill Haley mit seiner Band endlich auf die Bühne kommt, explodiert das von vielen befürchtete Inferno. Vorn an der Bühne produzieren sich die ersten Tänzer im Blues-Rhythmus, die Ordner schreiten ein, schubsen sie zurück ins Publikum, in dem sich sogleich Unmut gegen diese Aufseher regt. Bill Haley schaut sich das eine Zeitlang an, die Musiker bekommen es mit der Angst und beschließen, das Konzert nach gut dreißig Minuten abzubrechen. Die enttäuschten Fans protestieren und machen sich dann voller Eifer über die Bestuhlung her. Die freigeschlagenen Latten werden vereinzelt gegen die Saalordner eingesetzt, und als die Polizei dazwischen gehen will, beginnt eine kleine Saalschlacht. In liebevoller Kleinarbeit werden die Kassenhäuschen demoliert.

Vor der Halle können sich die Zuschauer noch immer nicht beruhigen. Sie werfen mit allem, was ihnen in die Hände fällt, und sie werfen es auf die armen, überforderten Polizisten. Ein Teil der Polizei zieht sich in die Einsatzwagen zurück und fürchtet sich. Andere nehmen ein gutes Dutzend Randalierer fest. Es handelt sich um zumeist minderjährige Lehrlinge, die noch kaum straffähig sind und deshalb in die Obhut ihrer Eltern gegeben werden.

Der Sachschaden ist bei 20000 Mark überschaubar, aber in den Feuilletons wird ausgiebig mit den Händen und um Fassung gerungen. Die *Zeit* weiß von einer „Meute von Raubtieren" und empfiehlt per Ferndiagnose „die Anwendung von Prügeln und Güssen mit kaltem Wasser". In der *Wochenschau* sind es „Wilde", die angeblich „nach dem Motto ‚Wehe, wenn sie losgelassen'" aufgetreten sind und am besten in Verwahranstalten versorgt wären. Die Worte „Zuchthaus" und „Arbeitslager" fallen, aber nur mündlich, denn früher hätte es sowas nicht gegeben, nein.

Zum ersten Mal hatte sich in der Nachkriegszeit die Jugend bemerkbar gemacht. Erstaunlicherweise flaute diese Jugendrevolte fast so schnell wieder ab, wie sie entstanden war. Der Rock'n'Roll erlahmte selber: Elvis musste seine zwei Jahre bei der Army abdienen, Jerry Lee Lewis und Chuck Berry wanderten wegen Geschichten mit Minderjährigen ins Gefängnis, Little Richard wurde fromm und entsagte auf mehrere Jahre freiwillig der Teufelsmusik.

Bis die Studenten gegen Vietnam und gegen die Notstandsgesetze auf die Straßen gingen, sollte es noch einige Jahre dauern, und so wurde

dieser Ausbruch im Jahr 1958 vorsichtshalber wieder vergessen. Er war auch zu rätselhaft und ließ sich so gar nicht nach politischen Begriffen einsortieren. Dass die Sehnsucht nach dem Unmittelbaren, die sich in der Begeisterung für Elvis und James Dean und der Randale um den übergewichtigen Bill Haley gezeigt hatte, doch wieder ausgebeutet wurde und die beginnende Jugendkultur kräftig zum Wirtschaftswunder beitrug, steht auf einem ganz anderen Blatt.

Der Verleger Helmut Kindler berichtet in seinen Memoiren, wie er fast ganz allein die Jugendkultur in Deutschland erfunden hat. Um seinem Bruder, der Textilien herstellte, zum Geburtstag eine kleine Freude zu machen, brachte Kindler in der von ihm herausgegebenen Zeitschrift *Bravo* eine Anzeige, mit der er für die Sportjacken seines Bruders warb:

James Dean trug Lederjacken
James Dean trug auch Strickjacken
Am liebsten trug er die Leder-
Strick-Jacken
Er trug sie in Rot
Er trug sie in Grün
Er trug sie in Cognac.

Dümmer kann man sich Werbung kaum vorstellen, auch nicht effektvoller. Es war jedes einzelne Wort gelogen.

Die Bestellungen seien sagenhaft gewesen, berichtet Kindler. Aber genau das war schließlich das Wirtschaftswunder, hier, jugendtypisch, vermehrt um die Bereitschaft, sich für dumm verkaufen zu lassen.

Conny und Peter machten weiter Musik, Konrad Adenauer erfreute sich noch etliche Jahre seiner endlosen Kanzlerschaft, der Kalte Krieg ging weiter, die Angst vor dem Atomtod ließ keineswegs nach, und weit hinten im Ural explodierte, ohne dass es im Westen jemand wusste, eine mittlere Atomfabrik. Die Jugendrevolte aber, die erstaunlicherweise in Deutschland weit heftiger ausgefallen war als in den USA, wo der Rock'n'Roll erfunden worden war, verlor sich wie noch jede Jugendbewegung.

Das Jahr im Porträt

Januar

1.1. Die „Römischen Verträge" über die Europäische Wirtschaftsgemeinschaft und die Europäische Atomgemeinschaft treten in Kraft.

2.1. Das Ministerium für Kultur der DDR ordnet an, die Erscheinungen der „westlichen Dekadenz" in der Tanzmusik zu bekämpfen.

27.1. Die „Pionierorganisation Ernst Thälmann" wird Massenorganisation für Kinder in der DDR.

31.1. Den USA gelingt mit dem Abschuss des „Explorer 1" erstmals der Start eines Erdsatelliten.

Februar

3.–6.2. Erich Honecker wird Mitglied des Sekretariats des Zentralkomitees und des Politbüros der SED.

24.2. Der Physiker Werner Heisenberg (Bild) hält in Göttingen einen Vortrag über seine „Einheitliche Theorie der Elementarteilchen", die als „Weltformel" bekannt wird.

März

19.–21.3. Konstituierende Sitzung des Europäischen Parlaments in Straßburg, als gemeinsames Organ von Montanunion, Europäischer Wirtschaftsgemeinschaft und Europäischer Atomgemeinschaft.

25.3. Der Bundestag beschließt die Ausstattung der Bundeswehr mit Atomwaffen im Rahmen der Nato, falls es nicht zu einer allgemeinen Abrüstungsvereinbarung kommt.

April

7.4. In London nehmen über 1000 Menschen am ersten Ostermarsch gegen nukleare Aufrüstung teil.

17.4. In Brüssel wird die erste Weltausstellung seit dem Zweiten Weltkrieg eröffnet. Zentrale Themen sind Kerntechnik und Raumfahrt.

25.4. Das erste deutsch-sowjetische Handelsabkommen wird beschlossen. Es sieht Warenaustausch für 3,15 Milliarden DM vor.

Mai

18.5. Der FC Schalke 04 wird Deutscher Fußballmeister.

29.5. Der französische Staatspräsident René Coty beauftragt General Charles de Gaulle mit der Regierungsbildung, nachdem ein Putsch der französischen Streitkräfte in Algier zum Sturz der Regierung in Paris geführt hat.

Juni

12.6. In der deutsch-niederländischen Handelskammer wird ein Gutachten vorgelegt, das die Verschmutzung des Rheins als „an der Grenze des Erträglichen" sieht.

16.6. Der ungarische Politiker Imre Nagy wird durch sowjetische Truppen hingerichtet. Sein Tod löst weltweit Empörung aus.

Juli

1.7. In der Bundesrepublik Deutschland tritt das 1957 verabschiedete Gesetz über die Gleichberechtigung von Mann und Frau in Kraft.

4.7. Der Bundestag verabschiedet den Haushalt; erstmals ist der Verteidigungsetat der größte Posten.

10.–16.7. Auf dem Parteitag der SED wird der „Sieg der sozialistischen Produktionsverhältnisse" als Hauptaufgabe aller Massenorganisationen der DDR festgelegt.

29.7. Die US-amerikanische Luft- und Raumfahrtbehörde Nasa wird gegründet.

August

23.8. In Hamburg läuft das erste Segelschulschiff der Bundesmarine, „Gorch Fock", vom Stapel.

September

14.9. Die Nationale Gedenkstätte im ehemaligen Konzentrationslager Buchenwald wird eingerichtet.

14./15.9. Kanzler Adenauer trifft zum ersten Mal Frankreichs Ministerpräsident de Gaulle (Bild).

23.9. Der amerikanische Film „Der große Diktator" von und mit Charlie Chaplin aus dem Jahre 1940, eine Parodie auf Adolf Hitler, wird erstmals in der Bundesrepublik gezeigt.

Oktober

1.10. Der amerikanische Rock'n' Roll Sänger Elvis Presley trifft als Wehrpflichtiger zu seinem Dienst in der Bundesrepublik ein und wird von jubelnden Fans empfangen.

4.10. Die Verfassung der V. Französischen Republik tritt in Kraft. Sie gewährt dem Staatspräsidenten außerordentliche Vollmachten.

9.10. Papst Pius XII. (Bild) stirbt in Rom, Nachfolger wird Johannes XXIII.

26.10. Nach einem Konzert des Rock'n' Roll Stars Bill Haley kommt es in West-Berlin zu Krawallen.

November

2.11. Eine Ausstellung auf der Ost-Berliner Museumsinsel zeigt Kunstschätze, die 1945 in die Sowjetunion verschleppt und nun zurückgegeben wurden. Darunter ist auch der Pergamonaltar.

16.11. Bei den Wahlen zur Volkskammer und zu den Bezirkstagen in der DDR erhalten die Einheitslisten 99,7 % der Stimmen.

27.11. Die Sowjetunion kündigt das Besatzungsstatut für Groß-Berlin auf und fordert eine entmilitarisierte Freie Stadt West-Berlin innerhalb von sechs Monaten. Im Fall der Nichterfüllung würden die sowjetischen Berlin-Rechte an die DDR übertragen werden. (Erstes Berlin-Ultimatum).

Dezember

1.12. Die Ludwigsburger Zentralstelle zur Verfolgung von Nazi-Gewaltverbrechen wird gegründet.

10.12. Der Literaturnobelpreis wird dem sowjetischen Schriftsteller Boris Pasternak zugesprochen. Dessen einziger Roman „Doktor Schiwago" wird jedoch von der sowjetischen Regierung als zu unpolitisch kritisiert, weshalb Pasternak den Nobelpreis zurückweisen muss.

Ein deutscher Traum

Die Weite. Die Ruhe. Die Klarheit. Für viele Deutsche ist Schweden nicht nur ein Urlaubsland, sondern mehr noch: eine sozialdemokratische Utopie, ein besseres Deutschland. Wie konnte es sein, dass die Deutschen von den Schweden so niedergebrüllt wurden, damals bei der WM?

Schweden, die der Deutsche kennt: Schauspielerin Greta Garbo (großes Bild), Björn Borg, Abba, Henning Mankell und Ikea-Gründer Ingvar Kamprad (Bildblock rechts, von oben nach unten).

Unser Haus in der Sonne

Schweden, Land deutscher Sehnsucht: Warum die Liebe nicht immer erwidert wird.

Von Thomas Steinfeld

Zwischen Stockholm und Lund, der schwedischen Hauptstadt und der alten Universität im äußersten Süden des Landes, liegen sechshundert Kilometer – oder sechzig „Meilen", wie der Schwede sagt, denn bei so großen Entfernungen innerhalb des eigenen Landes ist es zweckmäßig, eine Null fortzulassen. Professor Borg, die Gestalt im Zentrum von Ingmar Bergmans Film „Wilde Erdbeeren", fuhr diese Strecke Mitte der fünfziger Jahre an einem langen, schönen Sommertag. Ein schon großes, internationales Publikum schaute ihm dabei zu, begann die Reise in einer prächtigen Villa, sah dann, wie der mächtige Wagen des Gelehrten kurz die Großstadt passierte, um dann in riesigen Wäldern zu verschwinden, weite Felder zu durchqueren und am glitzernden, ewig langen See Vättern entlangzufahren.

Unendlich groß, sehr schön und sehr leer erscheint Schweden in diesem Film – und reich. Denn wo anders wäre es möglich gewesen, dass ein so prächtiges, schwarzes Auto über viele Kilometer eine Autobahn ganz für sich allein hatte, eine helle Piste, die so eben sein musste, dass sich die Straße innerhalb des Fahrzeugs nur durch ein sanftes Schaukeln bemerkbar machte. Der Film kam 1957 in die Kinos. Im Jahr darauf, wenige Monate vor der Fußball-WM, erhielt Ingmar Bergman für „Wilde Erdbeeren" den „Goldenen Bären" der Filmfestspiele in Berlin.

„Smultronstället" heißt der Film im Original. „Smultron" sind „wilde Erdbeeren", und „stället" bedeutet „Stelle". Weniger um die Früchte aber geht es in diesem Titel als um den Ort, an dem man sie findet, für eine kurze Zeit in einem kurzen Sommer. Das Wort gehört im Schwedischen zu einer beliebten, häufig benutzten Redensart, und es ist nichts Erotisches daran: Eine „Smultronställe" liegt irgendwo im Verborgenen. Etwas Kostbares liegt dort, und es ist so begehrenswert, dass man die Stelle nur den engsten Vertrauten verrät. Im Film ist dies der Ort einer glücklichen Kindheit, eine Stelle von äußerster psychologischer Bedeutung, an die Professor Borg zurückkehren muss, um Klarheit über das eigene Leben zu gewinnen. Wie anders klingt der deutsche Titel: nach ungebändigter Sinnlichkeit, nach Weiblichkeit, nach Lust und Genuss, auch wenn es in dieser Geschichte außer entblößten Seelen gar nichts Nacktes zu betrachten gibt – kurz: Der deutsche Verleih hatte eine überaus klare Vorstellung davon, mit welchen Vorurteilen über das Leben in Schweden man ein deutsches Publikum in die Lichtspiele locken konnte.

Tatsächlich waren sich in den fünfziger Jahren Deutsche und Schweden so fremd wie nie zuvor in der Neuzeit geworden. Sogar Professor Borg mit seinen achtundsiebzig Jahren ließe sich dafür als Indiz anführen. Studiert haben muss der Mediziner noch vor dem Ersten Weltkrieg, zu einer Zeit also, in der die schwedischen Universitäten noch zur Ökumene der deutschen Sprache gehörten, als in ihnen, vor allem in den klassischen Fächern, meist auf deutsch promoviert wurde und als ein Auslandsstudium an einer deutschen Universität zu einer besseren akademischen Ausbildung gehörte. Deutsch war die erste Fremdsprache, die schwedische Schüler auf dem Gymnasium lernten. Das änderte sich fast abrupt in den fünfziger Jahren – also nicht

Eine deutsche Königin, immerhin: Silvia, in Heidelberg geboren, an der Seite ihres Carl Gustaf.

während der nationalsozialistischen Herrschaft, sondern deutlich danach, als die Vereinigten Staaten den Nachbarn im Süden als Heimat des technischen Fortschritts und des allgemeinen Wohlstands abgelöst hatten. Wobei es durchaus sein mag, dass die Nähe, die es während des „Dritten Reiches" zwischen beiden Staaten gegeben hatte – angefangen damit, dass der Nationalsozialismus in großen Teilen der schwedischen Bevölkerung auf Sympathien gestoßen war, bis hin zu den Eisenerzexporten nach Hitler-Deutschland – nun mit demonstrativer Ferne abgegolten werden musste. In seiner Steifheit, seiner Rigorosität, seinem Formalismus ist Professor Borg noch ganz Repräsentant einer alten, vom südlichen Nachbarn geprägten Welt, die es in Schweden bald nicht mehr geben sollte.

Die nicht immer erwiderte Liebe der Deutschen zu den Schweden hingegen ist eine Folge der Lebensreform und ihres Traums von der Erneuerung des Menschen durch seine Rückführung zur Natur. Als das zwanzigste Jahrhundert gerade begonnen hatte, als sich das dunkle Interieur der Wohnstuben, die Mühsal eines Arbeitslebens in der Industrie und die Mauern der Großstadt den Menschen auf das Gemüt gelegt hatten wie zentnerweise Ziegel, Schweiß und Kohlenstaub, erfand der Maler Carl Larsson ein „Haus in der Sonne" – seinen eigenen Hof in Dalarna, weit entfernt von der Großstadt, in Licht und Luft und hellen Farben, mit einfachen, hölzernen Möbeln und einem See vor der Haustür. Und in Deutschland glaubte man ihm die nationalromantische Vision, mehr noch vielleicht als im eigenen Land, wo man sich sehr gut daran erinnern konnte, dass dieser Boden seinen Bauern kaum ernährte, der Pflug regelmäßig an den Steinen auf dem Acker zuschanden ging und die Hechte, Barsche und Zander, die man, sanft im Boot schaukelnd, aus dem See nebenan holen konnte, die Familie auch nicht durch den langen, kalten Winter brachten.

Diese Vorstellung von Schweden hatte Bestand, über die Jahrzehnte hinweg. Sie wollte nichts davon wissen, dass Schweden schon im ausgehenden neunzehnten Jahrhundert eine erfolgreiche Exportnation war, dass sich das Land in den Jahren vor und nach dem Zweiten Weltkrieg rasch industrialisierte – dabei hätte man, da die deutsche Nationalmannschaft im Juni 1958 schon einmal in Göteborg war, nur ein wenig den Blick heben müssen, um vor dem Stadion „Nya Ullevi" die Werften und hinter den Sportanlagen die Kugellagerfabrik von SKF zu erkennen. Nein, das Idyll sollte fortbestehen, bis in die siebziger Jahre, als ein Möbelhaus aus den Wäldern Smålands mit ebensolchen Ideen über die Grenze ging und der Elch zum Lieblingstier der Deutschen wurde, ja bis noch in die neunziger Jahre und darüber hinaus, als nach dem Beitritt Schwedens zur Europäischen Union Zehntausende von Deutschen sich ein rotes Holzhaus mit weißen Eckpfeilern im tiefen, grünen Wald kauften – während die Schweden noch immer den Kopf darüber schütteln, dass sich zivilisierte Menschen in dieser mückenverseuchten Einsamkeit niederlassen wollen, und ihrerseits die Hütte am Meer bevorzugen. Andererseits ist es in jüngster Zeit vor allem den Deutschen und ihrer Liebe zum Baumarkt zu verdanken, dass weite Landstriche vor allem Smålands noch nicht ganz an die Natur zurückgefallen sind.

Heimat der Zentralheizung?

Als Schweden und Deutschland im Halbfinale der Fußball-WM 1958 aufeinander stießen, bezeichnete die einheimische Presse die Gäste aus dem Süden als „järnkaminerna", als die „gußeisernen Öfen". Der bösartige Vergleich galt nicht allein dem Stehvermögen der Gegner, ihrem schieren Gewicht oder ihrer angeblich maschinenartigen Technik der Fortbewegung. Sondern es verbirgt sich auch ein Überlegenheitsgefühl darin – so, als wenn schon damals ein neues auf ein altes Europa gestoßen und Schweden das Heimatland der Zentralheizung gewesen wäre. Ein solcher Dünkel mag unangemessen sein – tatsächlich verläuft die Maschinisierung der Haushalte in beiden Ländern in etwa demselben Takt –, aber es steckt etwas Wahres darin. Denn Schweden ist, spätestens seit dem Zweiten Weltkrieg, das amerikanischste Land in Europa, auch wenn das, zumindest auf dem „Kontinent“, lange keiner glauben wollte – und es ist um so amerikanischer, je weiter man auf das Land kommt, je weniger Geschichte das Auge erfasst. Stockholm ist eine europäische Großstadt, reich und auf eine kultivierte Art weltläufig, urbaner als Berlin oder erst recht als München – aber wie anders ist es in Avesta oder Åmål, in Skurup oder Jokkmokk.

Liebe zum Verbrennungsmotor

Beinahe amerikanisch sind nicht nur die Entfernungen in diesem Land, die Wälder, in denen man nicht spazierengehen kann, die in Tausenden von Inseln zerfallenden Küsten ohne Weg und Steg, die Straßen, die in langen, einsamen Stunden befahren werden müssen – und, überhaupt, die weitgehende Abwesenheit des Menschen in der Landschaft. Tage und vor allem Nächte dauert es, bis sich der Mensch aus den Städten des Südens an diese Stille gewöhnt, während die Fichten ihm in seiner haltlosen Aufgeregtheit verständnislos zuschauen. Beinahe amerikanisch ist die Liebe zum Verbrennungsmotor in all seinen Varianten, mit dem dann die Einsamkeit durchpflügt wird, als Straßenkreuzer aus den fünfziger Jahren, als schweres Motorrad (das heute in aller Regel von einem Rentner gefahren wird), als Snowscooter, Motorsäge oder Rasenmäher. Beinahe amerikanisch ist aber auch die starke öffentliche Präsenz der protestantischen Freikirchen, lauter Arbeiterbewegungen der Seele, mitsamt ihrer Neigung zu Prüderie (ja, das ist so) und Prohibition. Beinahe amerikanisch ist schließlich auch der mit leichter Hand gewährte Gemeinsinn, der ebenso gelassene wie entschlossene, von keiner Ideologie belastete Pragmatismus, die Begeisterung für den Sport und der unerschütterliche Glaube an die allseitige Überlegenheit der eigenen Nation, der einer deutschen Fußballmannschaft 1958 in Form von Massenchören nachhaltig in die Knochen fuhr.

Und was ist mit den Nackten, mit dem Freizügigen, mit dem Erfolg des „Reichsverbands für sexuelle Aufklärung“ („RFSU“), der, beginnend in den dreißiger Jahren, zuerst das Landvolk mit Präservativen und Pessaren unterwanderte und mit dem Schweden in Fragen des Geschlechtslebens zum liberalsten Land der Welt wurde? Nun, diese Freizügigkeit ist Ausdruck derselben Erweckungsbewegung wie die radikale Modernisierung des Landes, die von den Sozialdemokraten noch vor dem Zweiten Weltkrieg ins Werk gesetzt wurde – nicht um „Wilde Erdbeeren“, sondern um den Traum einer rigoros arbeitsteilig und effizient organisierten Gesellschaft ging es dabei, um die Geburt eines neuen Menschen aus dem Geist sozialer Verantwortung, und dafür war es notwendig, die Frau von ihrer Bindung an den Haushalt zu erlösen.

Zur sexuellen Befreiung gehören in Schweden daher notwendig die Kindergärten und die Ganztagsschulen, die hohen Steuern und das System öffentlicher Bibliotheken, aber auch die Ächtung von Pornographie. Und irgendwie war diese Art von Staatskapitalismus auch erfolgreich, um den Preis, dass es für die überwiegende Mehrheit der Schweden spätestens ab den sechziger Jahren unmöglich wurde, eine Familie mit Kindern mit nur einem Einkommen zu finanzieren.

Noch nicht in den fünfziger Jahren, sondern erst später, in den Sechzigern und Siebzigern, wurde Schweden für die Bundesrepublik zu einer sozialdemokratischen Utopie – zu dem Land, in dem angeblich fast alles besser gelöst und geregelt war als in der heimischen Provinz. Damals begannen Lehrer, Architekten und Anwälte auch hierzulande, Volvo und Saab zu fahren, und die Firma Ikea setzte an, den zum „Haus in der Sonne“ überhöhten, im Grunde nach Småland gehörenden Glauben an die Einheit von Sparsamkeit und Effizienz auch in deutschen Wohnungen zu etablieren, und Herbert Wehner konnte sich mit Olof Palme in dessen Muttersprache unterhalten.

Umgekehrt hat Schweden seit 1976 – eine noch halbwegs funktionierende Monarchie gehört zu den natürlichen Wundern dieses kleinen Staates – eine deutsche Königin. Lange hielt die Allianz der sozialdemokratischen Hoffnung allerdings nicht. Spätestens in den achtziger Jahren ging sie am ökonomischen Liberalismus zugrunde, um erst in jüngster Zeit, als Vision einer neuen Familienpolitik, wieder aufzuleben. Solche Hoffnungen allerdings erscheinen vielen Schweden selbst als nostalgische Erinnerung an vergangene Zeiten, mit denen sie gar

Das Lieblingstier der Deutschen. Deutschen Autos ist der Elch aber schon zum Verhängnis geworden.

nicht mehr gern identifiziert werden wollen.

Als Ingmar Bergman, der Regisseur, so alt wurde, wie es Professor Borg in „Wilde Erdbeeren“ war, verließ er seine Wohnung in Östermalm, dem schönsten Stadtteil von Stockholm, räumte sein Büro in „Dramaten“, dem königlichen Theater, und zog sich auf sein Haus auf die Insel Fårö im Norden von Gotland zurück. Dort herrschen die einsamste Einsamkeit, die natürlichste Natur, das schweigsamste Schweigen. Nichts, keinen Ort gibt es in Deutschland, der es an Zeitlosigkeit, an Weltabgewandtheit mit dieser Gegend aufnehmen könnte. Dort lebt er, und dort schaut er sich, wie es heißt, im eigenen Kino jeden Tag einen Film an. Einer von diesen Filmen mag an einem schönen Sommertag in den fünfziger Jahren spielen.

Scharfschützen

Diese Herren haben größeren Einfluss auf den Fußball als man glaubt. Mit seinen Bildern dokumentiert dieser Berufsstand nicht nur die Fußball-Weltmeisterschaften – er prägt auch unser Bild vom Fußball. Einsatz, handwerkliches Geschick, auch künstlerische Begabung spielen eine Rolle, und auch die Technik, die zur Verfügung steht. Immer noch gilt: Ein Foto sagt oft mehr als tausend Fernsehbilder.

Als der Himmel verschwand

Die Fußballbilder haben den Sport verändert. Ein Fotograf erzählt.

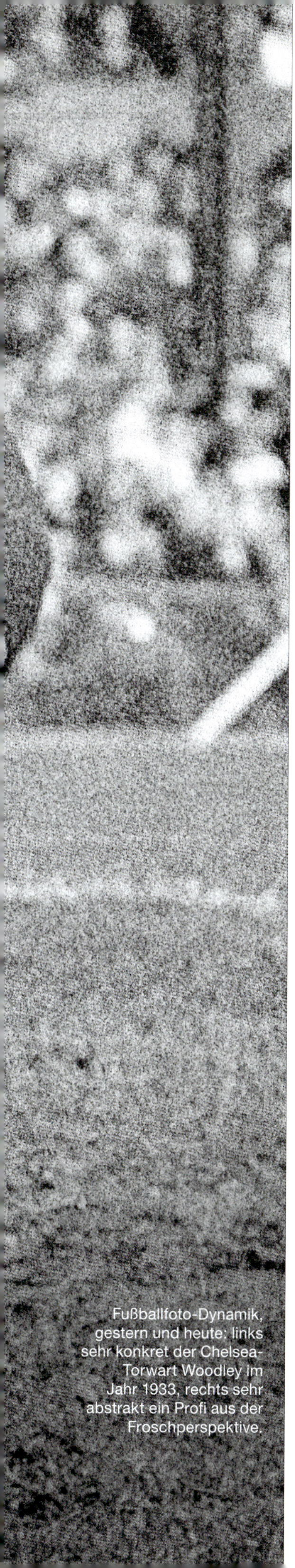

Von René Hofmann

Heinz Pfeil ist ein guter Zeitzeuge. Er weiß, wie es war. Und was aus seinem Beruf geworden ist. Heinz Pfeil war Sportfotograf. Lange. Bis 1992 stand er an den Sportplätzen der Republik, vor allem der Fußball war sein Metier. Dann war er 72 Jahre alt, und es wurde ihm zu hektisch. Irgendwann, in irgendeinem Pulk sagte er sich: „So wie die Jungen um jedes Bild kämpfen – das brauche ich nicht mehr." Heinz Pfeil sagt das ohne Bitternis. Er spricht nüchtern wie ein Arzt, der eine Diagnose stellt.

Herr Pfeil, wann hat der Beruf Ihnen am meisten Spaß gebracht?

„Zwischen 1950 und 1960."

Heinz Pfeil kann wunderbare Geschichten aus dieser Zeit erzählen. Die schönste spielt bei der Fußball-WM 1954. Pfeil reiste zum Fotografieren in die Schweiz. Einfach so. Ohne Akkreditierung. Als er sich beim Fußballweltverband in Zürich um eine bewarb, lachten ihn die Herren aus: „Eine Akkreditierung? Auf die letzte Minute? Haha. Können Sie vergessen!" So leicht aber gab sich Pfeil nicht geschlagen. Er fuhr zum Eröffnungsspiel und als die Mannschaften den Rasen betraten, mischte er sich unter die Spieler. „Plötzlich war ich drin", sagt er, „und wenn du einmal drinnen warst, konntest du machen, was du wolltest." Vorschriften, wer wo sitzen durfte, gab es nicht. Die zugelassenen Fotogra-

Fußballfoto-Dynamik, gestern und heute: links sehr konkret der Chelsea-Torwart Woodley im Jahr 1933, rechts sehr abstrakt ein Profi aus der Froschperspektive.

Uwe Seeler verlässt nach der Finalniederlage 1966 gegen England den Rasen des Wembley-Stadions. Das Bild (oben) wurde zum „Sportfoto des Jahrhunderts“ gewählt. Es schoss Axel Springer jun. unter dem Pseudonym Sven Simon (links).

fen trugen Armbinden. Aber auf die achtete in all der Hektik damals niemand. Ordner und Kontrolleure gab es nur wenige.

Pfeil begann zu arbeiten. Mit seinen zwei Kameras ließ er sich neben dem Tor nieder. Die eine trug ein leichtes Teleobjektiv, 180 Millimeter Brennweite, Lichtstärke 2.8. Die interessantesten Szenen aber würde er mit der anderen Linse einfangen: 85 mm Brennweite, kleinste Blende 1.8. „Die haben wir auf Fixfokus gestellt“, sagt Pfeil: „Entfernung zwischen zehn und 15 Metern. Alles, was bis zur Strafraumgrenze passiert ist, war scharf.“

Zum Nachjustieren blieb keine Zeit. Zu schnell rollte der Ball schon damals. Heinz Pfeil war elektrisiert. Seinen Platz am Platz wollte er unbedingt behalten. Er ließ sich von den Kollegen deren Armbinden zeigen und prägte sich Stoff, Farbe und Aufschrift ein. Am Tag darauf bastelte er sich seine eigene. Jetzt hatte er eine Dauerkarte.

Vier, manchmal fünf Filme belichtete er pro Spiel. Tore waren wichtig und die entscheidenden Spielszenen. Vielleicht jeder dritte Schuss glückte. Seine Kollegen arbeiteten ähnlich. Wenn sie am Ende alle Bilder hintereinander legten, ließ sich das Spiel minutiös nacherzählen: Die Mannschaften beim Einlaufen. Die Kapitäne beim Handschlag. Angriff. Ecke. Tor. Jubel. Das alles in schwarz-weiß und mit einem Blickwinkel, der dem menschlichen Blickfeld recht nahe kam. Wer die Bilder betrachtet, steht am Spielfeld, sieht die Spieler mit ihren kantigen Gesichtern in voller Größe. Die Zuschauer im Hintergrund verschwimmen zu einer unscharfen Masse. Über die Szenerie wölbt sich der Himmel. Mal grau. Mal weiß. Mal wolkig. Bilder wie Gemälde. Zentralperspektive. Wie bei Leonardo da Vinci. Oder Albrecht Dürer.

Herr Pfeil, wie sind Sie Sportfotograf geworden?

Pfeil: „Das waren verworrene Zeiten damals.“

Die Pressefotografie war von Anfang an eine Domäne für Liebhaber. Heinz Pfeil spielte Fußball, bei Dessau 05. Eines Tages wurde die Mannschaft zu einem Interzonen-Turnier nach Berlin eingeladen. Ein Mitarbeiter des *Kicker* fragte Pfeil, ob er dem Magazin nicht ab und zu berichten wolle, was sich in der sowjetischen Besatzungszone auf den Fußballplätzen tat. Pfeil wollte – und bekam schnell Ärger mit dem Kommandanten der Besatzungsmacht. Es kam zur Aussprache, und Pfeil, leidenschaftlich wie auf dem Fußballfeld, schmetterte seinem Gegenüber entgegen: „Wissen sie. Nicht nur Goebbels, auch Lügen haben kurze Beine.“

„Daraufhin“, sagt er, „musste ich natürlich sofort weg.“ Der Präsident von Dessau 05, gleichzeitig Polizeipräsident der Stadt, schaffte ihn in einem Streifenwagen an die Grenze und setzte ihn in einen Zug. Der endete in Köln. 1948 war das. Vorher hatte Pfeil beim Flugzeugbauer Junkers gearbeitet. Jetzt musste er sich in der neuen Heimat ein neues Auskommen suchen. Von Fußball-Berichten alleine ließ sich schlecht leben. Wegen des Papiermangels erschienen die Zeitungen zwei- oder dreimal pro Woche. Für Fotos aber zahlten die Blätter ordentlich. So kam eines zum anderen. Zufälle prägten zu jener Zeit viele Leben.

Fünf Bilder musste jeder Fotograf bei der WM 1954 von jedem Spiel beim Fußballweltverband abliefern. Auch Heinz Pfeil, obwohl offiziell gar nicht zugelassen, sandte brav Bilder ein. Vom deutschen Sieg im entscheidenden Gruppenspiel gegen die Türken. Vom 2:0 im Viertelfinale gegen die Jugoslawen. Vom 6:1

im Halbfinale gegen die Österreicher. Die Sensation rückte näher. Doch als die Deutschen in Bern im Finale auf die Ungarn trafen, tat sich ein Problem auf. Für das wichtigste Spiel wurden neue Armbinden ausgegeben, und natürlich fand der Mann vom Weltverband den Namen „Heinz Pfeil" nicht auf seiner Liste: „Sie haben nie eine Akkreditierung bekommen, aber immer Bilder geschickt. Wie geht das?", wollte er wissen. Pfeil entgegnete: „Darüber wollen wir jetzt lieber nicht mehr reden. Lassen Sie mich rein?" Er ließ.

Zur richtigen Zeit am richtigen Ort zu sein, darum geht es für Fotografen. Als Helmut Rahn in der 84. Minute an drei ungarischen Abwehrspielern vorbei den Ball flach in die linke Torecke hämmerte, drückte Heinz Pfeil ab. Auf dem Abzug ist zu sehen, wie der ungarische Torhüter dem Ball entgegenstaunt. Er wird ihn nicht erwischen. Die Deutschen gewinnen 3:2. Weil Filme teuer waren, ließ sich Pfeil das Material von Freunden aus der alten Heimat schicken. Und so kommt es, dass er die Bilder, die den Mythos des einen Deutschland begründen, auf Zelluloid bannt, das aus dem anderen stammt. Rahn, Liebrich, Schäfer – die Nation interessiert sich für die jungen Helden, das große Geschäft aber springt nicht heraus. Kaum jemand denkt an Sportbücher, Bildbände, Kalender.

Ein richtiger Markt für Bilder entsteht erst in den sechziger Jahren, mit Gründung der Bundesliga. Die Fotografen der Nachrichtenagenturen knipsen bei jedem Spiel 20 Minuten, dann müssen sie weg – entwickeln und versenden. So bleibt Raum für freie Fotografen. Horstmüller und Werek etablieren sich im Westen, wo es jede Menge Bundesligisten gibt, Axel Springer junior alias Sven Simon glückt 1966 bei der WM das wohl berühmteste Sportfoto: Uwe Seeler, der enttäuscht vom Platz schleicht. Hinter jedem Bild steckt jede Menge Arbeit. Auf die zwei Stunden am Spielfeld folgen viele Stunden in der Dunkelkammer. Bis zu 100 Briefe verschickt Pfeil wie seine Kollegen an jedem Spieltag an die Redaktionen. Per Bahn. Mit dem Nacht-Express. Als die Farbe kommt, steigt der Aufwand. Auf Reisen zieht Pfeil mit fünf schweren Koffern, um seine Filme und Abzüge in jedem Hotelzimmer in drei sorgfältig temperierten Lösungen baden zu können: Entwickler, Stoppbad, Fixierer. Die gleichen peniblen Handgriffe immer wieder. Der Einsatz für die Farbe lohnt sich: Für ein Schwarz-Weiß-Bild zahlen die Zeitungen 15 Mark. Für ein buntes 150.

Digital? Wird nie was!

„Das wird nie etwas", hat Heinz Pfeil gesagt, als er Anfang der neunziger Jahre zum ersten Mal eine Digitalkamera in Händen hielt. Zu groß. Zu teuer. Zu langsam. Aber natürlich blieb das nicht so. Inzwischen ist die neue Technik der alten weit überlegen. Bilder lassen sich nicht nur in Sekundenbruchteilen einfangen, sie lassen sich auch mit wenigen Handgriffen über den Laptop direkt vom Sportplatz schicken. Das spielt den Nachrichtenagenturen in die Hände. Die Großen, die sich Spezialisten fürs Senden und Speichern leisten können, haben einen Vorteil. Freie Fotografen müssen kämpfen, Zusammenschlüsse entstehen. Der technische Fortschritt hat die Welt der Bilder immer wieder verändert.

Die Kleinbildkameras ermöglichten es jedem Amateur, Schnappschüsse zu sammeln, die lebendiger waren, spannender als die statischen Abbilder, die sich mit Großformatkameras und viel Mühe auf Platten bannen ließen. Am Anfang waren die Farben verwaschen, trübe. Aber sie wirkten modern. Umständlich musste die Schärfe bei den ersten Teleobjektiven hingedreht werden. Wenige Schüsse glückten, aber die eröffneten neue, dramatische Blickwinkel. Der Autofokus schließlich erlaubte es, jede noch so weit entfernte Bewegung einzufrieren. Jeder Sport ließ sich damit zuspitzen.

Fußball spielten keine ganzen Männer mehr. Schmerzverzerrte Gesichter beim Kopfball, gestikulierende Trainer, prominente Köpfe unter den Zuschauern – wer heute Bilder betrachtet, ist nicht mehr Beobachter am Spielfeldrand, sondern schaut auf Szenen, wie sie sich auch im Fernsehen finden. Die Bilder sind bunter geworden, schärfer, fesselnder. Aber mehr erzählen sie selten. Die meisten sind Ausschnitte. Der Himmel ist verschwunden.

Nachspielzeit: Lothar Matthäus weiß, welche Bilder das Herz des Fans rühren.

Wunder-Bild

Helmut Rahn (2.v.r.) zieht ab, Torwart Grosics ahnt wohl schon das Unheil. Das Bild vom entscheidenden deutschen Tor zum 3:2 im Finale 1954 gegen Ungarn – das Tor zum Wunder von Bern – schoss unser Zeitzeuge Heinz Pfeil. Er war, eigentlich, illegal im Stadion.

Europa

Die Gruppensieger waren qualifiziert.

Gruppe 1

Irland – Dänemark	2:1
England – Dänemark	5:2
England – Irland	5:1
Dänemark – England	1:4
Irland – England	1:1
Dänemark – Irland	0:2

1. **England**	4	3	1	0	15:5	7:1
2. Irland	4	2	1	1	6:7	5:3
3. Dänemark	4	0	0	4	4:13	0:8

Gruppe 2

Frankreich – Belgien	6:3
Frankreich – Island	8:0
Belgien – Island	8:3
Island – Frankreich	1:5
Island – Belgien	2:5
Belgien – Frankreich	0:0

1. **Frankreich**	4	3	1	0	19:4	7:1
2. Belgien	4	2	1	1	16:11	5:3
3. Island	4	0	0	4	6:26	0:8

Gruppe 3

Norwegen – Bulgarien	1:2
Norwegen – Ungarn	2:1
Ungarn – Bulgarien	4:1
Bulgarien – Ungarn	1:2
Bulgarien – Norwegen	7:0
Ungarn – Norwegen	5:0

1. **Ungarn**	4	3	0	1	12:4	6:2
2. Bulgarien	4	2	0	2	11:7	4:4
3. Norwegen	4	1	0	3	3:15	2:6

Gruppe 4

Wales – Tschechoslowakei 1:0

DDR – Wales 2:1
DDR: Spickenagel, Buschner, Müller, K. Wolf, Schoen, S. Wolf, Meyer, Schröter, Tröger, Kaiser, Wirth
Wales: Kelsey, Edwards, Hopkins, Harris, J. Charles, Bowen; Medwin, Tapscott; M. Charles, Vernon, Jones
Tore: 0:1 M. Charles (6.), 1:1 Wirth (21.), 2:1 Tröger (61.). **Schiedsrichter:** Latyschew (Sowjetunion). **Zuschauer** (in Leipzig): 100 000

Tschechoslowakei – Wales 2:0

Tschechoslowakei – DDR 3:1
Tschechoslowakei: Stacho, Hertl, Pluskal, Novak, Prohaska, Masopust, Gajdos, Bubernik, Borovicka, Molnar, Kraus
DDR: Spickenagel, Buschner, Müller, K. Wolf, Schoen, S. Wolf, Meyer, Schröter, Kaiser, Wirth, Tröger
Tore: 0:1 Wirth (18.), 1:1 Kraus (60.), 2:1 Bubnik (81.), 3:1 Molnar (89.). **Schiedsrichter:** Jörgensen (Dänemark). **Zuschauer** (in Brünn): 50 000

Wales – DDR 4:1
Wales: Vearncombe, Thomas, Hopkins, Harris, M. Charles, Bowen, Allchurch, Davies, Palmer, Vernon, Jones
DDR: Busch, Buschner, Müller, Wolf, Schoen, Wolf, Meyer, Schröter, Tröger, Kaiser, Wirth
Tore: 1:0 Palmer (38.), 2:0 Jones (42.), 3:0 Palmer (44.), 3:1 Kaiser (57.), 4:1 Palmer (73.). **Schiedsrichter:** Leafe (England). **Zuschauer** (in Cardiff): 30 000

DDR – Tschechoslowakei 1:4
DDR: Jahn, Buschner, Zapf, Wolf, Schoen, Holzmüller, Müller, Schröter, Meyer, Kaiser, Wirth
Tschechoslowakei: Dolejsi, Tichy, Hledik, Nowak, Pluskal, Masopust, Moravcik, Bubnik, Borovicka, Kraus, Pesek
Tore: 0:1 Kraus (4.), 0:2 Moravcik (23.), 1:2 Müller (35.), 1:3 Novak (43.), 1:4 Kraus (88.). **Schiedsrichter:** Schwinte (Frankreich). **Zuschauer** (in Leipzig): 110 000

1. **Tschechosl.**	4	3	0	1	7:3	6:2
2. Wales*	4	2	0	2	6:5	4:4
3. DDR	4	1	0	3	6:5	2:6

* wurde im Nachhinein ausgelost, gegen Israel eine zusätzliche Relegation um einen WM-Platz zu spielen

Gruppe 5

Österreich – Luxemburg	7:0
Niederlande – Luxemburg	4:1
Österreich – Niederlande	3:2
Niederlande – Luxemburg	5:2
Niederlande – Österreich	1:1
Luxemburg – Österreich	0:3

1. **Österreich**	4	3	0	1	14:3	7:1
2. Niederlande	4	2	1	1	12:7	5:3
3. Luxemburg	4	0	0	4	3:19	0:8

Gruppe 6

Sowjetunion – Polen	3:0
Finnland – Polen	1:3
Sowjetunion – Finnland	2:1
Finnland – Sowjetunion	0:10
Polen – Sowjetunion	2:1
Polen – Finnland	4:0

1. Sowjetunion	4	3	0	1	16:3	6:2
2. Polen	4	3	0	1	9:5	6:2
3. Finnland	4	0	0	4	2:19	0:8

Entscheidungsspiel um Platz 1 (in Leipzig):
Sowjetunion – Polen 2:0

Gruppe 7

Griechenland – Jugoslawien	0:0
Griechenland – Rumänien	1:2
Rumänien – Jugoslawien	1:1
Rumänien – Griechenland	3:0
Jugoslawien – Griechenland	4:1
Jugoslawien – Rumänien	2:0

1. **Jugoslawien**	4	2	2	0	7:2	6:2
2. Rumänien	4	2	1	1	6:4	5:3
3. Griechenland	4	0	1	3	2:9	1:7

Gruppe 8

Portugal – Nordirland	1:1
Italien – Nordirland	1:0
Nordirland – Portugal	3:0
Portugal – Italien	3:0
Italien – Portugal	3:0
Nordirland – Italien *	2:1

*Sechs Wochen zuvor endete das Spiel 2:2, da jedoch kein Schiedsrichter erschien, wurde die Partie als Freundschaftsspiel gewertet

Der Stürmer ohne Hand

Lange bevor Willy Tröger (Bild, links) gegen Wales das sensationelle Siegtor erzielte, hatte er den Ball lieber gefangen. Der 16-jährige Torwart aus Zwickau wurde jedoch in den letzten Tagen des Zweiten Weltkriegs an die Front gerufen – eine Granate riss seine rechte Hand ab. So wurde aus dem Torwart ein Mittelstürmer. Einer der besten in der DDR. 1957 schoss Tröger im ersten WM-Qualifikationsspiel des Landes gegen Wales das Tor zum 2:1-Erfolg.

Später als in der Bundesrepublik entwickelte sich nach dem Krieg der organisierte Fußball in der DDR. Zunächst herrschte Chaos, die politische Führung war lange uneins über Organisation und Rolle des Sports im Arbeiter- und Bauernstaat. Mannschaften rekrutierten sich aus Betriebssportgemeinschaften (BSG). Der erste Meister 1950 hieß Horch Zwickau; Automobilhersteller Horch war Vorgänger-Betrieb von Audi. Waggonbau Dessau gewann den Pokal. Die WM 1954 kam indes zu früh. Noch fehlten Strukturen, um international zu bestehen. Erst 1955 gelang in Rumänien der erste Sieg einer DDR-Auswahl (3:2). Willy Tröger schoss dabei zwei Tore. Die Schwäche der Elf stand in herbem Kontrast zur Popularität des Fußballs, gerade nach dem WM-Sieg der Westdeutschen 1954 in der Schweiz.

Die Politik beschloss nun die „weitere rasche Aufwärtsentwicklung von Körperkultur und Sport in der DDR" und ließ die ersten Sportklubs gründen. 1956 wurde das Leipziger Zentralstadion eröffnet, mit 100 000 Sitzplätzen das größte Stadion Deutschlands. Dort trug „die Sektion Fußball der DDR" die Qualifikationsspiele zur WM 1958 aus. Sie wurde mit Kartenwünschen überhäuft. Gegen Wales wollten 500 000 Menschen dabei sein, gegen die Tschechoslowakei 650 000.

Die DDR war in dieser Gruppe 4 Außenseiter. Vor dem Auftakt hatte sie erst zwölf offizielle Spiele bestritten und dabei nur gegen östliche Nachbarn oder Fußballzwerge wie Indonesien und Luxemburg gespielt. Doch das 0:1 der Waliser drehten Günther „Wibbel" Wirth und Tröger zu einem 2:1. In der Tschechoslowakei allerdings unterlag die DDR anschließend 1:3, im Bild sprintet Tröger gegen Svatopluk Pluskal, beobachtet von Josef Masopust (r., hinten). Im entscheidenden Heimspiel gegen die CSR fehlte Tröger, die DDR verlor 1:4 und schied aus.

Der Stürmer ohne rechte Hand machte 15 Länderspiele und erzielte zehn Treffer. Er starb mit 76 Jahren in Pirna, Sachsen, wo das örtliche, 4000 Zuschauer fassende Stadion nach ihm benannt ist.

1. **Nordirland**	4	2	1	1	6:3	5:3
2. Italien	4	2	0	2	5:5	4:4
3. Portugal	4	4	1	1	4:7	3:5

Gruppe 9

Spanien – Schweiz	2:2
Schottland – Spanien	4:2
Schweiz – Schottland	1:2
Spanien – Schottland	4:1
Schottland – Schweiz	3:2
Schweiz – Spanien	1:4

1. **Schottland**	4	3	0	1	10:9	6:2
2. Spanien	4	2	1	1	12:8	5:3
3. Schweiz	4	0	1	3	6:11	1:7

Südamerika

Die Gruppensieger waren qualifiziert.

Gruppe 1 (Hin- und Rückspiel)

Peru – **Brasilien** 1:1/0:1

Venezuela zog wegen politischer Unruhen zurück

Gruppe 2

Chile – Bolivien	2:1
Bolivien – Chile	3:0
Bolivien – Argentinien	2:0
Chile – Argentinien	0:2
Argentinien – Chile	4:0
Argentinien – Bolivien	4:0

1. **Argentinien**	4	3	0	1	10:2	6:2
2. Bolivien	4	2	0	2	6:6	4:4
3. Chile	4	1	0	3	2:10	2:6

Gruppe 3

Kolumbien – Uruguay	1:1
Kolumbien – Paraguay	2:3
Uruguay – Kolumbien	1:0
Paraguay – Kolumbien	3:0
Paraguay – Uruguay	5:0
Uruguay – Paraguay	2:0

1. **Paraguay**	4	3	0	1	11:4	6:2
2. Uruguay	4	2	1	1	4:6	5:3
3. Kolumbien	4	0	1	3	3:8	1:7

Nord- und Mittelamerika

Der Finalsieger war qualifiziert.

Gruppe 1

Guatemala – Costa Rica	2:6
Costa Rica – Guatemala	3:1

beim Stand von 3:1 abgebrochen, weil Guatemala sich weigerte weiterzuspielen

Costa Rica – Niederländische Antillen	4:0
Guatemala – Niederländische Antillen	1:3
Niederländische Antillen – Costa Rica	1:2
Guatemala – Niederländische Antillen*	

*Wegen Bürgerkriegs in Guatemala fiel das Spiel aus.

1. Costa Rica	4	4	0	0	15:4	8:0
2. N. Antillen	3	1	0	2	4:7	2:4
3. Guatemala	3	0	0	3	4:12	0:6

Gruppe 2

Mexiko – USA	6:0
USA – Mexiko	2:7
Kanada – USA	5:1
Kanada – Mexiko	0:3
Mexiko – Kanada	2:0
USA – Kanada	2:3

1. Mexiko	4	4	0	0	18:2	8:0
2. Kanada	4	2	1	2	8:8	4:4
3. USA	4	0	0	4	5:21	0:8

Finale

Mexiko – Costa Rica 2:0/1:1

Asien/Afrika

Der Finalsieger sollte nach Schweden fahren, die Fifa revidierte aber aus unten stehenden Gründen ihre Entscheidung.

Viertelfinale (Hin- und Rückspiele)

Vorausscheidung:

Indonesien – Taiwan*

*Taiwan trat nicht an.

Indonesien – VR China 2:0/3:4

Entscheidungsspiel:

Indonesien – VR China 0:0 n.V.

Indonesien wegen der besseren Tordifferenz weiter

Israel – Türkei*

*Türkei trat nicht an.

Ägypten – Zypern*

*Zypern trat nicht an.

Sudan – Syrien 1:0/1:1

Halbfinale (Hin- und Rückspiele)

Israel – Indonesien*

*Indonesien trat nicht an.

Sudan – Ägypten*

*Ägypten trat nicht an.

Finale (Hin- und Rückspiel)

Israel – Sudan*

*Sudan trat nicht an.

Die Fifa ordnete an, dass Israel nicht ohne Qualifikationsspiel zur Endrunde reisen dürfe. Per Los bestimmte der Verband aus allen Gruppenzweiten einen Gegner für weitere Entscheidungsspiele (Belgien und Uruguay verzichteten). Das Los traf Wales.

Israel – **Wales** 0:2/0:2

Boykott gegen Israel

In Ostasien und im Nahen Osten war die politische Lage in den fünfziger Jahren derart aufgeheizt, dass die WM 1958 davon nicht unberührt blieb. Schließlich fuhr Wales als Vertreter Asiens und Afrikas nach Schweden. Und das kam so:

Zuerst weigerte sich Taiwan, gegen Indonesien zu spielen, da der Sieger auf den verfeindeten Bruderstaat China traf. Zwei der folgenden Viertelfinals fielen ebenso aus: Die britische Verwaltung gab den Kickern der Kronkolonie Zypern keine Reiseerlaubnis nach Ägypten. Außerdem wollte niemand gegen Israel antreten. 1956 war der jüdische Staat dem asiatischen Verband (AFC) beigetreten, doch im gleichen Jahr eskalierte der politische Streit mit den Nachbarn. Nachdem Ägypten unter Präsident Nasser den Suezkanal als Handelsroute für Israel gesperrt hatte, antwortete Israel mit Krieg. Unterstützt von den Westmächten siegten die Israelis innerhalb von acht Tagen. Anschließend weigerten sich die islamischen Staaten Türkei und Sudan, gegen Israel Fußball zu spielen. Das islamische Indonesien bestand auf einem neutralen Spielort, was Israel zurückwies, woraufhin Indonesien ebenfalls zurücktrat.

So wäre Israel kampflos zur WM gefahren, doch die Fifa hatte beschlossen, dass kein Land ohne Qualifikationsspiel starten dürfe. So loste der Weltverband aus den Gruppenzweiten der anderen Kontinente einen Gegner zu, Wales wurde gezogen und die Briten gewannen zweimal 2:0. Israel blieb bis 1974 im AFC, spielte in diesem Jahr sogar in Iran das Finale der Asienspiele gegen den Gastgeber. Doch die steten Querelen und Absagen führten schließlich zum Ausschluss des Judenstaates. Nach einer Odyssee bei WM-Qualifikationen über den Globus fanden die Israelis 1991 im europäischen Verband Uefa eine neue Heimat.

Alle Briten nach Schweden

Die britischen Verbände büßten vor der Qualifikation 1958 ihre Sonderrechte ein. Vorher war eine Europa-Gruppe allein England, Schottland, Nordirland und Wales reserviert gewesen, die einzige, aus der zwei Teams zur WM fuhren. Diesmal mussten die Briten in den Lostopf, kamen in verschiedene Gruppen – und qualifizierten sich allesamt für Schweden. Die größte Überraschung gelang Nordirland, das Favorit Italien hinter sich ließ. Dabei kam es allerdings zu einem Skandal. Der für die Partie in Belfast eingeteilte Schiedsrichter hing im Londoner Nebel fest. Die Partie fand zwar statt, wurde aber als Freundschaftsspiel gewertet. Die verärgerten Zuschauer stürmten daraufhin den Platz und verprügelten einige italienische Spieler. Als die Partie noch einmal angesetzt wurde, blieb es ruhig. Auch der Schiedsrichter erschien und die Nordiren qualifizierten sich durch das 2:1 für die WM.

Spaniens Stars scheitern

Spaniens Klubfußball beherrschte in den fünfziger Jahren Europa. Real Madrid gewann zwischen 1956 und 1960 fünfmal den Cup der Landesmeister und erntete den Beinamen „das weiße Ballett“, der FC Barcelona holte sich 1958 und 1960 den Messepokal, Vorgänger des Uefa-Cups. Viele Stars aus dem sowjetisch beherrschten Osteuropa flüchteten in das Regime des General Franco. Sie bekamen Verträge bei Topklubs und wurden eingebürgert wie die Ungarn Ladislao Kubala und später Ferenc Puskás. Auch der Argentinier Alfredo di Stéfano, der wohl beste Spieler seiner Zeit, bekam einen Pass. Doch selbst mit dieser Weltauswahl schaffte es Spanien nach 1954 wieder nicht zur WM. Zuerst gelang gegen den „Schweizer (Abwehr-)Riegel“ nur ein 2:2, dann siegten die kampfstarken Schotten in Glasgow 4:2. So blieben di Stéfano, Kubala und all die Stars wieder zu Hause.

Position:
Spielername *Geburtsjahr Verein WM-Einsätze/Tore
(Angaben soweit verfügbar)

Gruppe 1

Deutschland

Tor:			
Fritz Herkenrath	*1928	Rot-Weiß Essen	5/0
Heinrich Kwiatkowski	*1926	Borussia Dortmund	1/0
Günter Sawitzki	*1932	VfB Stuttgart	auf Abr.
Abwehr:			
Herbert Erhardt	*1930	SpVgg Fürth	6/0
Erich Juskowiak	*1926	Fortuna Düsseldorf	5/0
Karl-Heinz Schnellinger	*1939	SG Düren	2/0
Georg Stollenwerk	*1930	1. FC Köln	6/0
Heinz Wewers	*1927	Rot-Weiß Essen	1/0
Hermann Nuber	*1935	Kickers Offenbach	auf Abr.
Mittelfeld:			
Horst Eckel	*1932	1. FC Kaiserslautern	4/0
Alfred Schmidt	*1935	Borussia Dortmund	2/0
Hans Sturm	*1935	1. FC Köln	1/0
Horst Szymaniak	*1934	Wuppertaler SV	6/0
Fritz Walter	*1920	1. FC Kaiserslautern	5/0
Sturm:			
Hans Cieslarczyk	*1937	SV Sodingen	2/1
Alfred Kelbassa	*1925	Borussia Dortmund	1/0
Bernhard Klodt	*1926	FC Schalke 04	2/0
Helmut Rahn	*1929	Rot-Weiß Essen	6/6
Hans Schäfer	*1927	1. FC Köln	6/3
Uwe Seeler	*1936	Hamburger SV	5/2
Wolfgang Peters	*1929	Borussia Dortmund	auf Abr.
Rudolf Hoffmann	*1935	VfB Stuttgart	auf Abr.

Trainer: Josef Herberger

Nordirland

Tor:			
Harry Gregg	*1932	Manchester United	4/0
Norman Uprichard	*1928	FC Portsmouth	1/0
Abwehr:			
William Cunningham	*1930	Leicester City	5/0
Alfred McMichael	*1927	Newcastle United	5/0
Leonard Graham	*1925	Doncaster Rovers	–/–
Bobby Trainor		Coleraine FC	–/–
Mittelfeld:			
William Bingham	*1931	Sunderland AFC	5/0
Danny Blanchflower	*1926	Tottenham Hotspur	5/0
Thomas Casey	*1930	Newcastle United	2/0
Richard Keith	*1933	Newcastle United	5/0
James McIlroy	*1931	FC Burnley	5/0
Robert Peacock	*1937	Celtic Glasgow	4/0
Samuel Chapman	*1938	FC Portsmouth	–/–
Tommy Hamill		FC Linfield Belfast	–/–
Bobby Rea		Glentoran Belfast	–/–
Sturm:			
Francis Coyle	*1924	Nottingham Forest	1/0
Wilbur Cush	*1928	Leeds United	5/1
Alexander Dougan	*1938	FC Portsmouth	1/0
Peter McParland	*1934	Aston Villa	5/5
John Scott	*1933	Grimsby Town	2/0
Samuel McCrory	*1924	Southend United	–/–
William Simpson	*1928	Glasgow Rangers	–/–

Trainer: Peter Doherty

Tschechoslowakei

Tor:			
Bretislav Dolejsi	*1928	TJ Dynamo Prag	4/0
Imrich Stacho	*1931	Spartak Trnava	–/–
Viliam Schrojf	*1931	Slovan Bratislava	–/–
Abwehr:			
Gustav Mraz	*1934	Roter Stern Bratislava	4/0
Ladislav Novak	*1931	Dukla Prag	4/0
Jan Popluhar	*1935	Slovan Bratislava	3/0
Frantisek Safranek	*1931	Dukla Prag	–/–
Mittelfeld:			
Titus Bubernik	*1933	Roter Stern Bratislava	1/0
Jiri Cadek	*1935	Dukla Prag	1/0
Jan Hertl	*1929	Spartak Sokolovo Prag	1/0
Josef Masopust	*1931	Dukla Prag	4/0
Svatopluk Pluskal	*1930	Dukla Prag	2/0
Antonin Moravcik	*1931	Slovan Bratislava	–/–
Sturm:			
Jaroslav Borovicka	*1931	Dukla Prag	3/0
Milan Dvorak	*1934	Dukla Prag	4/2
Jiri Feureisl	*1931	Dynamo Karlovy Vary	3/1
Vaclav Hovorka	*1931	Spartak Sokolovo Prag	3/2
Tadeas Kraus	*1932	Spartak Sokolovo Prag	1/0
Pavol Molnar	*1936	Roter Stern Bratislava	3/0
Zdenek Zikan	*1937	Dukla Pardubice	3/4
Adolf Scherer	*1938	Roter Stern Bratislava	–/–
Kazimir Gajdos	*1932	Roter Stern Bratislava	–/–

Trainer: Karel Kolsky

Argentinien

Tor:			
Amedeo Carrizo	*1926	River Plate Buenos Aires	3/0
Julio Musimessi	*1930	Boca Juniors B. Aires	–/–
Abwehr:			
Francisco Lombardo	*1925	Boca Juniors B. Aires	3/0
Federico Vairo	*1930	River Plate Buenos Aires	3/0
Federico Edwards	*1931	Boca Juniors B. Aires	–/–
David Acevedo	*1931	Independiente B. Aires	–/–
Mittelfeld:			
Ludovico Avio	*1931	Vélez Sársfield	2/1
Pedro Dellacha	*1926	Racing Club B. Aires	3/0
Eliseo Prado	*1929	River Plate Buenos Aires	1/0
Néstor Rossi	*1925	River Plate Buenos Aires	3/0
José Varacka	*1932	Independiente B. Aires	3/0
Alfredo Pérez	*1929	River Plate Buenos Aires	–/–
Eliseo Mouriño	*1927	Boca Juniors B. Aires	–/–
José Ramos Delgado	*1935	CA Lanús	–/–
Sturm:			
Ángel Labruna	*1918	River Plate Buenos Aires	2/0
Norberto Boggio	*1931	San Lorenzo de Almagro	1/0
Omar Or. Corbatta	*1936	Racing Club B. Aires	3/3
Osvaldo Cruz	*1931	Independiente B. Aires	2/0
Norberto Menéndez	*1936	River Plate Buenos Aires	3/1
Alfredo Rojas	*1937	CA Lanús	1/0
Ricardo Infante	*1924	Estudiantes de La Plata	–/–
José Sanfilippo	*1935	San Lorenzo de Almagro	–/–

Trainer: Guillermo Stábile

Jugoslawien

Tor:			
Vladimir Beara	*1928	Roter Stern Belgrad	3/0
Srboljub Krivokuca	*1928	Roter Stern Belgrad	1/0
Gordan Irovic		Dinamo Zagreb	–/–
Abwehr:			
Tomislav Crnkovic	*1929	Dinamo Zagreb	4/0
Vasilije Sijakovic	*1929	OFK Belgrad	2/0
Novak Tomic	*1936	Roter Stern Belgrad	2/0
Nikola Radovic	*1933	Hajduk Split	–/–
Mittelfeld:			
Vujadin Boskov	*1931	Vojvodina Novi Sad	4/0
Dobroslav Krstic	*1932	Vojvodina Novi Sad	4/0
Dragoslav Sekularac	*1937	Roter Stern Belgrad	3/0
Branko Zebec	*1929	Partizan Belgrad	4/0
Vladimir Popovic	*1935	Roter Stern Belgrad	–/–
Ivan Santek	*1932	Dinamo Zagreb	–/–
Sturm:			
Milos Milutinovic	*1933	Partizan Belgrad	3/0
Radivoje Ognjanovic	*1938	Radnicki Nis	2/1
Aleksandar Petakovic	*1930	Radnicki Belgrad	4/2
Zdravko Rajkov	*1927	Vojvodina Novi Sad	4/1
Todor Veselinovic	*1930	Vojvodina Novi Sad	4/3
Milorad Milutinovic		Partizan Belgrad	–/–
Drazen Jerkovic	*1936	Dinamo Zagreb	–/–
Ilijas Pasic		Spartak Subotica	–/–
Luka Liposinovic	*1932	Dinamo Zagreb	–/–

Trainer: Aleksandar Tirnanic

Paraguay

Tor:			
Samuel Aguilar	*1934	Libertad Asunción	2/0
Ramón Mayeregger	*1934	Nacional Asunción	1/0
Abwehr:			
Edelmiro Arévalo	*1929	Olimpia Asunción	3/0
Eligio Echagüe	*1931	Olimpia Asunción	2/0
Juan Vicente Lezcano	*1937	Olimpia Asunción	3/0
Agustín Miranda	*1930	Cerro Porteño Asunción	1/0
Dario Segovia		Sol de América Asunción	–/–
Luis Arnulfo Gini		Sol de América Asunción	–/–
Mittelfeld:			
Ignacio Achúcarro	*1936	Olimpia Asunción	3/0
Salvador Villalba	*1928	Libertad Asunción	3/0
Cayetano Ré	*1938	Cerro Porteño Asunción	3/1
Luis Santos Silva		Cerro Porteño Asunción	–/–
Sturm:			
Juan Bautista Agüero	*1935	Olimpia Asunción	3/2
Florencio Amarilla	*1935	Nacional Asunción	3/2
Jorge Romero	*1937	Sol de América Asunción	3/2
José Parodi	*1932	Olimpia Asunción	3/2
José Aveiro		Sportivo Luqueño	–/–
Eligio Insfrán		Guaraní Asunción	–/–
Eliséo Insfrán		Guaraní Asunción	–/–
Claudio Lezcano		Olimpia Asunción	–/–
Oscar Aguilera		Olimpia Asunción	–/–
Benigno Penayo		Olimpia Asunción	–/–

Trainer: Aurelio Rodrigo González

Gruppe 2

Frankreich

Tor:			
Claude Abbès	*1927	AS St. Etienne	4/0
François Remetter	*1928	Girondins Bordeaux	2/0
Dominique Colonna	*1928	Stade Reims	–/–
Abwehr:			
Robert Jonquet	*1925	Stade Reims	5/0
Raymond Kaelbel	*1932	AS Monaco	6/0
André Lerond	*1930	Olympique Lyon	6/0
Roger Marche	*1924	Racing Paris	1/0
Robert Mouynet	*1930	Olympique Lyon	–/–
Mittelfeld:			
Maurice Lafont	*1927	Nimes Olympique	1/0
Jean-Jaques Marcel	*1931	Olympique Marseille	5/0
Armand Penverne	*1926	Stade Reims	6/0
Bernard Chiarelli	*1934	US Valenciennes	–/–
Casimir Hnatow	*1929	SCO Angers	–/–
Célestin Oliver	*1930	UA Sedan-Torcy	–/–
Sturm:			
Yvon Douis	*1935	OSC Lille	1/1
Just Fontaine	*1933	Stade Reims	6/13
Raymond Kopa	*1931	Real Madrid	6/3
Roger Piantoni	*1931	Stade Reims	5/3
Jean Vincent	*1930	Stade Reims	6/1
Maryan Wisnieski	*1937	RC Lens	6/2
Stéphane Bruey	*1932	SCO Angers	–/–
Raymond Bellot		AS Monaco	–/–

Trainer: Albert Batteux

Schottland

Tor:			
William Brown	*1931	FC Dundee	1/0
Thomas Younger	*1930	FC Liverpool	2/0
Abwehr:			
Eric Caldow	*1934	Glasgow Rangers	3/0
John Hewie	*1927	Charlton Athletic	2/0
Alexander Parker	*1935	FC Falkirk	1/0
Harry Haddock	*1925	FC Clyde Glasgow	–/–
Mittelfeld:			
Samuel Baird	*1930	Glasgow Rangers	1/1
Robert Collins	*1931	Celtic Glasgow	3/1
Douglas Cowie	*1926	Dundee United	2/0
Robert Evans	*1927	Celtic Glasgow	3/0
David Mackay	*1934	Heart of Midlothian	1/0
John Mudie	*1930	FC Blackpool	3/1
Archibald Robertson	*1929	FC Clyde Glasgow	1/0
Edward Turnbull	*1923	Hibernian FC Edinburgh	3/0

Ian McColl	*1927	Glasgow Rangers	–/–
Thomas Docherty	*1928	Preston North End	–/–
Sturm:			
William Fernie	*1928	Celtic Glasgow	1/0
James Stewart Imlach	*1932	Nottingham Forest	2/0
Graham Leggat	*1934	FC Aberdeen	2/0
James Murray	*1933	Heart of Midlothian	2/1
Alexander Scott	*1936	Glasgow Rangers	–/–
John Coyle	*1932	FC Clyde Glasgow	–/–

Trainer: Dawson Walker

Gruppe 3

Schweden

Tor:			
Karl-Oskar Svensson	*1925	Helsingborg IF	6/0
Ingemar Haraldsson	*1928	IF Elfsborg	–/–
Tore Svensson	*1927	Malmö FF	–/–
Abwehr:			
Sven Axbom	*1926	IFK Norrköping	6/0
Orvar Bergmark	*1930	Örebro SK	6/0
Ake Johansson		IFK Norrköping	–/–
Prawitz Öberg	*1930	Malmö FF	–/–
Mittelfeld:			
Reino Börjesson	*1929	Norrby IF	4/0
Gunnar Gren	*1920	Örgryte IS	5/1
Bengt Gustavsson	*1928	Atalanta Bergamo	6/0
Nils Liedholm	*1922	AC Mailand	5/2
Bror Mellberg	*1923	AIK Stockholm	2/0
Sigvard Parling	*1930	Djurgarden IF	6/0
Olle Hakansson	*1927	IFK Norrköping	–/–
Gösta Löfgren	*1923	Motala AIF	–/–
Sturm:			
Bengt Berndtsson	*1933	IFK Göteborg	1/0
Kurt Hamrin	*1934	AC Padua	5/4
Henry Källgren	*1931	IFK Norrköping	1/0
Arne Selmosson	*1931	Lazio Rom	1/0
Agne Simonsson	*1935	Örgryte IS	5/4
Lennart Skoglund	*1929	Inter Mailand	6/1
Ove Olsson	*1938	IFK Göteborg	–/–

Trainer: George Raynor

Wales

Tor:			
Jack Kelsey	*1929	Arsenal London	5/0
Kenneth Jones	*1936	Cardiff City FC	–/–
Graham Vearncombe	*1934	Cardiff City FC	–/–
Abwehr:			
Melvyn Charles	*1935	Swansea City	5/0
Melvyn Hopkins	*1934	Tottenham Hotspur	5/0
Stuart Williams	*1930	West Bromwich Albion	5/0
Leonard Edwards	*1937	Charlton Athletic	–/–
Mittelfeld:			
Colin Baker	*1934	Cardiff City FC	1/0
David Bowen	*1928	Arsenal London	5/0
Derek Sullivan	*1930	Cardiff City FC	4/0
Thomas Baker	*1934	Plymouth Argyle	–/–
Victor Crowe	*1932	Aston Villa	–/–
John Elsworthy	*1931	Ipswich Town	–/–
Sturm:			
Ivor Allchurch	*1929	Swansea City	5/2
John Charles	*1931	Juventus Turin	4/1
Ronald Hewitt	*1928	Cardiff City FC	3/0
Clifford Jones	*1935	Tottenham Hotspur	5/0
Terry Medwin	*1932	Tottenham Hotspur	4/1
Roy Vernon	*1937	Blackburn Rovers	1/0
Colin Webster	*1932	Manchester United	3/0
Leonhard Allchurch	*1933	Swansea City	–/–
Kenneth Leek	*1935	Leicester City	–/–

Trainer: Jimmy Murphy

Ungarn

Tor:			
Gyula Grosics	*1926	Bányász Tatabánya	3/0
István Ilku	*1933	Bányász Dorogi	1/0
Abwehr:			
Sándor Mátrai	*1932	Ferencvaros Budapest	4/0
Ferenc Sipos	*1932	MTK Budapest	4/0
Lászlo Sárósi	*1932	Vasas Budapest	4/0
Oszkár Szigeti		Diósgyöri VTK Miskolc	–/–
Béla Kárpáti		Vasas Budapest	–/–
Mittelfeld:			
József Bencsics	*1933	Újpest Dozsa Budapest	2/1
Pál Berendi	*1932	Vasas Budapest	2/0
József Bozsik	*1925	Honvéd Budapest	3/1
Antal Kotász	*1929	Honvéd Budapest	2/0
Ferenc Szojka	*1931	Salgotarjan Banyasz TC	2/0
Sturm:			
László Budai	*1928	Honvéd Budapest	2/0
Dezsö Bundzsák	*1928	Vasas Budapest	3/0
Mátiasz Fenyvesi	*1933	Ferencvaros Budapest	3/0
Nándor Hidegkuti	*1922	MTK Budapest	2/0
Károly Sándor	*1928	MTK Budapest	3/1
Lajos Tichy	*1935	Honvéd Budapest	4/4
Mihály Vasas		Salgotarjan Banyasz TC	–/–
Zoltán Friedmanszky		Ferencváros Budapest	–/–
Lászlá Lachos		Bányász Tatabánya	–/–
Tivadar Monostori	*1936	Bányász Dorogi	–/–

Trainer: Lajos Baróti

Mexiko

Tor:			
Antonio Carbajal	*1929	FC León	3/0
Manuel Camacho		Deportivo Toluca	–/–
Jaime Gómez	*1929	Deportivo Guadalajara	–/–
Abwehr:			
José Jesús del Muro	*1937	Atlas Guadalajara	3/0
Miguel Gutiérrez	*1931	FC León	2/0
Guillermo Sepúlveda	*1934	Deportivo Guadalajara	1/0
José Villegas	*1934	Deportivo Guadalajara	1/0
Jorge Romo	*1924	Deportivo Toluca	2/0
José Antonio Roca	*1928	CD Zacatapec	–/–
Mittelfeld:			
Francisco Flóres	*1926	Deportivo Guadalajara	3/0
Alfredo Hernández	*1935	FC León	1/0
Alfonso Portugal	*1934	Necaxa México	1/0
Jaime Salazar		Necaxa México	–/–
Sturm:			
Jaime Belmonte	*1934	CD Cuautla	2/1
Carlos Blanco	*1927	Deportivo Toluca	2/0
Carlos Calderón	*1934	FC Atlante México	1/0
Raúl Cárdenas	*1928	CD Zacatapec	2/0
Carlos González	*1935	Atlas Guadalajara	2/0
Crescenio Gutiérrez	*1933	Deportivo Guadalajara	1/0

Schwedens Helden, freudestrahlend: Diese Mannschaft hat den amtierenden Weltmeister Deutschland soeben 3:1 besiegt. Erstmals steht eine schwedische Mannschaft im Endspiel einer Weltmeisterschaft. Für ihre Landsleute ist das Spiel gegen die ungeliebten Deutschen wohl das wichtigste in diesem Turnier gewesen. Die Final-Niederlage? Zu verschmerzen gegen Brasiliens Zauberteam.

Salvador Reyes	*1936	Deportivo Guadalajara	3/0
Enrique Sesma	*1927	Deportivo Toluca	3/0
Ligorio López		Irapuato	–/–

Trainer: Antonio López / Ignacio Trellez

Gruppe 4

Brasilien

Tor:			
Gilmar	*1930	Corinthians São Paolo	6/0
Castilho	*1927	Fluminense Rio de J.	–/–
Abwehr:			
Bellini	*1930	Vasco da Gama Rio de J.	6/0
de Sordi	*1931	FC São Paulo	5/0
Dino	*1932	FC São Paulo	2/0
Djalma Santos	*1929	Portuguesa São Paulo	1/0
Nilton Santos	*1925	Botafogo Rio de Janeiro	6/1
Orlando	*1935	Vasco da Gama Rio de J.	6/0
Mauro	*1930	FC São Paulo	–/–
Zózimo	*1934	FC Bangu	–/–
Mittelfeld:			
Didí	*1929	Botafogo Rio de Janeiro	6/1
Joel	*1931	Flamengo Rio de Janeiro	2/0
Zito	*1932	FC Santos	4/0
Moacir	*1936	Flamengo Rio de Janeiro	–/–
Oreco	*1932	Corinthians São Paulo	–/–
Sturm:			
Mario Zagallo	*1931	Flamengo Rio de Janeiro	6/1
Mazzola	*1938	Palmeiras São Paulo	3/2
Dida	*1934	Flamengo Rio de Janeiro	1/0
Garrincha	*1933	Botafogo Rio de Janeiro	4/0
Pelé	*1940	FC Santos	4/6
Vavá	*1934	Vasco da Gama Rio de J.	4/5
Pepe	*1935	FC Santos	–/–

Trainer: Vicente Feola

Sowjetunion

Tor:			
Lew Jaschin	*1929	Dynamo Moskau	5/0
Wladimir Beljajew	*1933	Dynamo Moskau	–/–
Wladimir Maslatschenko	*1936	Lokomotive Moskau	–/–
Abwehr:			
Wladimir Kessarew	*1930	Dynamo Moskau	5/0
Konstantin Krijewski	*1926	Dynamo Moskau	5/0
Boris Kusnetsow	*1928	Dynamo Moskau	5/0
Anatoli Maslenkin	*1930	Spartak Moskau	–/–
Leonid Ostrowski	*1936	Torpedo Moskau	–/–
Mittelfeld:			
Igor Netto	*1930	Spartak Moskau	1/0
Viktor Tsarew	*1931	Dynamo Moskau	5/0
Juri Woinow	*1931	Dynamo Kiew	5/0
Wladimir Jerochin	*1930	Dynamo Kiew	–/–
Sturm:			
German Apuchtin	*1936	ZSKA Moskau	1/0
Juri Falin	*1937	Torpedo Moskau	1/0
Anatoli Iljin	*1931	Spartak Moskau	5/2
Alexander Iwanow	*1928	Zenit Leningrad	4/1
Valentin Iwanow	*1934	Torpedo Moskau	5/1
Sergej Salnikow	*1925	Spartak Moskau	3/0
Nikita Simonian	*1926	Spartak Moskau	5/1
Valentin Bubukin	*1933	Lokomotive Moskau	–/–
Genrich Fedossow	*1932	Dynamo Moskau	–/–
Gennadi Gussarow	*1937	Torpedo Moskau	–/–

Trainer: Gawril Katschalin

England

Tor:			
Colin McDonald	*1930	FC Burnley	4/0
Alan Hodgkinson	*1936	Sheffield United	–/–
Edward Hopkinson	*1935	Bolton Wanderers	–/–
Abwehr:			
Thomas Banks	*1929	Bolton Wanderers	4/0
Donald Howe	*1935	West Bromwich Albion	4/0
William Wright	*1924	Wolverhampton W.	4/0
Maurice Norman	*1934	Tottenham Hotspur	–/–
Peter Sillett	*1933	FC Chelsea London	–/–
Mittelfeld:			
Edward Clamp	*1934	Wolverhampton W.	3/0
Ronnie Clayton	*1934	Blackburn Rovers	1/0
William Slater	*1927	Wolverhampton W.	4/0
Bobby Charlton	*1937	Manchester United	–/–
Maurice Setters	*1936	West Bromwich Albion	–/–
Sturm:			
Alan A'Court	*1934	FC Liverpool	3/0
Peter Brabrook	*1937	FC Chelsea London	1/0
Peter Broadbent	*1933	Wolverhampton W.	1/0
Bryan Douglas	*1934	Blackburn Rovers	3/0
Thomas Finney	*1922	Preston North End	1/1
John Haynes	*1934	FC Fulham	4/1
Derek Kevan	*1935	West Bromwich Albion	4/2
Bobby Robson	*1933	West Bromwich Albion	3/0
Robert Smith	*1933	Tottenham Hotspur	–/–

Trainer: Walter Winterbottom

Österreich

Tor:			
Kurt Schmied	*1926	First Vienna Wien	1/0
Rudolf Szanwald	*1931	Wiener SC	2/0
Bruno Engelmeier	*1927	1. Simmeringer SC	–/–
Abwehr:			
Paul Halla	*1931	Rapid Wien	1/0
Gerhard Hanappi	*1929	Rapid Wien	2/0
Ernst Happel	*1925	Rapid Wien	2/0
Walter Kollmann	*1932	Wacker Wien	1/0
Leopold Barschandt	*1925	Wiener SC	–/–
Mittelfeld:			
Alfred Körner	*1926	Rapid Wien	3/1
Karl Koller	*1929	First Vienna Wien	3/1
Ernst Kozlicek	*1931	Wacker Wien	2/0
Walter Schleger	*1929	Austria Wien	1/0
Karl Stotz	*1927	Austria Wien	1/0
Franz Swoboda	*1933	Austria Wien	3/0
Ignaz Puschnik	*1934	SV Kapfenberg	–/–
Sturm:			
Johann Buzek	*1938	First Vienna Wien	3/0
Paul Kozlicek	*1937	Wacker Wien	2/0
Walter Horak	*1931	Wiener SC	2/0
Helmut Senekowitsch	*1933	Sturm Graz	3/0
Josef Hammerl	*1931	Wiener SC	–/–
Robert Dienst	*1928	Rapid Wien	–/–
Herbert Ninaus	*1937	Grazer AK	–/–

Trainer: Josef Argauer

Spiel den Streltsow!

Als am 21. Juli 1997 das Stadion von Torpedo Moskau auf den Namen von Eduard Streltsow getauft wurde, fand eine der abenteuerlichsten Geschichten des UdSSR-Fußballs ein versöhnliches Ende. Streltsow, der an jenem Tag seinen 60. Geburtstag gefeiert hätte – er starb am 20. Juli 1990 –, war einer der talentiertesten Fußballer des Sowjetreiches gewesen. Ein Bär im Sturmzentrum, blond und hünenhaft, aber mit ausgefeilter Technik, der in der Nationalmannschaft schon im Alter von 16 Jahren debütierte – mit einem Hattrick. Mit 19 Jahren stand er im Olympiakader und leistete seinen Beitrag, als sein Team 1956 in Melbourne Gold gewann. „Er war genauso gut wie Pelé", sagte der große Torwart Lew Jaschin. Doch zwei Jahre nach dem Olympia-Triumph mussten die Sowjets bei der Weltmeisterschaft in Schweden auf ihn verzichten. Warum er nicht im Kader stand, gab damals Anlass zu wilden Spekulationen.

Er trinke zu viel Wodka und sei dem Alkohol verfallen, hieß es zunächst. Dann kam die Meldung: Streltsow habe eine

Frau vergewaltigt. Tatsächlich wurde er zu sieben Jahren Haft in einem sibirischen Arbeitslager verurteilt. Die Goldmedaille nahm man ihm ab, aus den offiziellen Statistiken wurden seine Tore getilgt. Doch an der Vergewaltigungs-Version regten sich Zweifel: Hätte die sowjetische Sportführung einen wichtigen Athleten nicht geschützt? Steckten politische Gründe dahinter?

Streltsow habe die Frau eines Partei-Funktionärs beleidigt, munkelte man. Die heute gängige Version lautet: Streltsow sei ultimativ aufgefordert worden, sich entweder dem Armee-Klub ZSKA oder dem Geheimdienst-Klub Dynamo anzuschließen. Und weil er sich weigerte, Torpedo zu verlassen, sei er verbannt worden. Streltsow verbüßte jedenfalls fünfeinhalb der sieben Jahre; die Legende besagt, er habe die Lagerverwaltung mit seinen Ballkünsten unterhalten. Nach seiner Entlassung forderten die Torpedo-Anhänger stürmisch seinen Einsatz. Streltsow durfte wieder aufs Feld und führte seinen Klub 1965 prompt zur zweiten Meisterschaft. Erst nach der Weltmeisterschaft 1966 kehrte er ins Nationalteam zurück. Er beendete seine Länderspielkarriere mit 25 Toren in 38 Spielen.

Heute nennt man Streltsow den „russischen Pelé". Weil seine Spezialität der Absatzkick war, ist der in Russland nach ihm benannt. Man spielt einen Streltsow.

Gruppe 1

Deutschland – Argentinien 3:1 (2:1)
Deutschland: Herkenrath, Stollenwerk, Erhardt, Juskowiak, Eckel, Szymaniak, Rahn, Walter, Seeler, Schmidt, Schäfer
Argentinien: Carrizo, Dellacha, Vairo, Lombardo, Rossi, Varacka, Corbatta, Prado, Menéndez, Rojas, Cruz
Tore: 0:1 Corbatta (3.), 1:1 Rahn (33.), 2:1 Seeler (40.), 3:1 Rahn (81.). **Schiedsrichter:** Leafe (England). **Zuschauer:** 31 156

Nordirland – Tschechoslowakei 1:0 (1:0)
Nordirland: Gregg, Keith, Cunningham, McMichael, Blanchflower, Peacock, Bingham, Cush, Dougan, McIlroy, McParland
Tschechoslowakei: Dolejsi, Mraz, Cadek, Novak, Pluskal, Masopust, Hovorka, Dvorak, Borovicka, Hertl, Kraus
Tor: 1:0 Cush (20.). **Schiedsrichter:** Seipelt (Österreich). **Zuschauer:** 10 617

Argentinien – Nordirland 3:1 (1:1)
Argentinien: Carrizo, Dellacha, Vairo, Lombardo, Rossi, Varacka, Corbatta, Avio, Menédez, Labruna, Boggio
Nordirland: Gregg, Keith, Cunningham, McMichael, Blanchflower, Peacock, Bingham, Cush, Coyle, McIlroy, McParland
Tore: 0:1 McParland (3.), 1:1 Corbatta (38. Elfmeter), 2:1 Menéndez (55.), 3:1 Avio (60.). **Schiedsrichter:** Ahlner (Schweden). **Zuschauer:** 14 174

Deutschland – Tschechoslow. 2:2 (0:2)
Deutschland: Herkenrath, Stollenwerk, Erhardt, Juskowiak, Schnellinger, Szymaniak, Rahn, Walter, Seeler, Schäfer, Klodt
Tschechoslowakei: Dolejsi, Mraz, Popluhar, Novak, Pluskal, Masopust, Hovorka, Dvorak, Molnar, Feureisl, Zikan
Tore: 0:1 Dvorak (24. Elfmeter), 0:2 Zikan (42.), 1:2 Schäfer (59.), 2:2 Rahn (70.). **Schiedsrichter:** Ellis (England). **Zuschauer:** 25 000

Tschechoslowakei – Argentinien 6:1 (3:0)
Tschechoslowakei: Dolejsi, Mraz, Popluhar, Novak, Dvorak, Masopust, Hovorka, Borovicka, Molnar, Feureisl, Zikan
Argentinien: Carrizo, Dellacha, Vairo, Lombardo, Rossi, Varacka, Corbatta, Avio, Menéndez, Labruna, Cruz
Tore: 1:0 Dvorak (8.), 2:0, 3:0 Zikan (17., 39.), 3:1 Corbatta (65. Elfmeter), 4:1 Feureisl (69.), 5:1, 6:1 Hovorka (82., 89.). **Schiedsrichter:** Ellis (England). **Zuschauer:** 16 418

Deutschland – Nordirland 2:2 (1:1)
Deutschland: Herkenrath, Stollenwerk, Erhardt, Juskowiak, Eckel, Szymaniak, Rahn, Walter, Seeler, Schäfer, Klodt
Nordirland: Gregg, Keith, Cunningham, McMichael, Blanchflower, Peacock, Bingham, Cush, Casey, McIlroy, McParland
Tore: 0:1 McParland (19.), 1:1 Rahn (21.), 1:2 McParland (60.), 2:2 Seeler (80.). **Schiedsrichter:** Campos (Portugal). **Zuschauer:** 21 990

Entscheidungsspiel um Platz 2*
Nordirland – Tschech. 2:1 (1:1, 0:1) n.V.
Nordirland: Uprichard, Keith, Cunningham, McMichael, Blanchflower, Peacock, Bingham, Cush, Scott, McIlroy, McParland
Tschechoslowakei: Dolejsi, Mraz, Popluhar, Novak, Bubernik, Masopust, Hovorka, Molnar, Feureisl, Borovicka, Zikan
Tore: 0:1 Zikan (18.), 1:1, 2:1 McParland (44., 99.). **Platzverweis:** Bubernik (102.). **Schiedsrichter:** Guigue (Frankreich). **Zuschauer:** 6196

1. **Deutschland**	3	1	2	0	7:5	4:2
2. **Nordirland***	3	1	1	1	4:5	3:3
3. Tschechosl.	3	1	1	1	8:4	3:3
4. Argentinien	3	1	0	2	5:10	2:4

Eine historische Arena: das Rasunda-Stadion von Stockholm, links im Jahr 1958, rechts modern. Es beherbergte bereits zwei Fußball-WM-Finals: 1958 jenes der Männer und 1995 jenes der Frauen (USA – Norwegen 2:1).

Gruppe 2

Jugoslawien – Schottland 1:1 (1:0)
Jugoslawien: Beara, Sijakovic, Zebec, Crnkovic, Krstic, Boskov, Petakovic, Veselinovic, Milos Milutinovic, Sekularac, Rajkov
Schottland: Younger, Caldow, Evans, Hewie, Turnbull, Cowie, Leggat, Murray, Mudie, Collins, Imlach
Tore: 1:0 Petakovic (6.), 1:1 Murray (47.). **Schiedsrichter:** Wyssling (Schweiz). **Zuschauer:** 9591

Frankreich – Paraguay 7:3 (2:2)
Frankreich: Remetter, Kaelbel, Jonquet, Lerond, Penverne, Marcel, Wisnieski, Fontaine, Kopa, Piantoni, Vincent
Paraguay: Mayeregger, Arévalo, J. Lezcano, Miranda, Achúcarro, Villalba, Agüero, Parodi, Romero, Ré, Amarilla
Tore: 0:1 Amarilla (20.), 1:1, 2:1 Fontaine (24., 30.), 2:2 Amarilla (44. Elfmeter), 2:3 Romero (50.), 3:3 Piantoni (51.), 4:3 Wisnieski (61.), 5:3 Fontaine (68.), 6:3 Kopa (70.), 7:3 Vincent (84.). **Schiedsrichter:** Gardeazábal (Spanien). **Zuschauer:** 16 518

Jugoslawien – Frankreich 3:2 (1:1)
Jugoslawien: Beara, Tomic, Zebec, Crnkovic, Krstic, Boskov, Petakovic, Veselinovic, Milos Milutinovic, Sekularac, Rajkov
Frankreich: Remetter, Kaelbel, Jonquet, Marche, Penverne, Lerond, Wisnieski, Fontaine, Kopa, Piantoni, Vincent
Tore: 0:1 Fontaine (5.), 1:1 Petakovic (16.), 2:1 Veselinovic (62.), 2:2 Fontaine (85.), 3:2 Veselinovic (87.). **Schiedsrichter:** Griffiths (Wales). **Zuschauer:** 12 217

Paraguay – Schottland 3:2 (2:1)
Paraguay: Aguilar, Arévalo, J. Lezcano, Echagüe, Villalba, Achúcarro, Agüero, Parodi, Romero, Ré, Amarilla
Schottland: Younger, Parker, Evans, Caldow, Turnbull, Cowie, Leggat, Collins, Mudie, Robertson, Fernie
Tore: 1:0 Agüero (7.), 1:1 Mudie (23.), 2:1 Ré (44.), 3:1 Parodi (74.), 3:2 Collins (77.). **Schiedsrichter:** Orlandini (Italien). **Zuschauer:** 11 665

Paraguay – Jugoslawien 3:3 (1:2)
Paraguay: Aguilar, Arévalo, J. Lezcano, Echagüe, Villalba, Achúcarro, Agüero, Parodi, Romero, Ré, Amarilla
Jugoslawien: Beara, Tomic, Zebec, Crnkovic, Krstic, Boskov, Petakovic, Veselinovic, Ognjanovic, Sekularac, Rajkov
Tore: 0:1 Ognjanovic (18.), 1:1 Parodi (20.), 1:2 Veselinovic (21.), 2:2 Agüero (50.), 2:3 Rajkov (74.), 3:3 Romero (80.). **Schiedsrichter:** Macko (Tschechoslowakei). **Zuschauer:** 13 103

Frankreich – Schottland 2:1 (2:0)
Frankreich: Abbès, Kaelbel, Jonquet, Penverne, Marcel, Lerond, Fontaine, Kopa, Piantoni, Vincent, Wisnieski
Schottland: Brown, Caldow, Evans, Hewie, Turnbull, Mackay, Collins, Murray, Mudie, Baird, Imlach
Tore: 1:0 Kopa (22.), 2:0 Fontaine (44.), 2:1 Baird (66.). **Schiedsrichter:** Brozzi (Argentinien). **Zuschauer:** 13 554

1. **Frankreich**	3	2	0	1	11:7	4:2
2. **Jugoslawien**	3	1	2	0	7:6	4:2
3. Paraguay	3	1	1	1	9:12	3:3
4. Schottland	3	0	1	2	4:6	1:5

Gruppe 3

Schweden – Mexiko 3:0 (1:0)
Schweden: K. Svensson, Bergmark, Gustavsson, Axbom, Liedholm, Parling, Hamrin, Mellberg, Simonsson, Gren, Skoglund
Mexiko: Carbajal, del Muro, Romo, Villegas, Portugal, Flóres, Hernández, Reyes, Calderón, C. Gutiérrez, Sesma
Tore: 1:0 Simonsson (17.), 2:0 Liedholm (58. Elfmeter), 3:0 Simonsson (64.). **Schiedsrichter:** Latyschew (Sowjetunion). **Zuschauer:** 34 107

Wales – Ungarn 1:1 (1:1)
Wales: Kelsey, Williams, M. Charles, Hopkins, Sullivan, Bowen, Webster, Medwin, J. Charles, I. Allchurch, C. Jones
Ungarn: Grosics, Mátrai, Sipos, Sárósi, Bozsik, Berendi, Sándor, Hidegkuti, Tichy, Bundzsák, Fenyvesi
Tore: 0:1 Bozsik (4.), 1:1 J. Charles (26.). **Schiedsrichter:** Codesal (Uruguay). **Zuschauer:** 15 343

Wales – Mexiko 1:1 (1:0)
Wales: Kelsey, Williams, M. Charles, Hopkins, Baker, Bowen, Webster, Medwin, J. Charles, I. Allchurch, C. Jones
Mexiko: Carbajal, del Muro, Romo, M. Gutiérrez, Cárdenas, Belmonte, Hernández, Reyes, Blanco, González, Sesma
Tore: 1:0 I. Allchurch (32.), 1:1 Belmonte (90.) **Schiedsrichter:** Lemesic (Jugoslawien). **Zuschauer:** 15 150

Schweden – Ungarn 2:1 (1:0)
Schweden: K. Svensson, Bergmark, Gustavsson, Axbom, Liedholm, Parling, Hamrin, Mellberg, Simonsson, Gren, Skoglund
Ungarn: Grosics, Mátrai, Sipos, Sárósi, Szojka, Berendi, Sándor, Tichy, Bozsik, Bundzsák, Fenyvesi
Tore: 1:0, 2:0 Hamrin (34., 55.), 2:1 Tichy (76.). **Schiedsrichter:** Mowat (Schottland). **Zuschauer:** 38 850

Schweden – Wales 0:0
Schweden: K. Svensson, Bergmark, Gustavsson, Axbom, Börjesson, Parling, Berndtsson, Selmonsson, Källgren, Löfgren, Skoglund
Wales: Kelsey, Williams, M. Charles, Hopkins, Sullivan, Bowen, Vernon, Hewitt, J. Charles, I. Allchurch, C. Jones
Schiedsrichter: van Nuffel (Belgien). **Zuschauer:** 30 287

Ungarn – Mexiko 4:0 (1:0)
Ungarn: Ilku, Mátrai, Sipos, Sárósi, Szojka, Kotász, Budai, Bencsics, Hidegkuti, Tichy, Sándor
Mexiko: Carbajal, del Muro, Sepúlveda, M. Gutiérrez, Cárdenas, Flóres, Belmonte, Reyes, Blanco, González, Sesma
Tore: 1:0, 2:0 Tichy (19., 46.), 3:0 Sándor (54.), 4:0 González (69. Eigentor). **Schiedsrichter:** A. Eriksson (Finnland). **Zuschauer:** 13 310

Entscheidungsspiel um Platz 2*
Wales – Ungarn 2:1 (0:1)
Wales: Kelsey, Williams, M. Charles, Hopkins, Sullivan, Bowen, Medwin, Hewitt, J. Charles, I. Allchurch, C. Jones
Ungarn: Grosics, Mátrai, Sipos, Sárósi, Bozsik, Kotász, Budai, Bencsics, Bundzsák, Tichy, Fenyvesi
Tore: 0:1 Tichy (33.), 1:1 I. Allchurch (55.), 2:1 Medwin (76.). **Platzverweis:** Sipos (79.). **Schiedsrichter:** Latyschew (Sowjetunion). **Zuschauer:** 2832

1. **Schweden**	3	2	1	0	5:1	5:1
2. **Wales***	3	0	3	0	2:2	3:3
3. Ungarn	3	1	1	1	6:3	3:3
4. Mexiko	3	0	1	2	1:8	1:5

Gruppe 4

Sowjetunion – England 2:2 (1:0)
Sowjetunion: Jaschin, Kessarew, Krijewski, Kusnetsow, Woinow, Tsarew, A. Iwanow, V. Iwanow, Simonian, Salnikow, Iljin
England: McDonald, Howe, Wright, Banks, Clamp, Slater, Douglas, Robson, Kevan, Haynes, Finney
Tore: 1:0 Simonian (13.), 2:0 A. Iwanow (55.), 2:1 Kevan (65.), 2:2 Finney (83. Elfmeter). **Schiedsrichter:** Zsolt (Ungarn). **Zuschauer:** 49348

Brasilien – Österreich 3:0 (1:0)
Brasilien: Gilmar, de Sordi, Bellini, Nílton Santos, Dino, Orlando, Joel, Didí, Mazzola, Dida, Zagallo
Österreich: Szanwald, Halla, Happel, Swoboda, Hanappi, Koller, Horak, Senekowitsch, Buzek, Körner, Schleger
Tore: 1:0 Mazzola (37.), 2:0 Nílton Santos (49.), 3:0 Mazzola (89.). **Schiedsrichter:** Guigue (Frankreich). **Zuschauer:** 21000

Brasilien – England 0:0
Brasilien: Gilmar, de Sordi, Bellini, Nílton Santos, Dino, Orlando, Joel, Didí, Mazzola, Vavá, Zagallo
England: McDonald, Howe, Wright, Banks, Clamp, Slater, Douglas, Robson, Kevan, Haynes, A'Court
Schiedsrichter: Dusch (Deutschland). **Zuschauer:** 40895

Sowjetunion – Österreich 2:0
Sowjetunion: Jaschin, Kessarew, Krijewski, Kusnetsow, Woinow, Tsarew, A. Iwanow, V. Iwanow, Simonian, Salnikow, Iljin
Österreich: Schmied, E. Kozlicek, Stotz, Swoboda, Hanappi, Koller, Horak, P. Kozlicek, Buzek, Körner, Senekowitsch
Tore: 1:0 Iljin (15.), 2:0 V. Iwanow (62.). **Schiedsrichter:** Jorgensen (Dänemark). **Zuschauer:** 21239

England – Österreich 2:2 (0:1)
England: McDonald, Howe, Wright, Banks, Clamp, Slater, Douglas, Robson, Kevan, Haynes, A'Court
Österreich: Szanwald, Kollmann, Happel, Swoboda, Hanappi, Koller, E. Kozlicek, P. Kozlicek, Buzek, Körner, Senekowitsch
Tore: 0:1 Koller (15.), 1:1 Haynes (56.), 1:2 Körner (71.), 2:2 Kevan (74.). **Schiedsrichter:** Bronkhorst (Niederlande). **Zuschauer:** 16800

Brasilien – Sowjetunion 2:0 (1:0)
Brasilien: Gilmar, de Sordi, Bellini, Nílton Santos, Zito, Orlando, Garrincha, Didí, Vavá, Pelé, Zagallo
Sowjetunion: Jaschin, Kessarew, Krijewski, Kusnetsow, Woinow, Tsarew, A. Iwanow, V. Iwanow, Simonian, Netto, Iljin
Tore: 1:0, 2:0 Vavá (2., 76.). **Schiedsrichter:** Guigue (Frankreich). **Zuschauer:** 50928

Entscheidungsspiel um Platz 2*
Sowjetunion – England 1:0 (0:0)
Sowjetunion: Jaschin, Kessarew, Krijewski, Kusnetsow, Woinow, Tsarew, Apuchtin, V. Iwanow, Simonian, Falin, Iljin
England: McDonald, Howe, Wright, Banks, Clayton, Slater, Brabrook, Broadbent, Kevan, Haynes, A'Court
Tor: 1:0 Iljin (67.). **Schiedsrichter:** Dusch (Deutschland). **Zuschauer:** 23182

1.	**Brasilien**	3	2	1	0	5:0	5:1
2.	**Sowjetunion***	3	1	1	1	4:4	3:3
3.	England	3	0	3	0	4:4	3:3
4.	Österreich	3	0	1	2	2:7	1:5

Viertelfinale

Deutschland – Jugoslawien 1:0 (1:0)
Deutschland: Herkenrath, Stollenwerk, Juskowiak, Eckel, Erhardt, Szymaniak, Rahn, Walter, Seeler, Schmidt, Schäfer
Jugoslawien: Krivokuca, Sijakovic, Crnkovic, Boskov, Zebec, Krstic, Petakovic, Ognjanovic, Milos Milutinovic, Veselinovic, Rajkov
Tor: 1:0 Rahn (12.). **Schiedsrichter:** Wyssling (Schweiz). **Zuschauer:** 20055

Brasilien – Wales 1:0 (0:0)
Brasilien: Gilmar, de Sordi, Bellini, Orlando, Nílton Santos, Zito, Didí, Garrincha, Mazzola, Pelé, Zagallo
Wales: Kelsey, Williams, M. Charles, Hopkins, Sullivan, Bowen, Medwin, Hewitt, Webster, I. Allchurch, C. Jones
Tor: 1:0 Pelé (65.). **Schiedsrichter:** Seipelt (Österreich). **Zuschauer:** 25923

Frankreich – Nordirland 4:0 (1:0)
Frankreich: Abbès, Kaelbel, Lerond, Penverne, Jonquet, Marcel, Wisnieski, Fontaine, Kopa, Piantoni, Vincent
Nordirland: Gregg, Keith, McMichael, Blanchflower, Cunningham, Cush, Bingham, Casey, Scott, McIlroy, McParland
Tore: 1:0 Wisnieski (44.), 2:0, 3:0 Fontaine (56., 63.), 4:0 Piantoni (68.). **Schiedsrichter:** Gardeazábal (Spanien). **Zuschauer:** 11800

Schweden – Sowjetunion 2:0 (0:0)
Schweden: K. Svensson, Bergmark, Axbom, Börjesson, Gustavsson, Parling, Hamrin, Gren, Simonsson, Liedholm, Skoglund
Sowjetunion: Jaschin, Kessarew, Kusnetsow, Woinow, Krijewski, Tsarew, A. Iwanow, V. Iwanow, Simonian, Salnikow, Iljin
Tore: 1:0 Hamrin (48.), 2:0 Simonsson (87.). **Schiedsrichter:** Leafe (England). **Zuschauer:** 31900

Halbfinale

Deutschland – Schweden 1:3 (1:1)
Deutschland: Herkenrath, Stollenwerk, Juskowiak, Eckel, Erhardt, Szymaniak, Rahn, Walter, Seeler, Schäfer, Cieslarczyk
Schweden: K. Svensson, Bergmark, Axbom, Börjesson, Gustavsson, Parling, Hamrin, Gren, Simonsson, Liedholm, Skoglund
Tore: 1:0 Schäfer (24.), 1:1 Skoglund (34.), 1:2 Gren (80.), 1:3 Hamrin (89.). **Platzverweis:** Juskowiak (59.). **Schiedsrichter:** Zsolt (Ungarn). **Zuschauer:** 49471

Brasilien – Frankreich 5:2 (2:1)
Brasilien: Gilmar, de Sordi, Bellini, Orlando, Nílton Santos, Zito, Didí, Garrincha, Vavá, Pelé, Zagallo
Frankreich: Abbès, Kaelbel, Jonquet, Lerond, Penverne, Marcel, Wisnieski, Fontaine, Kopa, Piantoni, Vincent
Tore: 1:0 Vavá (2.), 1:1 Fontaine (9.), 2:1 Didí (39.), 3:1, 4:1, 5:1 Pelé (52., 64., 75.), 5:2 Piantoni (82.). **Schiedsrichter:** Griffiths (Wales). **Zuschauer:** 27100

Spiel um Platz 3

Deutschland – Frankreich 3:6 (1:3)
Deutschland: Kwiatkowski, Stollenwerk, Erhardt, Schnellinger, Wewers, Szymaniak, Rahn, Sturm, Kelbassa, Schäfer, Cieslarczyk
Frankreich: Abbès, Kaelbel, Lerond, Penverne, Lafont, Marcel, Wisnieski, Douis, Kopa, Fontaine, Vincent
Tore: 0:1 Fontaine (15.), 1:1 Cieslarczyk (19.), 1:2 Kopa (26. Elfmeter), 1:3 Fontaine (36.), 1:4 Douis (50.), 2:4 Rahn (52.), 2:5 Fontaine (77.), 3:5 Schäfer (83.), 3:6 Fontaine (89.). **Schiedsrichter:** Brozzi (Argentinien). **Zuschauer:** 32482

Finale

Brasilien – Schweden 5:2 (2:1)
Brasilien: Gilmar, Djalma Santos, Bellini, Orlando, Nílton Santos, Zito, Didí, Garrincha, Vavá, Pelé, Zagallo
Schweden: K. Svensson, Bergmark, Gustavsson, Axbom, Börjesson, Parling, Hamrin, Gren, Simonsson, Liedholm, Skoglund
Tore: 0:1 Liedholm (5.), 1:1, 2:1 Vavá (8., 31.), 3:1 Pelé (54.), 4:1 Zagallo (67.), 4:2 Simonsson (78.), 5:2 Pelé (90.). **Schiedsrichter:** Guigue (Frankreich). **Zuschauer:** 49737

Flanke Garrincha, Tor Vavá: So einfach kann Fußball sein, wenn man zu zaubern versteht wie die Brasilianer. Hier erzielt Mittelstürmer Vavá (Nr. 20) das 2:1 im Finale gegen die Schweden. Torwart Karl Svensson (am Boden) und Verteidiger Bengt Gustavsson sehen machtlos zu. Die Schweden, die 1:0 in Führung gegangen waren, sind geschlagen.

Turnier in Zahlen

Turnierdauer:
8. Juni 1958 bis 29. Juni 1958

Spielorte: 12
Stockholm, Göteborg, Helsingborg, Norrköping, Boras, Eskilstuna, Halmstad, Malmö, Örebro, Sandviken, Uddevalla, Västeras

Mannschaften: 16
Europa: 12, Südamerika: 3, Nord-/Mittelamerika: 1

WM-Neulinge:
Nordirland, Sowjetunion, Wales

Spiele: 35

Tore: 126 (3,6 pro Spiel)

Torschützen:
13 Tore: Fontaine (Frankreich)
6 Tore: Rahn (Deutschland), Pelé (Brasilien)
5 Tore: McParland (Nordirland), Vavá (Brasilien)
4 Tore: Simonsson, Hamrin (beide Schweden), Zikan (Tschechoslowakei), Tichy (Ungarn)
3 Tore: Schäfer (Deutschland), Veselinovic (Jugoslawien), Corbatta (Argentinien), Piantoni, Kopa (beide Frankreich)

Eigentor: 1
González (Mexiko, gegen Ungarn)

Elfmeter: 10 (7 verwandelt)

Das schnellste Tor:
nach 75 Sekunden: Vavá (Brasilien, im Halbfinale gegen Frankreich)

Treffsicherste Mannschaft:
Frankreich (23)

Torärmste Mannschaft:
Mexiko (1)

Eingesetzte Spieler: 246

Mannschaft mit den meisten eingesetzten Spielern:
Deutschland (18)

Mannschaft mit den wenigsten eingesetzten Spielern:
Paraguay (13)

Ältester Spieler:
Ángel Labruna (39, Argentinien)

Jüngster Spieler:
Pelé (17, Brasilien)

Platzverweise: 3
Juskowiak (Deutschland), Bubernik (Tschechoslowakei), Sipos (Ungarn)

Zuschauer:
Zahlen der Fifa:
868 000 (24 800 pro Spiel)
Zahlen des Veranstalters:
821 000 (23 456 pro Spiel)

Finanzen:
Obwohl die Stadien in Schweden relativ klein waren, blieben oft Plätze frei. Es kamen weniger Zuschauer als erwartet, gerade die kurzfristig angesetzten Entscheidungsspiele der Gruppen waren einsame Veranstaltungen. Dennoch lohnte sich die WM. Erstmals wurde das Turnier weltweit im Fernsehen übertragen, vor allem die Sender Westeuropas zahlten für die Rechte ansehnliche Summen. So reichte es zu einem Gewinn von mehr als fünf Millionen Schweizer Franken, die sich die Fifa, der Gastgeber und die teilnehmenden Verbände teilten. Der Steuerzahler indes zahlte alleine für neue und restaurierte Stadien mehr als 30 Millionen Franken.

Der Torschützenkönig

Just Fontaine

Beinbrüche pflastern seinen Weg. Zunächst jener von René Bliard, des Teamkollegen von Stade Reims, den das Schicksal kurz vor WM-Beginn ereilte. Der in Marrakesch/Marokko geborene Just Fontaine, Jahrgang 1933, wäre sonst gar nicht in der Stammformation gestanden. So stellte er mit 13 Turniertoren – acht mit rechts, vier mit links, eins mit dem Kopf – eine Rekordmarke für die Ewigkeit auf. Zwei weitere Beinbrüche, die er 1960 und 1961 selbst erlitt, zwangen ihn, seine Karriere zu beenden. Andere große Spieler, klagte er, hätten in diesem Alter ihre Laufbahn zur Vollendung gebracht. So stehen in seiner Bilanz: vier französische Meistertitel (einer mit Nizza, drei mit Reims), 21 Länderspiele mit 30 Toren (Schnitt: 1,43!). Er gründete die Sportartikelmarke *Justo Sport*, wurde 1967 Nationaltrainer – und nach zwei Spielen entlassen. Auch ein Rekord. Er nahm es gelassen, mit dem marokkanischen Spruch: „Mektoub!" Schicksal!

Top

Provinz

Oh, wie schön war Uddevalla. 50 000 Einwohner, ins Stadion Rimnersvallen passte die halbe Stadt. Oder Sandviken mit gut 30 000 Bewohnern (die Arena Jernvallen mit 20 000 Plätzen war nie voll), der nördlichste WM-Spielort der Geschichte. Der Fußball gastierte in der Provinz, die Atmosphäre war freundlich-familiär. Waliser und Ungarn hätten die 2832 Zuschauer per Handschlag begrüßen können. Allein das Halbfinale Schweden gegen Deutschland kündete von den aufgeregten, oft aufgeheizten Zeiten, die der Fußball oft erlebt. Manchmal sehnt man sich nach den beschaulichen Tagen von Uddevalla und Sandviken.

Flop

Schwedenplatte

Was haben sich die Deutschen nur dabei gedacht, wegen eines verlorenen Fußballspiels diese Köstlichkeiten von der Speisekarte zu nehmen: Räucherlachs und Forellenfilet, dazu Sahnemeerrettich und Butter, mit Salatblättern, gefüllten Oliven, Zwiebelringen, Kapern. Als Beilage deftige Bratkartoffel. Zugegeben, die Schwedenplatte ist nichts für eine Diät. Aber sie gleich zu verbannen? Nach der Halbfinal-Niederlage gegen Schweden vergaßen viele Deutsche ihre Manieren, manche verfassten völkische Hetzschriften wie in düsteren alten Zeiten. Und aus Rache ließen sie den guten Fisch samt Kapern verkommen. Eine Schande!

Das Sportjahr 1958

Deutscher Fußball-Meister	FC Schalke 04
Deutscher Pokalsieger	VfB Stuttgart
Europapokalsieger der Meister	Real Madrid (Spanien)
Messepokal-Sieger	FC Barcelona (Spanien)
Formel-1-Weltmeister	Mike Hawthorn (England)
Wimbledon-Sieger	Althea Gibson (USA)
	Ashley J. Cooper (Australien)
Tour-de-France-Sieger	Charly Gaul (Luxemburg)
Vierschanzentournee-Sieger	Helmut Recknagel (DDR)
Weltrekord:	
Hochsprung, Frauen	Iolanda Balas (Rumänien, 1,83 m)

Hitliste

Die besten Betreuer

1 Eine Trage wird überflüssig, wenn man einen Masseur wie Mário Américo in seinen Reihen hat, der hier Mazzola weg trägt. Américo war Medizinmann im besten Sinne des Wortes: ein Freund der brasilianischen Spieler. Ein Weltmeister von Mensch. Der Glatzkopf zog sich 1974 nach sieben WMs zurück und wurde Politiker.

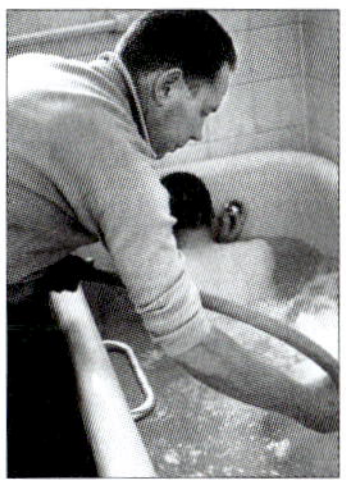

2 Auch ein Held von Bern. Erich Deuser knetete bei acht WM-Turnieren von 1954 bis 1982 deutsche Fußballer-Muskeln fit – bevorzugt unter Wasser. Nach Schweden brachte er ein eigenes Wasserbecken mit. Als ihn Herberger vor der Mannschaft für seinen Einsatz lobte, vergoss er Tränen der Rührung.

3 Roberto Borau hatte den undankbarsten Job bei dieser WM: Konditionstrainer der Argentinier. Seine Spieler – hier ist er zwischen Rossi (l.) und Vairo

zu sehen – verheimlichten niemandem, dass sie gerne rauchten und auch mal was tranken. Einige weigerten sich zu trainieren, weil sie es nicht für nötig hielten. Der Staatspräsident setzte hinterher sogar eine Untersuchungskommission ein. Ein Hoch auf Roberto Borau – weil er sein Lächeln nicht verlor!

Impressum

Verantwortlich:
Art Direction: Eberhard Wolf
Text: Ludger Schulze, Josef Kelnberger
Redaktion: Markus Schäflein, Thomas Hummel
Bildredaktion: Barbara Renner, Eberhard Wolf
Bildrecherche: Bettina Theisinger, Roland Albinger
Grafik: Dennis Schmidt
Projektmanagement: Gabriella Hoffmann
Projektleitung: Klaus Füreder, Dirk Rumberg

Autoren: Alex Bellos, Hans Eiberle, Holger Gertz, Jupp Heynckes, René Hofmann, Josef Kelnberger, Moritz Kielbassa, Thomas Kistner, Jörg Marwedel, Ronald Reng, Kurt Röttgen, Ludger Schulze, Thomas Steinfeld, Willi Winkler

Litho: JournalMedia GmbH, München

Herstellung: vmi, H. Weixler / H. Schiffers
Druck und Bindung: Mohn media Mohndruck GmbH, Gütersloh

Printed in Germany

ISBN 10: 3-86615-157-8
ISBN 13: 978-3-86615-157-4

Bildnachweis

Bilderberg: 75, 102/103, 114/115, 117 o., 138/139, 141 u., 144/145; Picture Alliance: 6/7, 8/9, 12/13, 17, 18, 19, 20/21, 21 o.r., 22 o., 22 m., 22 u., 23, 24/25 alle, 28/29, 29 u.r., 30 u., 32, 33, 34/35, 36 o., 37, 41 u., 42, 43, 44, 45, 48, 49, 50, 54/55, 60/61, 62, 69, 70/71, 73 o., 78 o.l., 81, 84/85, 85 m.r., 86, 87 o., 87 u.r., 88, 91 u.r., 93 u.r., 96, 97, 100/101, 111, 112/113, 118, 121, 135, 137 l. 137 m. 137 r., 140, 141 o., 141 3.v.o., 148 u., 149, 152, 155, 157 r., 158, 159 o.r., 159 m.r., 159 u.r.; Getty Images: 14, 39 o.r., 40, 41 o., 51, 55 m.r., 57, 64/65, 66/67, 71 m.r., 92/93, 110, 115 m.r., 117 u., 120, 122, 147 u.r.; Ullstein: 10/11, 15, 16, 30 o., 31, 36 u., 46/47, 56, 73 u.l., 73 u.r., 76/77, 77 o.r., 77 u.r., 78 u.l., 78/79, 80, 82, 87 u.l., 89, 94, 95, 98/99, 108, 109, 116, 119, 146/147, 148 o., 159 o.l.; Imago: 26/27, 53, 59, 74, 83, 90/91, 105 u.r., 106, 124, 125, 126 l., 126 r., 127, 128, 129, 156, 157 l.; Keystone: 38/39, 130, 131, 132 alle, 134, 136 o., 141 2.v.o., 142, 143; akg-images: 133 u.r., 136 u.; Pfeil: 150/151; Magnum: 58; SV-Bilderdienst / DIZ: 61 u.r., 63, 104/105